청춘 리포트

청춘리포트

중앙일보 청춘리포트 팀 지음

맥스media

| 추천의 글 |

청년들에게 한 말씀 해달라는 요청을 받을 때가 많습니다. 그때마다 쉽게 입이 떨어지지 않습니다. 오늘의 청년들이 겪고 있는 어려움에 대해 미안함이 앞서고, 속 시원한 해결책을 내놓을 수 없는 답답함이 뒤따릅니다. 몇 가지 정책으로 소임을 다했다고 하기엔 청년들의 현실의 무게가 너무 무겁습니다. 그래서 청년들에게 오히려 묻곤 합니다.

"우리가 어떻게 하면 될까요?"

청년의 문제는 누구보다 청년들이 잘 알고 있고, 그 해결의 실마리도 스스로 가장 많이 고민하고 있습니다. 그런 점에서 〈청춘리포트〉는 청년 스스로 겪고 있는 대한민국의 현실을 직시하고, 새로운 미래를 만들어나가고자 하는 청춘의 아름다운 외침입니다. 그리고 우리 사회 구성원 모두가 힘을 합쳐 함께 풀어가야 할 어려운 문제집이기도 합니다.

함께 답을 찾아봅시다. 청년의 문제를 해결하지 못하고 대한민국의 미래를 말할 수 없습니다. 청년들이 맘껏 꿈꾸고 사랑하고 일할 수 있는 사회를 만들어 갑시다. 청춘의 눈과 젊음의 생각으로 새로운 미래에 도전해 주십시오. 여러분을 사랑하고 응원하는 앞선 세대로서 더 노력하고 같이 뛰겠습니다. 우리가 새롭게 써야 할 〈청춘리포트〉의 주제는 바로 '행복'입니다.

– 안희정 충청남도 지사

정치인으로서 다양한 시민을 만나게 되는데, 그 가운데 요즘 청년들은 하나같이 간절한 눈빛으로 이렇게 호소하는 것 같습니다.

"나도 평범한 가정을 꾸려서 아이 낳아 키우는 소소한 행복을 맛보고 싶어요."

그렇습니다. 이 시대는 사랑하는 이를 만나 연애하고 가정을 일구는 일마저 사치가 되어버린 시대입니다. 청년이 미래라는 말도 있지만 지금 대한민국 현실에서 청년은 현재 그 자체를 가리키는 말입니다. 이들이 맞닥뜨린 교육, 취업, 주거, 결혼, 육아, 노후 등의 문제가 민생현안 자체를 웅변하고 있습니다.

단언컨대 청년들의 고통과 절망을 정면으로 다루지 않고서 대한민국의 미래는 없다고 생각합니다. 중앙일보 연재물 〈청춘리포트〉가 반가웠던 건 우리 청년세대에 대한 탁월한 공감력 때문이었습니다. 그들에게는 위로를 건네고 저와 같은 기성세대에게는 이해를 구하는 메시지의 힘이 그래도 따뜻한 희망은 있다는 걸 제시해주었습니다. 19세기 프랑스 소설가 오노레 드 발자크는 소설 쓰는 작업을 '당대의 벽화'를 그리는 일에 비유한 바 있습니다. 중앙일보의 〈청춘리포트〉가 지금 대한민국의 시대정신으로 떠오른 청년세대의 생생한 벽화로써 오래도록 기억되기를 바랍니다.

– 심상정 정의당 대표

| 시작에 앞서 |

청춘은 많은 것이 마음대로 되지 않는 시기다. 그것은 청춘이 특별히 운이 지지리도 없는 때여서가 아니라 청춘의 때에 꿈꾸고 희망하는 것들이 워낙 많아서다. 바라는 것이 많으니 실현되지 않는 것도 당연히 많다.

한국의 청춘들도 비슷한 패턴을 경험하지만, 그들의 실패담은 훨씬 두텁고 거칠다. 말하자면 지금 한국 사회를 살아가는 청춘 세대는 좀 더 적극적으로 되는 일이 없는 이들이다. 그들이 다른 나라의 청춘에 비해 특별히 더 많은 꿈을 꾸는 것도 아니다. 지금 한국의 20~30대는 연애하고 결혼하고 아이를 낳는, 인간의 가장 기초적인 삶의 절차조차 마음대로 해결되지 않는 세대이다.

이런 상황이라면 한국의 청춘들은 특별히 불운하다고 해도 좋을 것이다. 그들은 불행하게도 청년 문제에 혜안을 지닌 정부를 만나지 못했다. 그들은 또한 윗세대로부터 충분한 물질적 토대를 물려받지도 못했다. 이 역시 불운이라면 불운인데, 그런 상황 속에서 수저계급론이 창궐해 청춘의 절망은 더 깊은 나락으로 빠져들고 있다.

중앙일보 청춘리포트는 그런 불운한 세대에 손을 내밀기 위해 기획된 지면이다. 기초적인 삶의 절차조차 해결되지 않는 한국 청춘들의 내밀한 이야기를 전달하려는 목적이었다. 애초 이 지면이 시작된 것은 최훈 중앙일보 편집국장의 제안 덕분이었다. 2014년 3월의 어느 날, 최 국장이 나를 불렀다. 흐릿한 기억을 소환해 그날의 대화를 재구성해본다.

"20~30대 독자를 타깃으로 하는 지면을 기획해 봐. 지면은 매주 수요일에 한 개 면씩. 자네가 팀장이야. 마음대로 한 번 만들어봐."

"정말 마음대로 만들어요?"

"그래, 나한테 무슨 기사를 쓰는지 미리 보고하지도 말고, 기사 출고도 데스크를 거칠 필요 없이 자네가 직접 하도록 해."

"정말…, 마음대로 만들어도 되는 거죠?"

그렇게 매주 수요일 한 개 면이 주어졌고, 언론사 최초로 20~30대 기자로만 구성된 별도 취재팀이 구성됐다. 당시 서른일곱이었던 내가 팀장이었고, 나머지 팀원들은 20대 중 · 후반이거나 30대 초반의 젊은 기자들이었다. 우리는 국장이 마음대로 만들라고 한 것을 곧이곧대로 받아들였다. 확실히 젊은 기자로만 이루어진 조직은 생명력이 달랐다. 첫 회의 때부터 엉뚱하고 기발한 아이디어들이 여기저기에서 튀어나왔다.

첫 번째 청춘리포트는 한자 '愛'를 지면의 절반쯤 채우고 '청춘은 사랑하고 싶다'라는 제목을 단 지면이었다. 첫 회인 만큼 파격적인 편집 디자인이 화제를 모을 것으로 예상됐다. 하지만 그 모든 예상은 예기치 않은 사건으로 뒤집어지고 말았다.

청춘리포트의 첫 회가 게재된 날이 2014년 4월 16일이다. 그날, 진도 앞바다에서 세월호가 침몰했다. 모두가 아는 것처럼 세월호 사건은 모든 이슈를 빨아들였다. 우리는 그 다음주 '대학생의 성(性)'이라는 주제로 꽤 논쟁적인 지면을 준비하고 있었는데, 더 따져볼 것도 없이 세월호 사건을 다루는 아이템으로 급하게 교체했다. 청춘리포트 팀의 젊은 기자들이 모두 세월호 사고 현장으로 달려가 자신들이 쓴 일기를 보내왔다. '처음입니다. 기자가 된 걸 후회했습니다'라는 제목으로 청춘리포트가 게재됐고 여기저기에서 공감했다는 반응이 쏟아졌다.

그날의 기억은 뜻밖에 청춘리포트가 나아가야 할 방향을 분명히 정립해주었다. 당시 대다수 기자들은 네티즌들 사이에 '기레기(풀어쓰기도 민망하지만, 기자 쓰레기라는 뜻이다)'로 불렸다. 세월호 사건의 진실을 추적하기보다는 정부가 보도자료로 발표하는 것만 받아쓴다는 비판이 그와 같은 불명예를 안겼다.

우리는 세월호 사건을 겪으며 기자의 본질에 대해 고민했다. 기자(記者)는 그 뜻 그대로 '기록하는 사람'이다. 사실에 대한 기록이 아니라면 기자의 일은 아무것도 아니다. 논평하고 예측하는 것보다 세상에서 벌어지는 일을 기록하는 것이 기자의 첫째 임무라는 사실을 새기게 됐다. 이후 청춘리포트는 청춘 세대의 각종 현장을 기록하는 것을 첫 번째 임무로 정립했다. 20~30대의 젊은 기자들이 또래의 문제를 찾아내 그 현장을 전달한다는 목표를 세웠다.

이후 청춘리포트가 담아낸 무수한 청춘의 이야기는 그런 목표에 따라 채집됐고 기록됐다. 다만, 우리는 채집되고 기록된 것들이 형식적으로 새롭게 전달될 수 있는 방법을 치열하게 고민했는데, 지난 2년간 청춘리포트가 일궈낸 작은 성과라도 있다면 그것은 바로 새롭게 창출한 기사 형식일 것이다.

랩으로 쓴 기사, 증명사진을 위아래로 노출시킨 지면, 대학생들의 가방 50개를 열어 사진으로 구성한 지면, 성경의 형식을 본 뜬 기사, 한국 언론 최초로 기획한 신문콘서트…. 우리는 가능한 새로운 기사 형식을 창출해 매주 한 차례씩 청춘리포트 지면에 실었다. 청춘리포트 팀의 첫 회의 때 팀원들에게 이런 말을 했던 기억이 난다.

"우리는 신문사의 무한도전 팀이다. 어떠한 주제도 무방하며 가급적 어떤 신문도 시도해보지 않은 기사 형식을 창출해 독자들에게 전달해보자."

다행히 우리의 무한도전은 지난 2년간 20~30대 독자는 물론 언론계 안팎으로부터 꽤 후한 평가를 받았다. 그 덕분에 이렇게 살아남아 청춘리포트를 한 권의 책으로 엮게 됐다. 고개 숙여 감사드린다.

이 책은 지난 2년간 중앙일보 청춘리포트 지면에 실린 기사를 기초로 했다. 기사를 가급적 원문 그대로 옮기되, 해당 기사를 취재한 기자의 취재 후기를 새롭게 작성해 덧붙였다.

책은 모두 8장으로 구성됐다. 청춘의 이슈를 정치 · 경제 · 사회 · 문화 분야로 나눈 다음 주제별로 미세한 조정 과정을 거친 결과다. 각 장의 맨 앞에는 팀장이 청춘 세대에 띄우는 편지 형식의 글을 실었다. 각 주제에 따라 서한문 형식으로 작성된 칼럼으로 읽어주기 바란다.

청춘리포트가 한 권의 책으로 묶이기까지 감사를 전해야 할 분들이 많다. 우선 청춘리포트 지면의 최초 기획자인 중앙일보 최훈 편집국장께 머리 숙여 감사드린다. 최 국장은 처음에 약속한 대로 청춘리포트 지면의 완전한 자율성을 보장해주었다. 최 국장의 배려와 결단이 아니었더라면 청춘리포트는 지속되기 힘들었을 것이고, 따라서 이 책도 완성될 수 없었을 것이다.

매주 청춘리포트를 게재하기 위해 중앙일보 사회2부 소속 기자들이 담당해야 하는 일들이 많았다. 정철근, 권석천 등 전임 사회2부장과 현 조강수 부장의 배려 덕분에 좋은 지면을 만들 수 있었다. 전임 및 현직 사회2부장께도 감사 인사를 전한다.

청춘리포트는 다른 어떤 지면보다 협업이 중요한 지면이다. 아이디어 회의가 특히 치열하고, 편집 · 디자인 과정에서도 수없이 많은 회의를 거친다. 후배들의 거침없는 아이디어를 대폭 수용해주고 격려해준 조주환 편집 · 디자인 에디터와 이혁찬 편집부장에게도 고개 숙여 감사드린다. 지난 2년간 거의 모든 청춘리포트 지면의 그래픽 디자인을 담당했던 김호준 선임디자이너에게는 모든 팀원들의 감사의 뜻을 모아 한꺼번에 전달하고 싶다. 그의 감각적인 그래픽이 아니었더라면,

청춘리포트의 혁신적인 지면은 불가능했을지 모른다. 또 청춘리포트가 론칭한 첫 해 편집을 맡았던 서반석 기자에게도 각별한 고마움을 전한다. 그의 젊은 감각이 청춘리포트 지면을 빛나게 했다.

그리고 사랑하고 존경하는 팀원들. 그대들이 이 지면을 만들어낸 주역이다. 청춘리포트 지면의 혁신성은 모두 그대들 덕분이고, 지면에 쏟아진 각종 질책과 비판은 모두 팀장의 몫이다. 이 책에 취재 후기로 기여해 이름을 남긴 팀원들 외에도 한두 차례씩 청춘리포트 기사를 쓴 다른 후배들도 있다. 그들에게도 고맙다는 말을 전하고 싶다. 이곳에 이름을 일일이 적지 못한 것을 양해해주기 바란다.

우리는 불안한 시대를 함께 견디고 있는 청춘들이다. 결혼 · 연애 · 출산 등 거의 모든 기본적인 삶의 조건을 포기해야 하는 불운한 청춘들은 분노를 넘어 깊은 슬픔에 빠져 있다. 하지만 청춘의 슬픔이 작동한다는 것은 더 나은 삶에 대한 기대가 아직 남아 있다는 뜻이기도 하다. 기대가 없다면 슬퍼할 일도 없을 테니까.

청춘리포트 팀은 이 나라의 청년 문제를 놓고 가장 마지막까지 남아 울 것이다. 그렇게 함께 슬퍼하며 현장의 문제들을 꼼꼼히 기록할 것이다. 더 나은 청춘의 삶이 가능하리라는 희망 속에서 우리는 도전을 멈추지 않을 생각이다. 격려해주시라.

2016년 6월 서소문에서

중앙일보 청춘리포트 팀장 정강현

| 차례 |

1장 대한민국 2030, 누구인가?

2장 나는 내가 대한민국 청년이라는 게 싫다

3장 나는 잉여가 아닙니다

4장 취업에 골인했다. 그런데 이러다간 골로 가겠어

5장 장가갈 수 있을까, 시집갈 수 있을까

6장 즐거운 곳에서는 날 오라 하지 않고

농담인데 불편하네
금수저
은수저
동수저
흙수저
2030은 정치를
정치 영역
45.6
53.6
82.9%
요즘 누가 순결이란 말 쓰나요
만원

1장
대한민국 2030, 누구인가?

정강현 팀장의 청춘레터

대한민국의 2030, 나라 없는 사람들

누군가 책을 추천해달라고 하면 반드시 일러주는 책이 있습니다. 미국 소설가 커트 보네거트(1922-2007)의 에세이집 『나라 없는 사람』입니다. 보네거트는 풍자와 유머로 유명한 작가인데, 특히 이 책의 제목은 압권입니다. 그는 이라크 전쟁을 일으킨 부시 대통령을 맹렬히 비판하면서 이렇게 적었습니다.

"그래서 나는 나라 없는 사람이 되었다."

이 구절에서 따온 제목 '나라 없는 사람'은 퍽 흥미롭습니다. 모국 정부의 어긋난 행정을 통렬히 꼬집으면서도 쓸쓸한 웃음이 새어나오게 하기 때문입니다. 하지만 '나라 없는 사람'이란 제목을 마냥 흥미롭게만 받아들이기는 힘듭니다. 저 제목을 오늘의 대한민국 위에 포개 읽는다 해도 이상할 게 없기 때문입니다.

청춘리포트 팀장이라는 직책 덕분에 여기저기에서 청년 문제에 대해 질문을 많이 받습니다. 그 가운데 가장 흔하고도 답하기 힘든 질문은 이것입니다.

"한국의 2030세대를 한마디로 정의한다면?"

이 질문에 한마디로 답하기란 여전히 힘들지만, 그래도 기꺼이 답해본다면 보네거트를 따라 이렇게 말할 수밖에 없습니다. 오늘의 대한민국을 살아가는 2030 청춘 세대는 아무래도 나라 없는 사람들 같다고.

사실이 그렇습니다. 지난 2년간 청춘리포트 팀이 취재하고 기록한 2030세대의 이야기는 아프고 안타까운 것들 투성이였습니다. 대학생들은 평균 4.2kg이 넘는 가방을 메고 매일 학교 도서관에 오르지만, 취업할 수 있으리란 희망은 점점 희미해져만 갑니다. 또 이 나라의 경제 사정은 자꾸만 나빠지는데, 한국식 자본주의는 더 독해져서 재산 정도에 따라 인간의 등급이 매겨지는 신(新)계급사회를 살아가야 하는 게 요즘 청춘들입니다. 소개팅 자리에서조차 강남 주민이냐 아니냐가 중요한 잣대가 되는 게 한국 사회니까요.

이런 상황에서 청춘들 사이에 수저계급론이 떠도는 건 몹시 자연스러운 현상 같기도 합니다. 부모의 자산 규모에 따라 스스로를 금수저, 은수저, 동수저, 흙수저 등으로 나누는 것 말입니다. 불평등이 심화되는 한국 사회에 대한 청춘 세대의 반감이 수저계급론이라는 자조적 표현으로 나타났다고 해도 과언이 아닐 것입니다.

다시, 보네거트의 『나라 없는 사람』 이야기로 돌아가 봅시다. 보네거트는 이 책에서 일종의 '소설 분류법'을 고안해 제시합니다. 소설의 줄거리를 두 가지 좌표로 정리하는 방법입니다. 가로축(B-E)은 시작(beginning)과 엔트로피(entropy, 예측 불허한 결말), 즉 시간의 흐름을 뜻하고, 세로축(G-I)은 행운(good fortune)과 불운(ill fortune)의 정도를 표시하는 좌표입니다. 보네거트에 따르면 세상의 모든 이야기는 B-E축과 G-I축을 중심으로 좌표를 그릴 수 있습니다. 그러니까 어떤 소설이든 주인공이 시간의 흐름에 따라 행복해지거나 불행해지는 이야기가 핵심이라는 겁니다.

그렇다면 '한국의 2030세대'라는 제목의 소설이 있다면 어떨까요. 이 소설의 이야기는 어떤 좌표를 그릴까요. 안타깝게도 저는 이렇게 예측할 수밖에 없을 것 같습니다. 세로축 저 아래에서 시작해 가로축을 따라 완만하거나 급격한 하강선을 긋는, 어쨌거나 결국엔 추락하고 마는 형태의 선을 그릴 것이라고. 지금의 한국 사회라면 '청춘'이라는 이름의 주인공은 불행의 좌표에서 출발해 조금씩 더 불행해지는 좌표로 제 삶의 그래프를 옮겨갈 수밖에 없을 테니까요.

미래 세대가 불안한 사회에 밝은 미래가 있을 리 없습니다. 하지만 불행하게도 지금의 대한민국은 미래 세대인 청춘들에게 어떤 희망도 말하지 못하는 사회입니다. 나라의 정책을 주무르는 자들이 청춘 세대의 아픔에 진즉 귀 기울였다면 이토록 절망적이진 않았을 겁니다. 아무래도 대한민국의 청춘 세대는 희망은 멀고 절망은 가까운, '나라 없는 사람'인 것 같습니다.

농담인데 불편하네 '수저 계급론'

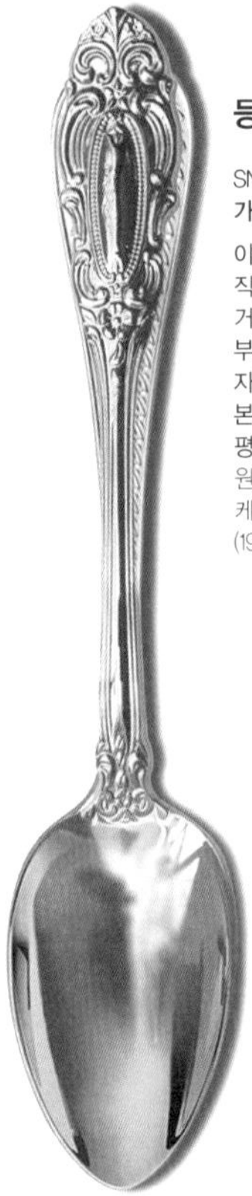

등급 : 금수저

SNS상의 기준 : **자산 20억 원 또는 가구 연 수입 2억 원**

이름 : 김의환(28세)
직장 : 행정고시 재경직 준비생
거주 : 서울 서초구 100평형대 주택(30억 원대)
부모님 직업 : 아버지(중소기업 대표 및 고문)
자산 : 본인 명의 회사 주식 10억 원대
본인 한 달 생활비 : 약 300만 원
평소 즐겨 입는 복장 : 발렌티노 점퍼(250만 원), 버버리 데님 셔츠(200만 원대), 크리스토퍼 케인 바지(200만 원대), 돌체앤가바나 운동화(190만 원)

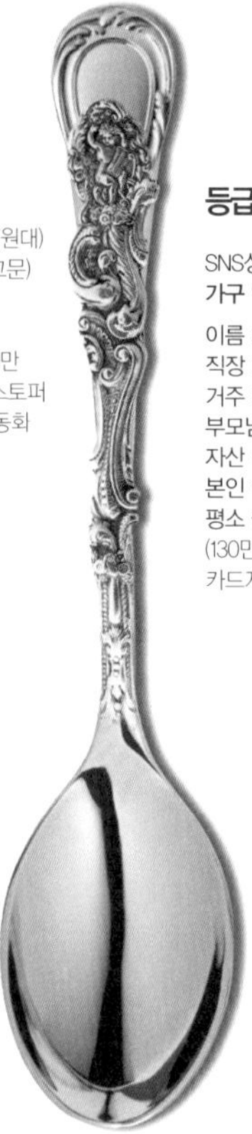

등급 : 은수저

SNS상의 기준 : **자산 10억 원 또는 가구 연 수입 8,000만 원**

이름 : 이인섭(29세)
직장 : 대기업 2년차 사원
거주 : 서울 평창동 80평형 아파트(18억 원대)
부모님 직업 : 아버지(중소기업 전무)
자산 : 본인 명의 펀드 · 적금 2억 원대
본인 한 달 생활비 : 약 200만 원
평소 즐겨 입는 복장 : 에르메네질도 제냐 재킷(130만 원), 톰 브라운 셔츠(48만 원), 발렉스트라 카드지갑(60만 원)

한우는 육질에 따라 1++부터 등급을 매깁니다. 그런데 소고기가 아니라 사람에게도 저런 등급이 매겨진다면 어떨까요? 요즘 청춘 세대 사이에 '인간 등급표'가 유행하고 있습니다. 이른바 수저계급론. 부모의 재산 정도에 따라▶금수저▶은수저▶동수저▶흙수저 등으로 나누는 겁니다. 수저론은 인터넷에서 놀이처럼 번지고 있지만 그냥 웃어넘길 수 없습니다. 여기엔 불평등이 심화되고 있는 한국 사회에 대한 젊은 세대의 반감이 투영돼 있기 때문입니다. 2030 수저론의 실체를 취재했습니다.

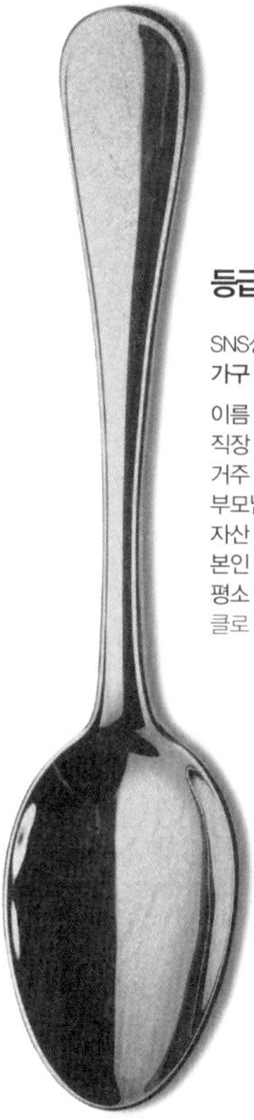

등급 : 동수저

SNS상의 기준 : **자산 5억 원 또는 가구 연 수입 5,500만 원**

이름 : 박범수(20세)
직장 : 대학교 영어교육과 2학년 재학
거주 : 서울 성동구 7평형 원룸(월 55만 원)
부모님 직업 : 아버지 · 어머니(자영업)
자산 : 없음
본인 한 달 생활비 : 40~50만 원
평소 즐겨 입는 복장 : 자라 재킷(10만 원대), 유니클로 청바지(6만 원), 나이키 운동화(10만 원대)

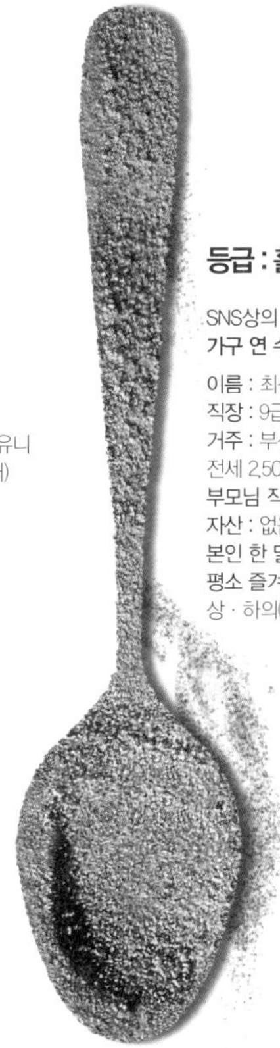

등급 : 흙수저

SNS상의 기준 : **자산 5,000만 원 미만 또는 가구 연 수입 2,000만 원**

이름 : 최성진(28세)
직장 : 9급 · 7급 공무원시험 준비생
거주 : 부산 연산동 다세대주택 약 40㎡(12평, 전세 2,500만 원)
부모님 직업 : 어머니(요양보호사)
자산 : 없음
본인 한 달 생활비 : 40만 원
평소 즐겨 입는 복장 : 아디다스 트레이닝복 상 · 하의(10만 원), 보세 시계와 지갑(10만 원)

김의환(28세) 씨는 3년째 행정고시를 준비하고 있다. 벌써 두 번 낙방했지만 크게 신경 쓰진 않는다. 워낙 든든한 가정환경 덕분이다. 김 씨의 아버지는 한 중소기업 대표이자 또 다른 기업의 고문. 김 씨 집안의 연소득은 20억 원이 넘는다. 김 씨를 비롯한 삼 남매 모두 돈 걱정은 해본 적이 없다. 각각 본인 명의 주식도 10억 원씩 보유하고 있다.

최성진(28세) 씨의 아버지는 어머니와 이혼한 뒤 집을 나갔다. 최 씨가 초등학교에 입학하기도 전이었다. 이후 20년간 최 씨는 어머니와 단둘이 하루하루를 살아냈다. 평범한 가정주부였던 어머니는 돈을 벌기 위해 요양보호사 자격증을 땄다. 연소득은 2,500만 원선. 어려운 가정형편 탓에 최 씨는 등록금이 비싼 사립대 대신 국립대를 택했다. 대출을 받아 대학등록금을 댔다. 지금은 마이너스 통장을 떠안고 7급 공무원시험을 준비한다. 시험에 떨어질 때마다 빚이 늘어만 간다.

동갑내기에 같은 공무원시험 준비생. 하지만 김 씨와 최 씨가 약 30년간 살아온 삶은 하늘과 땅 차이다. 김 씨는 실패에 대한 두려움 없이 무엇이든 할 수 있다는 자신감이 넘친다. 인터넷 커뮤니티에 올라온 분류를 따르면, 김 씨는 이른바 '금수저'다. 요즘 2030 청춘들은 부모를 잘 만나 호의호식하는 이들을 그렇게 부른다.

반면 최 씨는 성인이 되자마자 부모에게 경제적 도움을 거의 받지 못하고 스스로 생계를 해결해야 한다. 인터넷 커뮤니티에서 말하는 '흙수저'에 해당되는 경우다.

최근 인터넷 커뮤니티를 중심으로 '2030 수저계급론'이 유행하고 있다. 2030 청춘들이 부모님의 연소득과 가정환경 등 출신 배경을 '수저'로 빗대 표현하는 방식이다. 수저론은 '은수저를 물고 태어나다'(born with a silver spoon in one's mouth : 부유한 가정에서 태어났다)라는 영어식 표현에서 비롯됐다. 과거 유럽 귀족층에서 은식기를 사용하고, 태어나자마자 어머니 대신 유모가 젖을 은수저로 먹이던 풍습을 빗댄 말이다. 이 말에 빗대 인터넷 커뮤니티엔 집안의 재산 정도에 따라 ▶금수저▶은수저▶동수저▶흙수저 등으로 분류 표가 확산되고 있다.

인터넷 커뮤니티 등에 돌고 있는 '수저계급론'은 이런 식이다. 자산 20억 원 또는 가구 연 수입 2억 원 이상일 경우 '금수저', 자산 10억 원 또는 가구 연 수입 8,000만 원 이상일 경우 '은수저', 자산 5억 원 또는 가구 연 수입 5,500만 원 이상일 경우 '동수저' 등으로 나뉜다. 흙수저는 여기에도 속하지 못하는 경우다. 구체적으로는 자산 5,000만 원 미만 또는 가구 연 수입 2,000만 원 미만인 가정 출신이다.

'흙수저 빙고게임'도 유행하고 있다. 가로 다섯 칸, 세로 다섯 칸짜리 표에 흙수저에 해당하는 구체적인 가정환경이 쓰여 있다. '여름에 에어컨을 잘 안 틀거나 에어컨

흙수저 빙고 게임 ※선택된 개수가 많을수록 흙수저에 가까움
"동그라미 개수 10개가 넘으면 하층민"이라는 농담도 나온다.

화장실에 물 받는 대야 있음	연립주택 살고 있다	세뱃돈 10만 원 단위 못 넘겨봄	알바 해본 적 있음	부모님 정기적 건강검진 안 받음
집에 욕조 없음	집에 장판 뜨거나 뜯긴 곳 있음	부모님 취미 생활 없음	부모님이 자식 교육에 집착이 심함	브라운관 TV나 30인치 이하 평면 TV
냉동실에 비닐 안에 든 뭔가가 많음	부모님이 음식 남기지 말라고 잔소리함	가계 부채 있음	고기 요리에 물 넣는 요리 자주 해먹음	중고나라 거래 해본 적 있음
엄마 아빠 이혼함	1년에 신발 한두 개 번갈아 신음	식탁 아래 식탁보 비닐로 됨	집에 비데 없음	에어컨 잘 안 틀거나 없음
본가가 월세나 1억 이하 전세	인터넷 쇼핑시 최저가 찾느라 시간 투자함	차 없거나 연식 오래됨 (7년 이상)	옷장 안에 유행 지난 옷 많음	집에 곰팡이 핀 곳 있음

자체가 없음', 'TV가 브라운관이거나 30인치 이하 평면 TV' 등 가재도구의 유무나 상태를 따지는 칸부터 '고기를 요리할 때 물에 넣고 끓이는 요리로 해 먹음', '부모님이 정기 건강검진 안 받음' 등 구체적인 생활양식이 기재돼 있는 칸까지 해당 사항도 다양하다. 표 안 해당 사항에 동그라미를 더 많이 칠수록 흙수저에 가깝다. 회사원 장영석(28세) 씨는 "친구들 사이에선 빙고 동그라미 개수가 10개를 넘으면 서민도 아닌 하층민이라는 농담까지 나온다"고 했다.

왜 젊은 세대는 이토록 가혹한 '등급 분류'를 하게 됐을까. 전문가들은 '88만 원 세대', '3포세대' 등으로 불리며 사회생활에 어려움을 겪던 다수의 2030 청춘들이 '노력해도 바뀌는 게 없다'는 자조 끝에 수저계급론을 만들어냈다고 분석한다. 좋은 집안에서 태어날수록 고급 교육과 다양한 어학 능력을 갖춰 취업까지 유리한 반면 가정환경이 어려우면 아무리 공부를 해도 취직이 어렵고 학자금 대출 등으로 '하루하루 빚만 늘어난다'는 얘기다. 취업준비생 민윤우(27세) 씨는 "요새 취업하려면 해외 연수 · 인턴 · 면접 등 거쳐야 하는 단계가 늘어났고, 자연히 단계마다 탈락하는 청년도 많다"며 "부모님의 든든한 재력이 없다면 삶의 질을 보장받을 수 없는 시대가 됐다"고 했다.

실제로 2015년 3월 서울대 사회복지연구소에서 발표한 논문에 따르면 가구 소득이 높을수록 자녀의 교육 수준이 높고, 이는 질 좋은 취업으로 연결되는 것으로 나타났다. 고등학교 3학년 학생을 기준으로 할 경우 소득 1분위(월 가구소득 212만 2,600원 이하) 가구의 학생이 대학을 졸업하는 비율(15.32%)에 비해 소득 5분위(월 가구소득 292만 6,900원 이하) 학생의 대졸 비율(63.08%)이 약 4배 높았다. 해외 연수를 가는 비율도 1분위 학생(3.63%)보다 5분위 학생(13.85%)이 마찬가지로 4배 높다.

수저계급론이 유행하면서 '왜 가정환경을 등급별로 나누느냐'는 반론도 나온다. 대학생 이요한(21세, 연세대 경영학) 씨는 "부모님을 '수저'라는 조건에 빗대 말하는 세태가 불편하다"며 "빙고게임에 묘사된 (부모님의) 모습들이 마치 부모님을 비하하는 것 같았다"고 말했다. 서울대 곽금주(심리학) 교수는 "2000년대 이후 우리 사회에선 젊은 세대들을 중심으로 '노력 여하에 상관없이 계층이 이미 정해져 있다'는 심리가 팽배하다"며 "수저계급론은 단순한 자조적 놀이가 아니라 현실을 뼈아프게 반영하고 있기 때문에 더 인기를 얻는 것"이라고 설명했다.

조혜경 기자의 취재 수첩

아이템 회의를 앞둔 저녁 시간. 회사에 들어오니 후배 둘이 나란히 앉아 빙고게임을 하며 서로를 놀리는 중이었다.

"와 진짜 어이없네. 너는 동그라미 15개 넘잖아!"

"무슨 소리고, 10개 넘으면 똑같은 흙수저다!"

"오늘 발제할 거 많냐"고 핀잔을 줬더니 후배들은 "요새 가장 핫한 게임인데 선배도 해보시라"며 5×5의 빙고판을 내밀었다. 일명 '흙수저 빙고게임'이다. 흙수저란 단어는 생소했지만, 뭘 말하는지는 설명이 없어도 감이 왔다.

빙고판을 살펴보니 항목들이 상당히 구체적이다. '화장실에 물 받는 대야가 있다', '냉동실 안에 비닐 안에 든 뭔가가 많다' 등. 동그라미를 치다보니 그동안 생각지도 못했는데 '우리 집 가난한가?' 하는 생각이 절로 들었다.

가장 충격적인 건 부모님 관련 항목이었다. 총 25개의 빙고칸 중 5칸이 '엄마 아빠 이혼함', '부모님 정기 건강검진 안받음', '취미생활 없음' 같은 내용으로 채워져 있다. 그 칸에 동그라미를 치고 있자면 자연스레 '내가 흙수저인 건 우리 부모님 때문이야'라는 연상작용이 일어날 것만 같았다. 나는 이 빙고게임 '원작자'에게 몹시 화가 났다. 하지만 인터넷을 이 잡듯이 찾아봐도 흙수저 빙고게임의 출처는 확인할 수 없었다.

원작자는 찾을 수 없었어도, 취재를 하면서 머릿속에서 모호했던 계급론의 동기는 점점 분명해졌다. 아무리 열심히 해도 성공을 보장해주지 않고, '노오력'만 강조하는 사회적 분위기에 반기를 들고 싶었던 게 아닐까. 제목이 기억나지 않는 어떤 영화의 대사가 떠올랐다. 사람들을 억압하는 체제를 뒤집자는 주인공에게 사람들이 하는 말이다.

"왜 우리에게 더 나아질 수 있다고 말하는 거예요. 아무것도 달라지지 않아요. 태어날 때부터 이미 다 정해져 있던 거라고요!"

생각해보면 이름만 붙지 않았을 뿐 우리 사회에 이미 수저계급론은 오래전부터 존재해왔다. 고소득수입을 올리는 직장들의 순위, 또 결혼정보회사에서 만남을 주선할 때 활용한다는 등급표까지. 소득 간 계층을 나누고, 계층 간 이동이 점점 어려워진다는 기사는 매년 나오고 있다.

개인이 마음을 다잡고 더 노력하라고 조언하지 말라. 이제 노력은 누구나 더는 할 수 없을 만큼 하고 있다.

'노력하면 무엇이 달라질 수 있는가?'

수저계급론이 던지고 있는 질문에 대한 답을 누군가는 나서서 해야 할 때다.

스무 개의 꽁초를 남기고 떠난 사랑

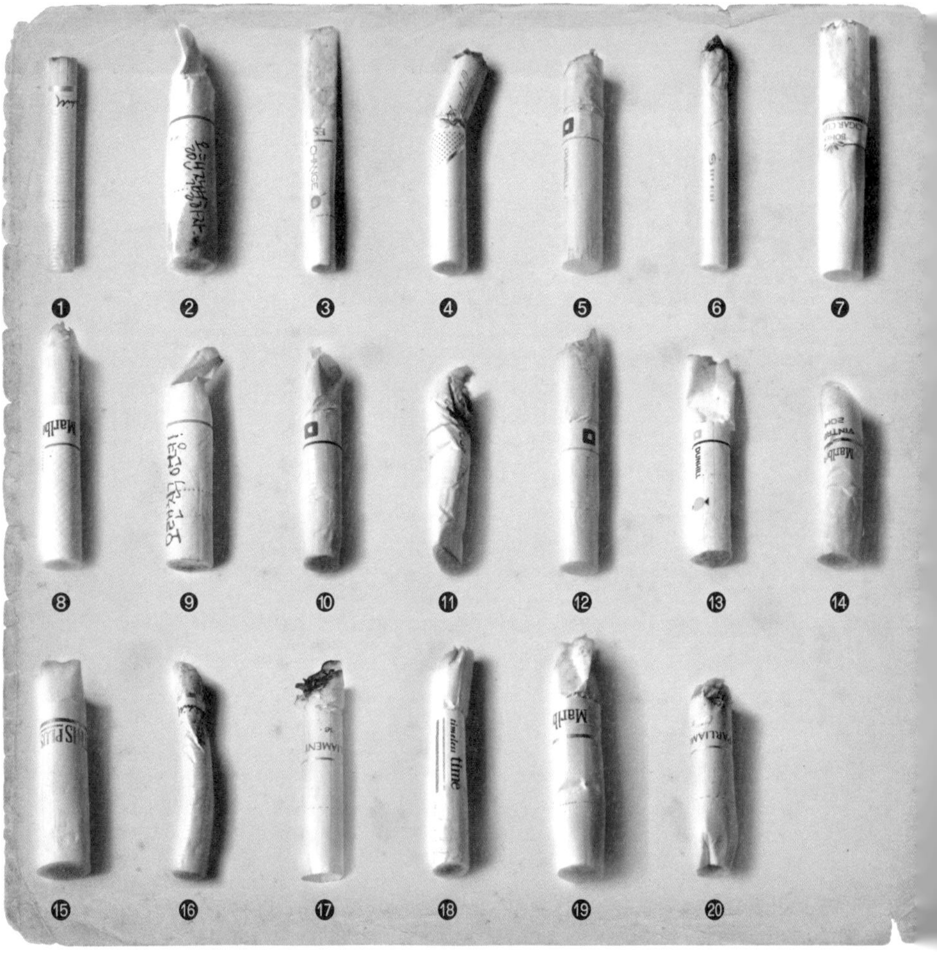

담배와 헤어지기로 결심한 20~30대가 늘어나고 있습니다. 올라버린 담뱃값 때문일 테지만 청춘들 사이에 금연이 유행처럼 번지고 있는 것은 환영할 만한 일입니다.

하지만 담배라는 녀석은 끈질겨서 이별을 통보받고도 우리를 다시 찾아오곤 합니다. 청춘리포트는 20명의 청춘이 금연을 결심하며 태운 마지막 담배꽁초를 수거했습니다. 본문의 사진은 그들이 생애 마지막으로 태운(부디 마지막이기를!) 실제 담배꽁초입니다. 금연하는 청춘이 아름답습니다.

가족, 여친이 원해

❶ 안정희(27세, 여)/회사원/흡연경력 : 10년

"내가 힘들 때마다 찾았던 담배, 그동안 고마웠어. 남자친구가 너와의 결별을 요구한다. 이제 안녕!"

❷ 박소미(31세, 여)/예비신부/흡연경력 : 14년

"올해 결혼도 하는데 이제 너와는 그만 만나야겠다는 생각이 든다."

❸ 방성훈(26세)/대학생/흡연경력 : 8년

"예전엔 미처 몰랐는데, 여자친구 덕에 너의 냄새가 비흡연자에게 얼마나 불쾌한지 알게 됐어. 잘 가라, 나의 나쁜 습관아."

❹ 신승훈(35세)/회사원/흡연경력 : 19년

"나의 피앙세와 미래에 태어날 아이들을 위해 너와의 이별을 선언한다."

❺ 심정구(34세)/직장인/흡연경력 : 12년

"없으면 쓸쓸하고 있으면 몸에 좋지 않은 담배야. 너는 필요악 같은 존재구나. 와이프의 바람대로 더 이상 만나지 말자."

건강이 걱정돼

❻ 김선영(27세, 여)/직장인/흡연경력 : 12년

"대학입시, 취업준비 등 인생의 중요한 순간마다 함께했던 담배, 임신 등 내 삶의 더 중요한 것들을 위해 너를 포기한다."

❼ 이성구(29세)/회사원/흡연경력 : 10년

"처음엔 우리가 이렇게 가까워질 거라 생각 못했어. 하지만 10년째 네 마성의 매력에 빠져 허우적대. 이제 그만하자 더 아프기 전에."

❽ 오지혜(29세, 여)/회사원/흡연경력 : 8년

"회사 일에 지쳐 집에 돌아온 나를 위로해 주던 너를, 나는 건강을 위해 떠나보낸다."

❾ 김아미(31세, 여)/회사원/흡연경력 : 13년

"우리 너무 오래 만난 것 같아. 누구보다 가까웠던 지난 시간들을 마무리 짓고 이제 너를 보내줄게. 잘 가라, 오랜 친구여 안녕."

❿ 윤태공(26세)/대학생/흡연경력 : 6년

"몇 년간 함께한 친구를 떠나보내는 것 같아. 그래도 나는 건강하게 오래 살고 싶어."

⓫ 유상욱(26세)/회사원/흡연경력 : 5년

"군대생활 때부터 힘든 순간 항상 내 곁에서 위로를 해준 담배야, 그동안 고마웠어."

⓬ 김가영(26세)/대학생/흡연경력 : 6년

"처음 호기심으로 시작한 네가 나의 유일한 버팀목일 때가 있었지. 이제는 건강을 위해 너를 보내야겠어."

⓭ 이영섭(29세)/취업준비생/흡연경력 : 8년

"아버지도 너와의 지난 30년을 정리하겠다고 하시네. 앞으로의 인생에서 다신 널 볼 일이 없으면 좋겠다."

⓮ 박인섭(26세)/직장인/흡연경력 : 9년

"첫사랑의 기억처럼 가끔 네가 생각나겠지만 다시는 만나지 말자. 이젠 널 입에도 대지 않을게."

⓯ 최수인(24세)/학생/흡연경력 : 4년

"내 삶 깊숙이 자리 잡은 담배야. 이제 세상이 우리의 만남을 허락하지 않는다. 우리는 여기까지."

⓰ 최영호(33세)/직장인/흡연경력 : 15년

"나에겐 약이었던 네가 내 딸에게는 독이구나. 지난 15년 동안 나의 투정을 모두 받아주느라 수고했다."

돈이 아까워

⓱ 이종섭(32세)/고시생/흡연경력 : 12년

"내 마음을 들락날락하며 벗이 되어준 너. 함께하기엔 네 몸값이 부담스럽구나."

⓲ 한지수(31세, 여)/회사원/흡연경력 : 12년

"이제 나도 건강을 지켜야 할 것 같아. 물론 너의 가격이 오른 것도 이유겠지만."

⓳ 김종준(31세)/회사원/흡연경력 : 10년

"오랜 친구야, 너의 몸값이 높아져서 더 이상 같이 놀지 못하겠구나. 안녕 잘 가렴."

⓴ 채승기(32세)/기자/흡연경력 : 12년

"한동안은 어떻게 허전함을 달래야 할지 모르겠지만. 이제 그만 안녕. 다시는 내 앞에 나타나지 마."

너와의 첫 만남을 떠올려본다. 아마도 고교 시절이 끝나갈 무렵이었던 것 같다. 너를 입에 물면 어른이 된 것처럼 뿌듯했다. 방과 후 후미진 골목길에 숨어 어른인 척 너를 물고 있던 친구들이 얼핏 기억난다. 그때는 왜 그렇게 빨리 어른이 되고 싶었는지….

물론 청춘의 고민과 상처, 그 고비고비마다 너를 만나 위안을 얻을 때도 있었다. 연거푸 너를 피워대면 마음이 편안해지곤 했다. 특히 기자라는 직업을 얻은 뒤 너와 나는 떼려야 뗄 수 없는 관계가 됐다. 마감에 쫓길 때 너를 입에 물면 안 써지던 기사도 술술 풀리곤 했다. 부장에게 깨졌을 때도 너의 연기를 삼키면 상처 받은 마음이 가라앉았다. 취재원의 굳게 닫힌 입을 열 때도 너는 요긴한 녀석이었다. 너를 하나씩 나눠 물고 이야기를 하다가 특종을 한 경우도 더러 있었다. 그래, 생각해보면 너는 내게 고마운 존재이기도 했다.

하지만 나는 늘 다짐했다. 너와 결별해야 한다고, 너 같은 녀석은 다시 만나지 말아야 한다고…. 너의 지독한 냄새는 물론이거니와 자꾸만 네가 내 체력과 영혼을 갉아먹는다고 생각했기 때문이다. 언젠가 아침에 일어나는 일이 몹시 괴로워지기 시작했을 때, 나는 한 달 넘게 너를 멀리하기도 했었다. 그러나 너와의 이별은 번번이 실패했고, 네가 없으면 불안한 날들이 이어졌다.

그러던 차에 네 몸값이 오른다는 소식이 들려왔다. 100~200원도 아니고 무려 2,000원이나! 한동안은 막막했으나 생각해보니 차라리 잘됐다는 생각이 들었다. 이참에 10여 년간 지속했던 우리 인연도 정리해야겠다고 생각했다. 알고 보니 이런 생각을 가진 이는 나뿐만이 아니더라. 중앙일보 조사연구팀이 20~30대 흡연자 217명을 설문조사한 결과 담뱃값 인상으로 담배를 끊거나 끊겠다는 사람은 전체의 60%(130명)에 달했다. 이들의 금연 이유 1위는 '담뱃값 인상이 부담돼서'(70.3%)였다. '건강을 위해'(22%), '가족 및 주변 사람의 권유로'(4.7%), '식당과 카페 등 금연구역이 확대돼서'(3.1%) 등의 대답이 뒤를 이었다. 미국의 대문호 헤밍웨이가 말했던가.

"금연처럼 쉬운 일이 없다. 오늘 끊었다 내일 다시 피우고, 내일 끊었다 모레 다시 피우고…."

너와 헤어지는 일이 그만큼 힘들다는 역설적 표현이겠지. 하지만 나는 마침내 결심했다. 이번 기회에 너와 영영 결별하려 한다. 안녕…. 다시는 만나지 말자.

채승기 기자의 취재 수첩

한 번 맺은 연(緣)은 쉽게 끊기 어렵다. 사람이든 사물이든 마찬가지일 것이다. 아, 어찌하여 나는 담배와 연을 맺게 되었을까.

이 기사는 지난해 1월에 쓴 기사이다. 때마침 담뱃값이 오른다는 소식도 있었고, 개인적으로도 '담배를 끊어야겠다'고 생각하고 취재를 시작했다. 주변에 산재해 있던 '끽연가'들이 너도나도 담배를 끊겠다고 나서는 덕에 취재는 어렵지 않았다. 어려웠던 건 꽁초를 모으는 일이었다. 지퍼락을 들고 다니며 꽁초를 구걸했다.

문제는 냄새!

그렇게 지독할 수가 없었다. 지퍼락에 넣었는데도 가방에 넣어둔 담배냄새가 빠지지 않아 한참을 고생했다. 미처 몰랐던 것이다. 흡연가들은 영 모를 것이겠지만, 이렇게 담배 냄새가 독한 것을….

흡연가들은 여전히 항변한다. 삶이 더 독하노라고. 그래서 어쩔 수 없이 담배를 끊을 수 없노라고. 기사에 쓰인 이들을 모두 역추적해보지는 못했지만 당시 담배를 끊겠다고 한 지인들의 90% 이상은 결국 담배를 버리지 못했다. 정부 역시 지난해 담뱃값을 올리면서 흡연자 비율을 당장이라도 끌어내릴 것처럼 호언장담했다. 2014년 기준 43.1%인 성인 남성 흡연율을 2020년까지 29%까지 낮추겠다고도 했다. 담뱃값 인상으로 10조 5,000억 원의 세수 효과는 있었지만 정작 금연 효과가 얼마나 있었는지는 아직 잘 모르겠다. 담뱃값 인상분이 금연정책에 어떻게 쓰였는지도 의문이다.

하지만 그렇다고 담배를 다시 피자고 할 수는 없는 노릇 아닌가. 금연하는 청춘이 아름답고 건강한 건 진리일 테니까. 다만 청춘이 담배를 다시 물어야 할 만큼 세상이 쓰디쓰지 않기만을 바랄 뿐이다. 그러고 보면 담배 피우는 청춘들이 조금은 줄어들었다는 생각도 든다. 최근 대학 신입생들이나 신입사원들 중 흡연자 비율이 상당히 줄어들었다는 말이 여기저기서 들리고 있으니.

'내가 가장 싫어하는 일은/잔인한 독재자의 뒤를 따라가는 일보다/젊은 친구의 담배연기를 따라가는 일/50m 전방에 담배 피는 사람이 보이면/슬그머니 오던 길을 되돌아간다'

이생진 시인의 〈담배와 시〉라는 시의 일부다. 금연하는 청춘을 그때도 지금도, 계속해서 응원한다.

고백하건대, 나 역시 이 기사를 쓴 뒤 '담배와 영영 결별'하지는 못했다. 하지만 전자담배로 바꿨다. 알파고가 이세돌을 바둑으로 이기는 디지털 시대니까. 그래도 니코틴도 줄여가며 계속해서 담배와의 결별을 준비하고 있다.

연애의 조건, "어디 살아요?"

연애 상대가 살았으면 하는 지역은?

(단위 : 명, 3개까지 복수 응답)

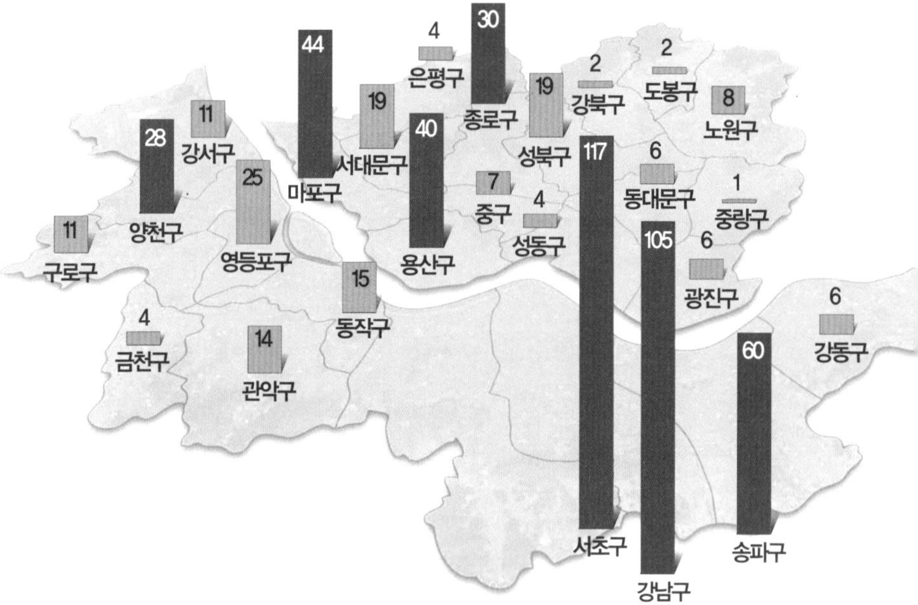

아파트 평균 매매 가격과 비슷

(단위 : 만 원/㎡, 2014년 4월 기준)

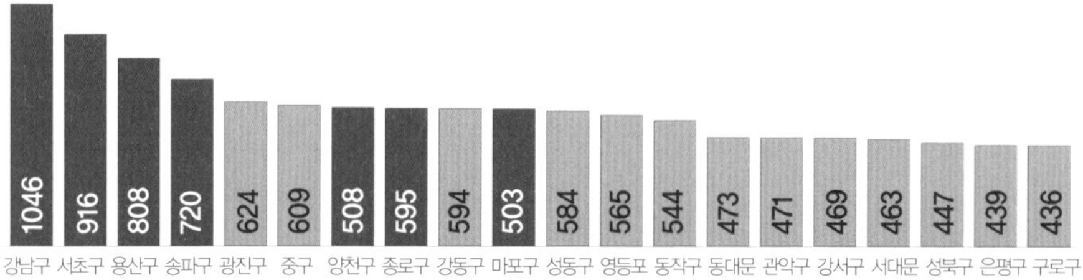

온통 없는 것밖에 없는 시절. 청춘이란 그런 것입니다. 가진 거 좀 없으면 어떤가요. 얼마든지 실패해도 얼마든지 일어날 수 있는 게 바로 젊음이죠. 그런데 요즘 2030세대는 이런 젊음의 특권을 모른 체하는 것 같습니다. 연애 단계부터 상대가 부유한 동네에 사는지, 부모님 재력은 빵빵한지부터 따지는 이가 많습니다. 청춘리포트는 불편한 진실 한 토막을 이야기하려 합니다. 젊음의 가능성 대신 지금 주거지가 어딘지를 기준으로 연애 상대를 고르는 요즘 청춘 세대의 이야기입니다.

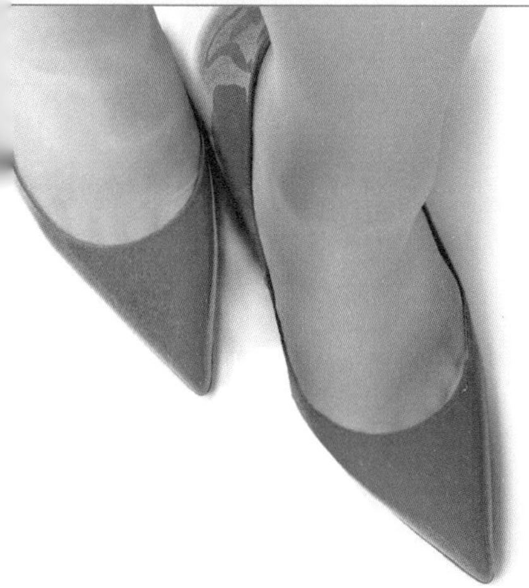

상대방 집안 경제력 얼마나 중요하나?

미혼 남녀 200명 온라인 설문조사(남 93명, 여 107명)

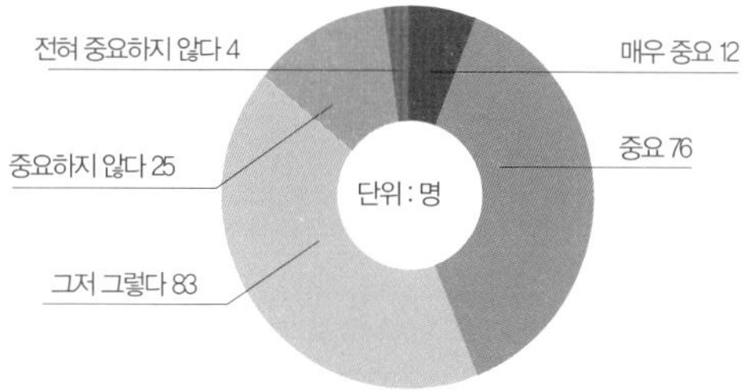

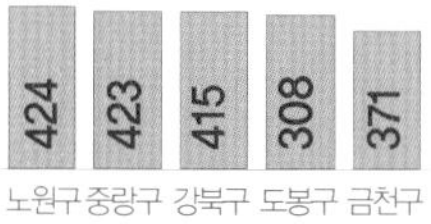

자료 : KB 부동산

"어디 살아요?"

허리선이 붙는 새하얀 원피스, 뽀얀 얼굴에 큰 눈을 껌뻑이던 여자는 주문한 음식이 나오자 이렇게 물었다. '김치찌개 좋아하세요?'처럼 아무렇지 않은 말투였다. 남자도 아무렇지 않은 듯 답했다.

"서울 외곽에서 자취해요. 혼자 산 지 오래됐어요."

순간 여자의 뽀얀 얼굴이 흙빛으로 바뀌었다. 밥을 먹는 둥 마는 둥 하던 그 여자는 소개팅 시작 30분 만에 다른 약속이 있다며 황급히 자리를 떴다. 남자는 딱히 붙잡을 핑계도 없어 여자를 그냥 보냈다. '원룸이라도 구해서 강남 쪽으로 이사를 와야 하나?' 남자는 다음 소개팅 날짜를 확인하며 혼잣말로 중얼거렸다.

이 이야기는 경기도의 한 소도시에 사는 스물일곱 살 남성 직장인의 실제 사례다. 이것은 특별한 사례가 아니었다. 청춘리포트가 만나본 대다수의 20~30대 미혼 남녀들은 연애의 조건으로 주거 지역을 최우선순위로 꼽았다.

2030세대에게 주거 지역은 단순한 지리 정보가 아니라 연애 상대를 결정짓는 중요한 경제 지표로 인식되고 있다. 이 때문에 요즘 청춘 세대의 소개팅·맞선 자리에선 '어디 사세요'라는 질문이 학력·직업을 물어보는 것보다 중요하게 받아들여진다. 거주 지역이 상대방의 재력을 판단하는 일차적 기준이 되기 때문이다. 특히 부모님과의 동거 여부가 중요하다. 똑같은 강남 지역에 살더라도 원룸에 사느냐 부모님 소유 아파트에 사느냐를 따져 묻는 것이다. 아직 20~30대에 불과한 상대의 재력보다는 시댁이나 처가의 재력이 더 중요시되기 때문이다.

결혼정보업체 듀오의 연애코치 이명길 과장은 "지금의 2030세대는 어릴 때 외환위기 충격을 경험한 세대라 굉장히 현실적"이라면서 "생존에 대한 부담감이 강하고 출산과 육아까지 고려하기 때문에 상대의 재력이나 주거 지역을 꼼꼼하게 따진다"고 말했다. 듀오의 한 커플매니저는 "상대가 성남에 산다고 하면 꼭 '분당요?'라는 질문이 따라온다. 분당 중에서도 어느 구는 집값이 저렴하지 않으냐는 말도 아무렇지 않게 해 당황할 때가 종종 있다"고 말했다. 시댁이나 처가에 육아를 맡기는 맞벌이 부부가 늘면서 크게는 '서울 사람'을, 작게는 '회사 근처에 사는 사람'을 찾는 것도 원인이다.

2030세대가 연애 상대의 거주지로 가장 선호하는 곳은 강남·서초·송파 등 '강남 3구'다. 실제로 청춘리포트가 미혼 남녀 200명을 상대로 온라인 설문조사를 한 결과(3개 복수응답) 연애 상대의 거주지 선호도는 ▶서초구(20%·117명) ▶강남구(18%·105명) ▶송파구(10%·60명) 순으로 나타났다. 마포구·용산구가 뒤를 이었다. 이들의 지역 선호도는 서울의 평당 아파트 평균 매매가격과 거의 일치한다. ▶강남구(1,046만 원/m^2) ▶서초구(916만 원/m^2) ▶송파구(720만 원/m^2) ▶용산구(808만 원/m^2) 순이다. 부동산 가격이 소개팅 상대 선호도에 그대로 반영되고 있는 셈이다. 곽금주 서울대 심리학과 교수는 "강남으로 대표되는 부촌을 선호하는 이유는 '후광효과' 때문"이라며 "상대적으로 식당이나 데이트코스에 밝고, 문화적 수준이 높을 것이라는 기대심리가 더해져 선호하는 것"이라고 설명했다.

'어디 사세요'라는 물음엔 남녀 차이가 있다는 게 전문가들의 분석이다. 여성은 상대의 경제력을 판단하기 위해 거주지를 물어보는 반면, 남성은 자신의 집·직장과의 물리적 거리를 확인하기 위해 해당 질문을 한다는 얘기다. 듀오의 권현정 매니저는 "남성들이 예전만큼 희생하거나 손해 보려고 하지 않기 때문에 여성의 집이 멀면 일단 거절하고 본다"며 "쉽게 말해 일산 여자와 분당 남자가 소개팅으로 만날 확률은 극히 적다"고 말했다.

2030 싱글 남녀의 고백

세종시 거주 경제부처 사무관 A(33세, 남)

지난해 부처가 이동하면서 세종시에 내려왔어요. 갑자기 여성들의 반응이 확 달라지더군요. 행정고시를 막 패스했을 때만 해도 예쁜 여자들이 줄줄이 소개팅을 하자고 연락이 왔었는데…. 정작 세종시 발령이 난 이후에는 가깝게 지내던 모든 여자가 연락을 끊더라고요. 예상은 했지만 이 정도일 줄이야…. 저도 적응하기 쉽지 않은데 서울에서 직장생활을 하는 여자들이 지방에 사는 남자를 좋아할 리가 없죠. 이제는 정말 좋은 사람 만나서 가정을 꾸리고 싶어요. 그래서 주말마다 소개팅 하러 서울로 올라가요. 물론 승률은 좋지 않습니다. '행정고시 패스' 타이틀도 다 소용없더군요. 결혼해서 세종시에 살아야 한다고 하면 여자들의 표정이 딱 굳어버리거든요.

마포구 오피스텔 거주 회사원 B(34세, 남)

소개팅을 할 때 '어디 사느냐'를 중요하게 봅니다. 주중에 한두 번이라도 데이트를 하려면 회사나 집이 서로 가까울수록 좋거든요. 분당이나 수원, 인천에 사는 여성들도 만나봤지만 결국 시간 약속 잡다가 멀어지는 경우가 허다했어요. 연애 초반에는 집에도 데려다줘야 하는데 수원이나 인천에 한 번 갔다 오면 기름값 장난 아닙니다. 데이트 시간보다 바래다주는 시간이 더 길 때도 있고. 그 뒤로는 아예 저와 같이 광화문에 직장이 있거나 제가 사는 마포와 가까운 여의도·공덕에 사는 여성들을 일부러 찾습니다. 비슷한 지역에 산다는 건 소개팅할 때 확실한 강점이 되거든요. 홍대나 합정역 근처에서 1차로 만나고 이태원 가서 술 한 잔 하면 소개팅 애프터 성공률이 확실히 높아지죠.

강남구 원룸 거주 회사원 C(29세, 여)

인천 부평에 살다가 1년 전 출퇴근 거리를 줄이려고 도곡동으로 이사 왔어요. 주변 사람들 대우가 180도 달라지더군요. 인천 살 때는 '거기서 어떻게 회사를 다니느냐'며 불쌍하게 쳐다보던 사람들이 도곡동에 산다니까 '부모님이랑 같이 사느냐', '혹시 타워팰리스냐' 물어봐요. 한동안 뚝 끊겼던 소개팅도 갑자기 몰려들기 시작했고요. 얼마 전엔 포스코 건물에서 택시를 타고 도곡동으로 가자고 하니까 기사 아저씨가 "좋은 직장 다니고 집도 좋은 데 사네. 우리 아들이 대기업 다니는데 한 번 만나볼 생각 없느냐"고 하시더라고요. 소개팅이 밀려들고 '강남 키즈' 출신 남자들과 만남이 늘어난 것도 당혹스러워요. 저는 강남에 대해 잘 모르기도 하고 집도 이전 집 절반 크기인 원룸에 사는데….

노원구 아파트 거주 교사 D(27세, 여)

강남 사는 남자를 선호하는 건 어쩔 수 없어요. 친구들 사이에 청담 · 반포 · 대치 · 서초 · 압구정 · 동부이촌동 남자가 소개팅 들어오면 '꺅!', 잠실 · 용산 · 분당 · 판교 · 목동 남자를 만나면 '오호~', 그 밖의 지역은 '응?'이라는 분위기가 팽배해요. 대놓고 말은 못해도 동네로 재산 수준은 가늠할 수 있잖아요. 소개팅에서 '어디 살아요' 다음으로 빠지지 않는 질문은 '부모님이랑 같이 사나요'예요. 집은 지방이고 강남에 원룸 월세 살면 말짱 꽝이잖아요. 요즘은 남편 직업보다 시부모님 재력이 더 중요한 시대라 무시 못해요. 당장 서울 전셋값이 최소 2억 원 이상인데 우리 나이 직장인이 그만한 돈을 모은다는 건 사실 불가능하잖아요. 서로 사는 곳을 미리 알려주는 건 소개팅의 예의죠.

구로구 원룸 거주 회사원 E(28세, 남)

남들이 부러워하는 명문대 졸업하고 이름만 들으면 아는 대기업 다닙니다. 외모는 배우 김재원 씨를 조금 닮았고요. 키도 175센티미터로 나쁘지 않은데 소개팅은 번번이 실패합니다. 소개팅에서 재밌게 대화를 나누다가도 제가 구로동 원룸에 산다고 하면 여자들 표정이 곧바로 일그러지죠. 소개팅녀의 반응을 순서대로 말씀드리면 이런 식입니다. ①(고개를 갸우뚱하며) 거기가 어딘가요? ②(표정이 살짝 일그러지며) 회사 다니기 힘들지 않으세요? ③(애써 웃으며) 저희 집하고는 거리가 좀 있네요. 열에 여덟은 제 직장과 사진을 보고 소개팅에 나왔다가 사는 곳을 듣고선 돌아섭니다. 좀 순진한 생각인지 모르겠지만 언젠가는 사는 곳과 상관없이 저를 좋아해줄 여자가 나타날 거라고 믿어요.

채윤경 기자의 취재 수첩

소개팅에서 강남 사는 남자라고 하면 반색을 하고 서울 외곽 사는 남자라고 하면 얼굴이 흙빛으로 변하는 여성은 어떤가. "저는 강동구 사는데 OO씨는 수원에 사신다고요?" 라며 슬금슬금 뒷걸음질치는 남성은? 억지스럽다고 느껴지는가?

실은 '2030에게 주거 지역이 단순한 지리정보가 아니고 연애상대를 결정짓는 중요한 경제지표로 인식되고 있다'는 말 때문에 욕을 먹었다. 특히 대학생 중에 극단적인 사례를 가지고 20대를 속물로 만드는 기사가 아니냐는 질문을 하는 이도 있었다.

나도 학생 때는 몰랐다. 학교에서 늘 만나는 친구들과 연애를 했으니. 지방에서 올라온 친구들은 학교 주변에서 하숙이나 자취를 했으니 오히려 놀기가 더 좋았다. 우리에게 사는 지역은 그저 '막차 시간에 초조해하며 노는 아이'와 '내일 아침까지 놀아도 집에 들어갈 수 있는 아이'의 의미 정도였다.

그런데 사회에 나오니 많은 것이 달라졌음을 알 수 있었다. 외환위기를 겪으며 자라온 세대는 20년 후 취업난, 구직난, 결혼난에 허덕이며 생존을 고민해야 하는 세대가 되었다. 이 근본적 불안을 파고드는 것이 부동산이었다. 작은 집이라도 얻어 신혼 생활을 시작하려면 부모님의 도움이 필요하다는 점, 부모님의 재력을 가늠할 수 있는 가장 쉬운 기준은 부동산이라는 판단이 알게 모르게 청춘의 연애를 왜곡시키고 있던 것이다.

이런 경향은 특히 여성들에게서 더 잘 나타났다.

"요즘은 남편 직업보다 시부모님 재력이 더 중요한 시대라 무시 못해요. 당장 서울

전셋값이 최소 2억 원 이상인데 우리 나이 직장인이 그만한 돈을 모은다는 건 사실 불가능하잖아요."(D씨)

연애 상대의 거주지로 선호하는 곳을 설문한 결과 서울의 평당 아파트 평균 매매가격과 거의 일치했던 것도 그 때문이었다. 남성 역시 선호지역이 있었지만 그 이유는 조금 달랐다. '우리 집과 가까운 곳'이 일순위였다. 데이트가 끝나면 상대를 바래다줘야 하는데 너무 멀면 오가는 시간이 데이트 시간보다 더 길기 때문이었다. "주중에 한두 번이라도 데이트를 하려면 회사나 집이 서로 가까울수록 좋거든요. 분당이나 수원, 인천에 사는 여성들도 만나봤지만 결국 시간 약속 잡다가 멀어지는 경우가 허다했어요"라는 B씨의 고백도 그렇게 나온 거다.

아직도 불편하게 느끼고, 동의하지 못하는 사람들이 있을 것 같다. 나 역시 마찬가지다. 마음이 먼저 가고 그 뒤에 사는 곳을 자연스레 알게 되는 일은 정말 어려운 걸까. 로미오와 줄리엣도 아닌데 집이 어딘지, 부모님이 뭐하시는지 그렇게 따져야 할까. 청춘의 연애가 더는 슬퍼지지 않았으면 좋겠다.

대학생 50명의 가방을 열었다

대학생 가방
평균 무게 4.2kg

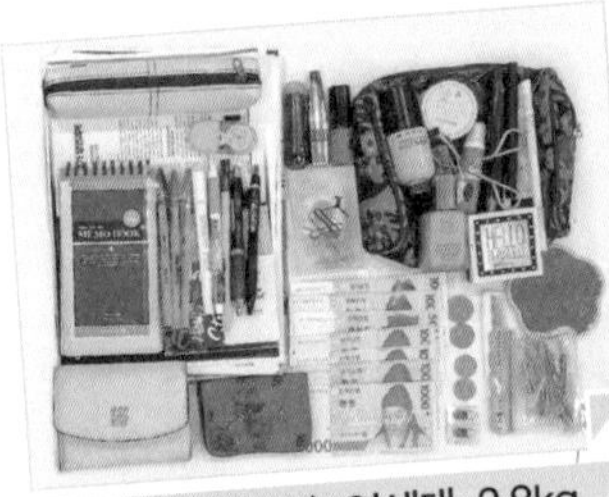

김신영(23, 여), 연세대, 2.8kg

명주현(23, 남), 고려대, 4.4kg

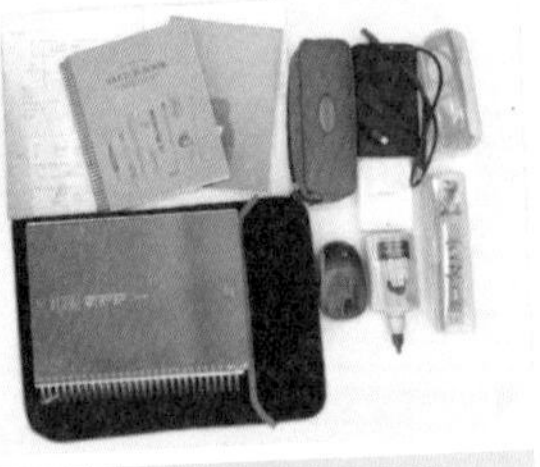

김재현(25, 남), 연세대, 2.3kg

이인표(23, 남), 경희대, 4.9kg

한주희(23, 여), 수원대, 3.4kg

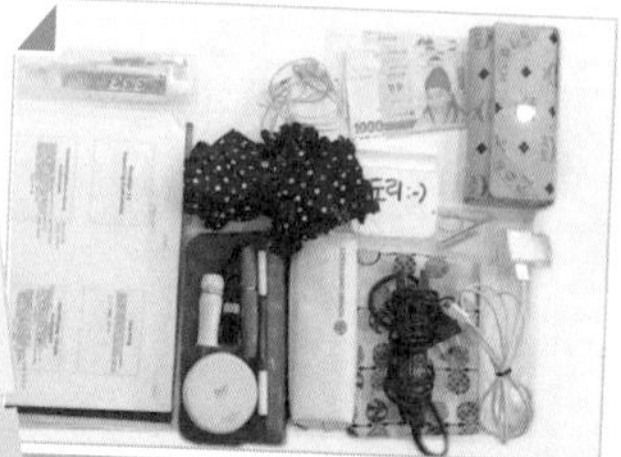

오도영(23, 여), 연세대, 2.4kg

어떤 물건은 어떤 사람의 삶을 증명합니다. 청춘의 물건들도 그러할 것입니다. 청춘리포트는 서울 · 부산 · 대구 · 경기도의 12개 대학교를 찾아가 남녀 대학생 50명의 가방을 살펴봤습니다. 어학 교재와 텅 빈 지갑…. 가방 속 물건들은 요즘 청춘 세대의 고달픈 삶을 증언하고 있었습니다. 이들의 가방 평균 무게는 4.2kg으로 결코 가볍지 않았습니다. 지갑에는 평균 카드 1~2장과 현금 1만 3,200원뿐이었습니다. 대학생들은 가벼운 주머니에 돌덩이 같은 가방을 메고 이 여름에도 도서관 계단을 오르고 있었습니다.

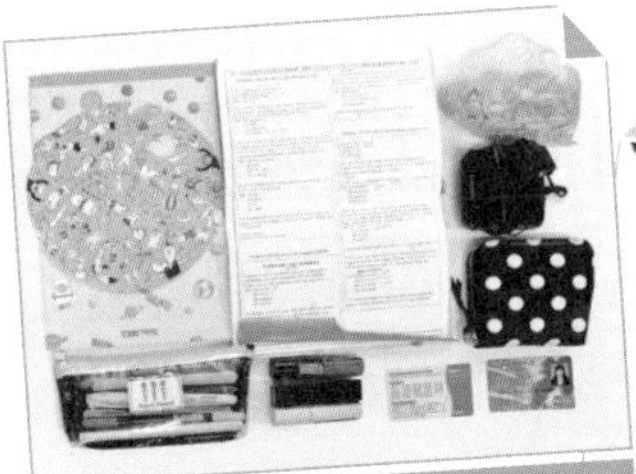

오나연(21, 여), 부산대, 2.5kg

양윤환(24, 남), 경희대, 3.1kg

이응윤(25, 남), 고려대, 7.1kg

경규아(19, 여), 경희대, 4.1kg

임보미(24, 여), 고려대, 6.1kg

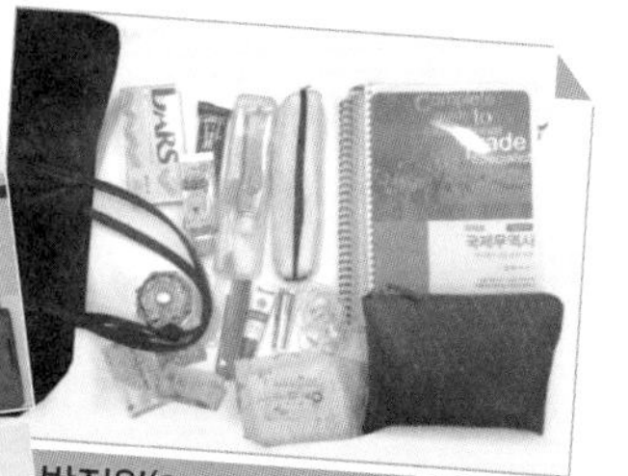

박정원(20, 여), 중앙대, 2.7kg

김용진(20, 남), 고려대, 6.8kg

민경호(24, 남), 연세대, 3.8kg

이수정(25, 여), 경북대, 2.6kg

1위 스마트폰 · 충전기(46명)

청춘의 시발역이자 종착역. 요즘 대학생들은 스마트폰으로 하루를 열고 닫는다. 이 전자제품은 청춘에겐 호흡과도 같은 존재다. 마주 앉아 있더라도 스마트폰 메신저로 대화를 하는 게 요즘 20대다. 각종 수험 정보나 취업 정보가 오가는 통로 역시 스마트폰이다. 스마트폰으로 TV 방송을 시청하거나 온라인 강의를 듣기도 한다. 스마트폰 배터리가 소멸되면 청춘은 숨이 꼴깍 넘어갈 것처럼 초조해진다. 절대다수의 대학생 가방 속엔 여분의 배터리와 충전기가 있었다. 마치 응급처치용 비상약품 같은 자태로 가방 한 구석을 차지하고 있었다. 정보통신정책연구원 조사에 따르면 20대의 스마트폰 보유율은 96.2%에 달한다. 20대의 67.3%는 일상생활에서 없어서는 안 되는 매체로 스마트폰을 꼽았다.

2위 화장품(33명)

젊은 육체에 남용되는 화학제품. 청춘의 얼굴은 싱그럽다. 싱싱하고 풋풋해서 별다른 치장을 하지 않아도 아름답다. 그러나 이런저런 화장품을 찍어 바르고 싶은 것 또한 청춘의 마음이다. 과거에는 화장품이 여자 대학생의 전유물이었다. 하지만 요즘은 남자 대학생도 각종 화장품에 관심이 많다. 식품의약품안전처 조사에 따르면 비비크림 등 색조 화장을 하는 남성의 64.4%가 20대였다. 실제로 청춘리포트가 만나본 남학생 10여 명이 비비크림 · 헤어왁스 등 화장품을 가지고 있었다. 쓸쓸한 것은 청춘에게 화장품은 더 이상 탐미적 도구만이 아니라는 사실이다. 요즘 대학생들은 취업 시장에서 살아남기 위해 자신을 꾸민다. 한 경희대 남학생은 "취업을 하려면 평소에도 이미지 메이킹 연습을 해야 해서 손거울과 화장품을 가지고 다닌다"고 말했다.

3위 노트북(20명)

청춘의 문구제품. 노트북은 노트북(notebook)이다. 20대 대학생들은 이 전자제품을 공책처럼 활용한다. 수업시간에도 종이로 된 노트 대신 모니터와 자판이 달린 노트북을 꺼내 필기를 한다. 요즘 20대는 신학기가 되면 공책이나 볼펜을 사러 문구점에 가지 않는다. 새로 나온 기종의 노트북을 사기 위해 온라인 쇼핑몰에 접속한다. 대학 도서관에 가보시라. 학생들이 펼쳐놓은 아찔한 노트북 행렬을 목격하게 될 것이다. 책과 공책은 노트북 속으로 들어간 지 오래다. 대학생들은 책 대신 노트북 화면을 보며 공부를 한다. 노트북 속에선 인기 영어 강사가 토익 시험에 나올 만한 문제를 찍어주고 있다. 타닥타닥-. 도서관을 울리고 있는 노트북 자판 소리는 취업용 공부에만 매달리고 있는 청춘의 신음소리 같다.

4위 어학 교재(19명)

청춘의 생존 언어를 가르쳐주는 책. 한국인의 모국어는 한국어지만 한국의 대학생들은 너도나도 영어를 하지 못해 안달이다. 국제어를 익히기 위한 노력이야 필요할 테지만, 문제는 지금 대학생들이 매달리고 있는 영어 공부는 외국인과의 소통에 그 목적이 있지 않다는 것이다. 요즘 20대는 다만 취업 시장에서 살아남기 위해 영어 공부에 열중한다. 요컨대 지금 대학생에게 영어는 국제어가 아니라 생존어다. 한국직업능력개발원에 따르면 대학생들의 주간 학습시간은 평균 8.89시간으로, 이 가운데 영어 공부에 투자하는 시간(3.94시간)이 가장 길었다. 청춘리포트가 만나본 상당수 대학생도 가방 속에 토익 교재나 관련 프린프물을 가지고 있었다. 지난해에만 200만 명이 넘는 청춘들이 토익 시험에 응시한 걸 보면 영어는 청춘의 생존 언어임에 틀림없다.

5위 칫솔·치약(17명)

해우소(解憂所)의 유일한 동반자. 불교 사찰에선 화장실을 해우소라고 부른다. 근심을 풀어내는 곳이라는 뜻에서다. 대학 도서관 화장실도 이와 다르지 않다. 도서관 의자에 꽁꽁 묶인 듯 종일 앉아 있다 보면 화장실 가는 시간이 유일한 위안이 될 때가 있다. 여름방학이 됐지만 대학 도서관이나 대학가 카페는 취업 공부에 열중하는 청춘들로 북적인다. 이들은 이른 아침부터 밤늦게까지, 많으면 하루 세 끼를 밖에서 해결해야 하기 때문에 휴대용 칫솔과 치약은 필수품이다. 출출할 때는 간식도 먹어야 하므로 20대 대학생들은 수시로 '해우소'를 들락거리며 양치질을 한다. 행정고시를 준비하는 서울의 한 사립대 남학생은 "집에서는 잠만 자고 거의 대부분의 시간을 학교 도서관에서 보내기 때문에 칫솔 · 치약이 없으면 생활 자체가 불편해진다"고 말했다.

감추고 싶던 물건들

대학생들은 다채로운 물건들로 청춘의 삶을 증언했다. 성균관대 경영학과 김호

영(26세) 씨의 백팩을 열자 가운데가 뚫린 치질 방석과 허리를 동여매는 복대가 눈에 들어왔다. 김 씨는 "회계사 수험생활 3년 동안 치질과 허리디스크를 얻었다"며 "허리디스크 환자가 피해야 할 1순위는 '무거운 가방'이지만 여러 권의 수험서 때문에 아직도 환자 신세를 면치 못했다"고 하소연했다. 병을 달고 다니는 대학생은 김 씨만이 아니었다. 경희대 양진환(24세) 씨도 "취업 스트레스로 소화가 안 된다"며 위장약을 들어 보였다.

종일 책상에 매달려 있는 대학생을 달래주는 건 집에서 싸온 간식과 텀블러에 타먹는 인스턴트 커피였다. 성균관대 서미진(26세) 씨는 "초콜릿과 커피라도 옆에 없으면 스트레스 해소가 안 된다"고 말했다.

경희대 국문과 김모(24세) 씨의 가방 앞주머니에는 동전으로만 6,500원이 들어 있었다. 김 씨는 "자취방에 굴러다니는 동전들이 아까워 들고 왔다"며 멋쩍어했다.

외모를 가꾸기 위한 물품도 많았다. 고려대 명주관(23세) 씨는 2.5센티미터 키높이 깔창을 가지고 다녔다. 명 씨는 "소개팅뿐 아니라 발표 수업 등 남 앞에 서는 자리에선 자신감을 얻기 위해 키높이 깔창을 사용하게 된다"고 말했다.

구혜진 기자의 취재 수첩

"가방은 백팩만, 하이힐 금지, 섹스도 금지."

척추가 작살나 디스크가 탈출한 스무 살 때 기자에게 던져진 의사의 주문은 세 가지였다. 처방이라기보단 '젊음 사망선고'에 가까웠지만 서지도 못하는 처지에 가릴 건 없었다. 범인은 '돌덩이 가방'이었다. 핸드백과 하이힐, 섹스보다도 '뉴-청춘'에 가까운 잇 아이템. 이 가방은 또 다른 친구들의 허리를 연쇄 파괴했고 졸업까지 허리가 멀쩡한 친구는 얼마 남지 않았다.

이후 그램(gram) 단위의 가방 경량화와의 싸움이 시작됐다. 2kg 노트북, 한 근짜리 충전기를 기본값으로 두면 이미 권장 무게는 한참 넘어간 상태다. 전공책을 3개로 나눠 스프링 제본을 하거나, 공책 대신 A4지 두 장을 넣곤 했다. 필통과 지갑은 모나미와 체크카드 한 장으로 대체됐다. 끊임없이 덜어내는데도 공중화장실 세균 묻은 칫솔이 굴러다니는 가방은 언제나 더러웠다.

취재를 하며 만난 대학생들은 큰 불만은 없었다. 단지 전공책과 영어교재 대신 문학이나 인문학 책을 읽어볼 여유를 아쉬워했다.

"취직만 되면 그땐 소설책 읽으며 출퇴근이 가능하지 않을까요?"

각 잡힌 핸드백이나 클러치에 작은 소설책과 화장품 정도만 들고 출퇴근하는 자신을 그려보는 대학생들도 적지 않았다.

"내 삶의 주인이 내가 될 때쯤이면 내가 좋아하는 것만 가방에 넣고 다닐 수 있지 않을까요?”

노트북을 내 몸보다 소중히 여기는 기자라는 직업을 선택한 탓에 여전히 핸드백은 사치다. 내 친구들의 가방은 가벼워졌을까. 이 글을 쓰며 주변 친구들에게 물었다. “새로 따려는 증권 자격증 책이 4kg 넘는다”, “퇴근하고 가는 중국어 스터디 때문에 보조 가방을 들고 다닌다.” 내로라하는 대기업에 다니는 친구들의 답변이다.

세계 디자이너들이 마이크로라는 이름이 붙은 초 미니백과 어깨에도 못 매는 클러치를 앞다투어 발표하는 2016S/S에 우리나라에선 유독 토트백과 백팩이 잘 팔린다. 명품 가방을 살 돈은 벌 수 있어도, 내 가방과 내 여가의 자유는 얻지 못하는 우리의 풍경이다.

이력서 뒤집기 실험, 뒷모습이 훨씬 솔직했다

뒷모습 증명사진을 찍어 주는 '엉뚱한 사진관' 프로젝트에 시민 260여 명이 참여했다. 옷깃을 들어 올리거나 머리 위로 손을 올려 브이(V)를 그리기도 하고, 연인 · 친구들과 함께 어깨를 맞대는 등 저마다 개성 넘치는 모습으로 사진을 찍었다.
[사진 : 관계; 대명사]

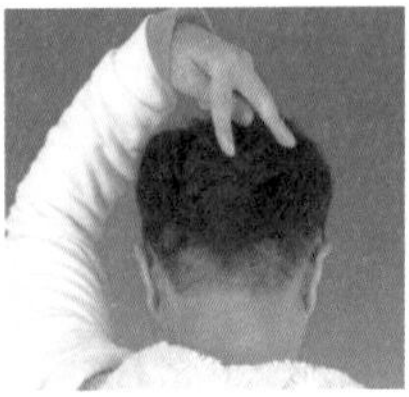
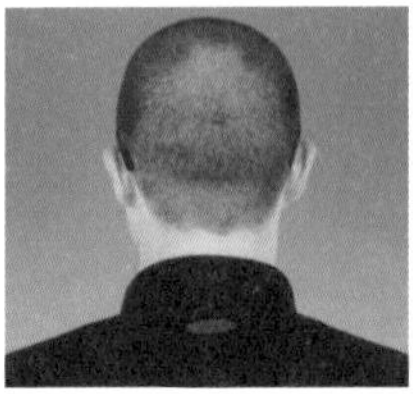

외국인들은 한국의 이력서를 보면 깜짝 놀랍니다. 증명사진 때문입니다. JTBC 〈비정상회담〉에 출연 중인 알베르토 몬디는 "유럽 회사의 이력서에는 외모가 채용에 영향을 미치지 못하도록 사진을 붙이는 곳이 없다"고 말합니다. 그런데 한국의 회사들은 당당합니다. 채용 단계에서부터 외모를 보겠노라 증명사진을 요구합니다. 여기, 이 불편한 요구에 맞서 뒤통수를 찍은 사진을 내미는 청춘들이 있습니다. '뒷모습 증명사진'을 보노라면 취업난에 고통 받는 청춘들의 한숨 소리가 들리는 것 같습니다.

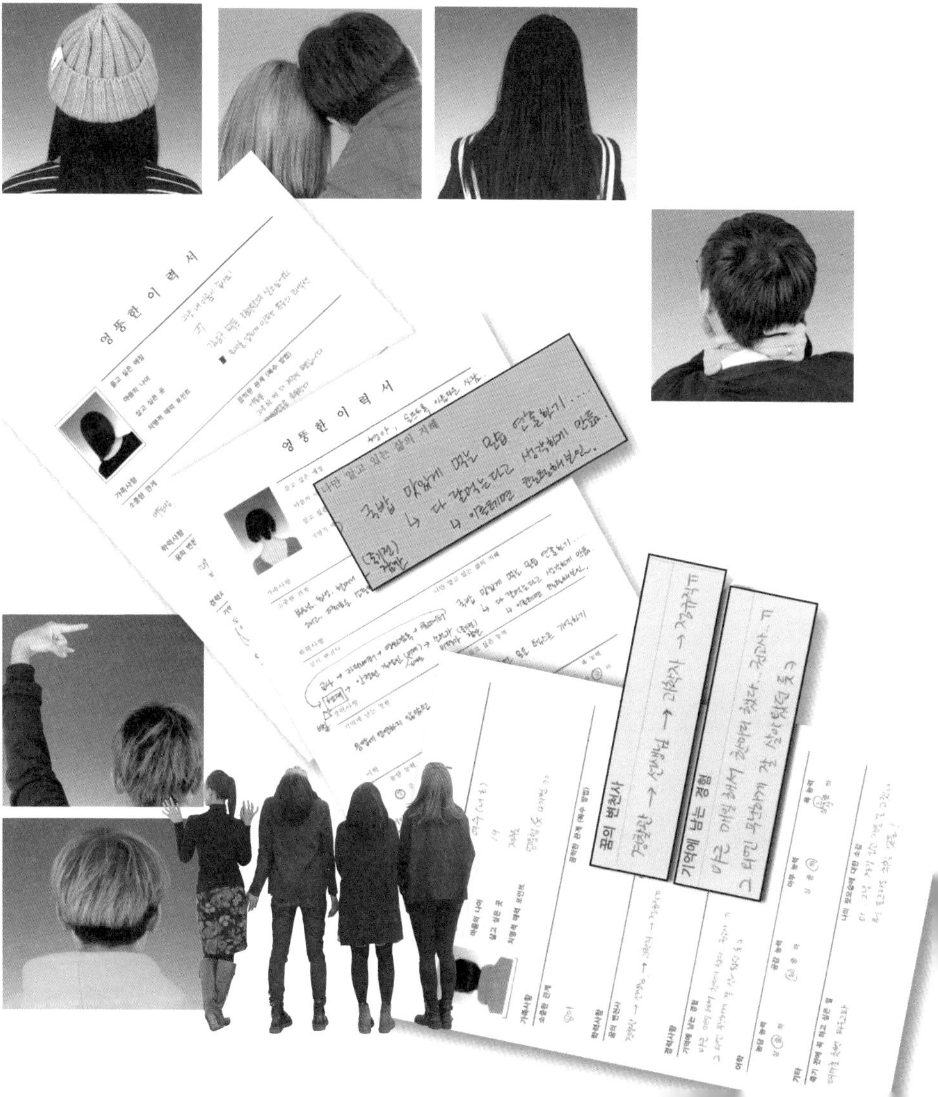

“자, 찍습니다. 머리는 가지런하게 어깨 뒤로 넘겨주시고요. 예쁜 표정은 필요 없어요.”

이곳은 서울 마포구 홍대 인근 서교예술실험센터 앞 사진관. 좁은 사진관에 20~30대 남녀 여남은 명이 북적댄다. 이력서에 붙일 증명사진을 공짜로 찍어준다는데, 무언가 이상한 풍경이다. 우리는 지금 몹시 기이한 장면을 목격하고 있다.

한 여성이 카메라 앞으로 간다. 머리를 만지작거리더니 돌연 벽을 향해 획 돌아선다. 카메라 앵글에 이 여성의 뒤통수가 떡하니 잡힌다. 찰칵. 찰칵. 카메라가 이 여성의 뒤통수를 연속으로 찍어댔다. 대체 이 풍경은 무어란 말인가? 분명히 증명사진이라고 하지 않았나? 뒤통수의 주인공 오윤희(24세) 씨의 말이다.

“이력서를 쓰면서 늘 증명사진이 거슬렸어요. 외모로 사람을 평가하는 것 같아 썩 유쾌하지 못했죠. 이렇게 뒷모습으로 증명사진을 찍어보니 뭔가 속은 후련하네요. 외모지상주의 사회에 한 방 날린 기분이랄까? 평소에 뒤통수를 볼 일이 없는데 사진을 찍고 보니 제 두상이 참 예쁘네요. 하하.”

뒷모습 증명사진이라…. 윤희 씨의 말처럼 이 사진 한 장에는 취업준비생의 고

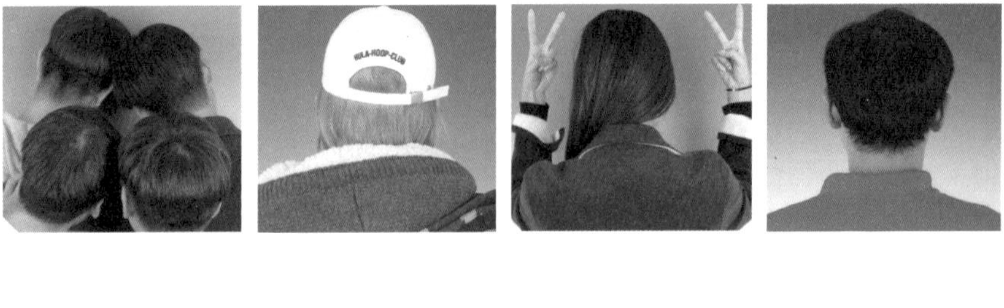

뇌와 애환이 담겨 있다. 그러니까 단순한 사진이 아니란 얘기다. 외모를 잣대로 사람을 평가하는 우리 사회에 대한 3×4cm 사이즈 고발장이랄까.

이 발칙한 사진은 서울문화재단 서교예술실험센터와 올림푸스가 기획한 '엉뚱한 사진관' 프로젝트에서 시작됐다. 청춘 세대와 관련된 사회적 이슈를 사진을 이용해 전달하자는 취지다. 4명의 20~30대 예술가로 구성된 '관계; 대명사' 팀이 '뒷모습 증명사진'이라는 아이디어를 내 공모에 당선됐다. 이 무료 촬영 프로젝트에 260여 명의 시민이 참여했다.

뒷모습을 찍을 땐 우리가 알고 있던 증명사진의 법칙이 아무 소용없었다. '어깨를 살짝 돌리고 고개를 든 뒤 어색하게 웃어야 하는…' 대신 뒷모습만으로 자신을 내보여야 하기 때문에 청춘의 발랄한 상상력이 반짝이는 사진이 많았다. 뒤통수 위로 손을 올려 브이(V)를 그리거나 옷깃을 들어올리기도 하고, 연인과 어깨를 맞댄 채 함께 뒤통수를 찍는 청춘들도 있었다.

'관계; 대명사' 팀은 왜 청춘의 뒷모습에 주목했을까. 첫 질문은 이런 거였다. 왜 유독 한국 사회에선 이력서에 증명사진을 붙이라고 요구할까. 요즘 청춘들은 이력

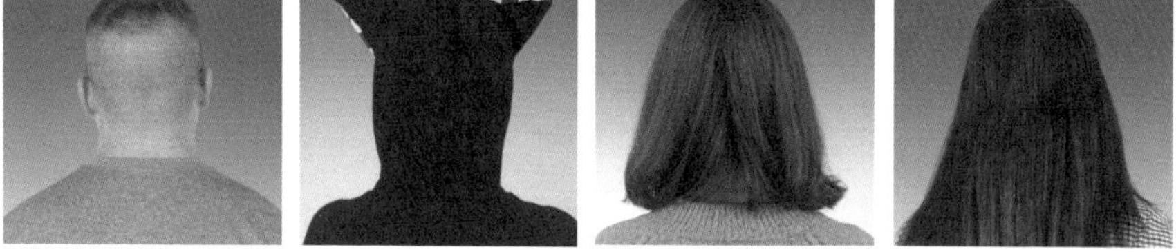

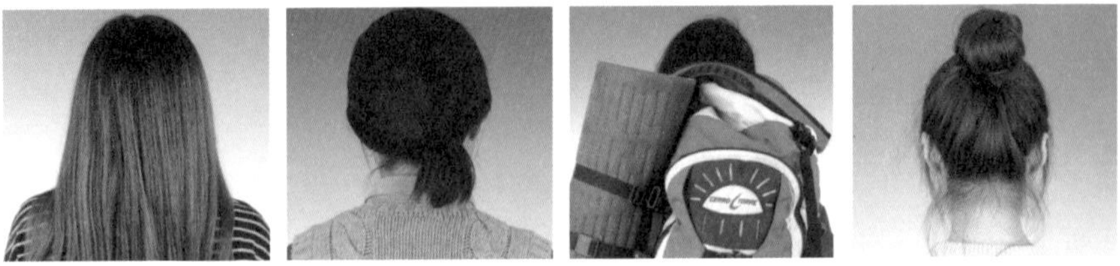

서에 붙일 사진을 찍는 데 많게는 수십만 원씩 비용을 지출한다. 적잖은 경제적 부담을 무릅쓰고 더 예쁜 사진을 찍어야 하는 까닭은 이력서 사진이 첫인상을 결정한다고 생각하기 때문이다.

실제로 취업포털 인크루트가 구직자 502명을 대상으로 설문조사한 결과 취준생 입장에서 가장 부담스러운 지출은 1위 '토익 등 어학시험 준비료'(35%)에 이어 2위 '사진 촬영비'(24%)가 꼽히기도 했다. '관계; 대명사' 팀의 설명은 이렇다.

"취업을 준비하는 사람들도 자신의 꾸며진 모습이 아닌 진짜 모습을 돌아보고, 기업들도 형식적인 겉모습이 아닌 내재된 잠재력을 봐야 한다는 메시지를 전달하고 싶어 프로젝트를 기획했습니다."

촬영을 마친 참가자들에겐 뒷모습 증명사진을 붙일 수 있는 '엉뚱한 이력서'가 주어졌다. 이름 대신 '불리고 싶은 애칭'을, 초 · 중 · 고 학력 대신 '꿈의 변천사'를, 어학 점수 대신 '농담 · 아부 · 욕 능력' 등을 써야 하는 이력서다. 끔찍한 관계의 사람에게 할 수 있는 '복수 방법'이나 '자신만의 삶의 지혜'를 묻는 칸도 있다.

참가자들의 '엉뚱한 이력서'에는 자신이 지나온 삶의 솔직한 이야기와 현재의 고민이 고스란히 담겨 있다. 취준생 김정환(30세) 씨는 꿈의 변천사 칸에 '과학자 → 의사 → 대기업 사원 → 정규직'이라고 적었다.

"엉뚱한 이력서를 쓰면서 현실에 꿈을 맞춰온 건 아닌가 고민해 보게 됐어요. 뒷모습 사진을 찍고 나니 나를 새롭게 발견한 느낌이 드네요. 이제부터라도 제가 진짜 하고 싶은 일이 뭔지 고민해 봐야겠습니다."

김선미 기자의 취재 수첩

'엉뚱한 사진관'에서 뒷모습 증명사진을 찍은 사람들에게 자신의 뒷모습을 본 소감을 물었다. 익명으로 받은 답변에는 재미있는 이야기가 많았다. "브이(V)를 머리 위로 올리고 찍으니 반항아가 된 것 같아 통쾌하다", "뒷모습을 찍을 땐 어색한 표정을 안 지어도 돼서 좋구나", "신경 쓰지 않고 찍은 건데도 막상 보니 신선하다" 등.

이들이 준 답변들의 공통점은 '꾸밈없는 모습이 마음에 든다'는 것이었다. 앞모습을 촬영했다면 할 수 없었을 자유로운 포즈와 평소 한 번도 보지 못했던 의외의 모습이 사진에 고스란히 담겨 있다고 했다. 사실 엉뚱한 사진관 프로젝트도 이와 같은 생각에서 시작됐다. 전문 메이크업과 포토샵을 통해 새로 빚어진 취업사진 속 자신의 모습을 보고 '관계; 대명사'의 작가는 '과연 진짜 나는 누굴까?' 하고 고민했다. 그리고 그 어떤 제약이나 굴레 없이 자유롭게 찍어본 뒷모습 사진에서 해방감과 짜릿함을 느꼈다고 한다.

> 누구에게나 뒷모습은 진정한 자신의 모습이다. 그 어떤 것으로도 감추거나 꾸밀 수 없는 참다운 자신의 모습이다. 그 순간의 삶이 뒷모습에 솔직하게 드러나 있다. 얼굴이나 표정뿐만이 아니라 뒷모습에도 넉넉한 여유를 간직한 사람들이 주변에 많다면 이 세상은 더욱 풍요롭고 아름답지 않겠는가.

소설가 노은의 수필집 『여백 가득히 사랑을』에 실린 구절이다. 작가 노은은 뒷모습이 솔직하게 느껴지는 건 감추거나 꾸밀 수 없는 것이기 때문이라고 말한다. 그렇다. 뒷모습이 솔직할 수 있는 건 역설적이게도 앞모습은 감추거나 꾸며야 한다는 현실 때문인지도 모르겠다. 하루에도 여러 번 억지로 웃음을 지어야 하고 경쟁에 뒤처지지 않기 위해 자신을 과대 포장해야 하는 사회에서 이는 어쩌면 당연한 일일 거다.

엉뚱한 사진관 프로젝트가 단지 유쾌한 에피소드에 그치지 않았으면 좋겠다. 여전히 우리는 스스로를 포장하고 꾸며야 하는 사회에 살지만 종종 뒷모습 사진을 꺼내보며 자신의 있는 그대로를 들여다보고, 남을 위해 종일 꾸며야 했던 앞모습에게 격려를 해주고, 그리하여 있는 스스로를 사랑할 수 있는 여유가 생기기를 바라본다. 그러다보면 노은 작가의 말처럼 풍요롭고 아름다운 세상이 되지 않을까.

'낄끼빠빠' 모르는 당신 '고답이' 혹시 통역이 필요하신가요?

신조어 테스트

1. 다음 질문에 대한 적절한 대답을 고르시오.
   낄끼빠빠 못하면 극혐 아님?

   ① 그래. 나도 헬조선 증후군 걸렸잖아. ② 에이, 넌 너무 금사빠야.
   ③ 에바네, 에바야. ④ 맞아. 진짜 고답이들이지.

2. 박병호 선수의 스윙 사진이다. 사진을 보고 달 수 있는 적절한 댓글을 고르시오.

   ① 박병호 므르브 진출! 옷피셜 ㅊㅋ ② 사스가 병호. 스윙 클라스 ㄷㄷㄷ.
   ③ 디티디는 레알 과학이구나. ④ 제한맨ㅠㅠ.

3~5번은 다음 대화에 관한 문제입니다.

남 : 뉴스 봤냐? 정치인들 내로남불 하는 거 진짜 핵노답이다.
여 : 그래. 뭐 잘못하면 완전 빼박캔트인데도 우기고 말야. 일이나 좀 잘하지. 흙수저들 취업 못해서 헬이잖아.
남 : 그래 갓수저들은 여행이나 다니고 복세편살하는데. 그래도 넌 스펙 쩔어서 좀 괜찮지 않음?
여 : 스펙 쌓아봐야 그깟 취준생이지 뭐. 그나저나 너 혜지랑 헤어진 썰이나 좀 풀어봐.

3. 남자는 정치인들의 어떤 점을 비판하는가?

   ① 뇌물을 받고도 오리발을 내미는 태도 ② 선거를 앞두고 공약을 남발하는 행태
   ③ 잘못을 회피하고 남을 헐뜯는 태도 ④ 중요 정책을 미룬 채 정쟁만 일삼는 태도

4. 여자의 가장 큰 고민은 무엇인가?

   ① 연인과 이별해서 힘들어 하고 있다. ② 집안 형편이 어려워져 걱정이다.
   ③ 성적이 낮아 걱정이다. ④ 경력을 쌓았지만 취업이 어려워 불안하다.

5. 아래 신조어 중 생성 방식이 다른 신조어는?

   ① 내로남불 ② 복세편살 ③ 갓수저 ④ 취준생

6~7번은 신조어를 사용해 변형한 기사에 관한 문제입니다.

노끈 하나로 화물차 문 따고 건설공구 훔친 40대 철컹철컹.
.gisa
주차해 놓은 화물차에서 건설공구 훔친 김모(49)씨 철컹철컹. 노끈으로 쉴드 깨고 들어가서 훔쳤

한글은 ㅂㅂㅂㄱ 세계에서 가장 과학적인 문자입니다. 하지만 한글을 레알 아끼고 사랑하는 2030세대는 드문 것 같습니다. 특히 20대 청춘들은 복세편살 취지로 한글을 변용하고 줄여 쓰곤 합니다. 기성세대는 독해하기 힘든 '그들만의 한글'이 통용되는 현실은 빼박캔트입니다. 아래 문제를 풀어 보며 요즘 청춘들의 한글 사용 실태를 체감하시길 바랍니다(※이 전문을 독해하기 힘들다면 뒤의 정답 · 해설을 참조하세요).

다고 함. 작년 10월부터 9월까지 밤마다 전동드릴 훔쳐서 1400만원 개이득. 근데 또 우리나라 포돌이가 역대급임ㄷㄷㄷ. 아무리 튀어봤자 씨씨티비 까면 바로 잡힘. 헬조선이라지만 치안은 탈아시아급 맞음. ㅇㄱㄹㅇ. 김씨도 쫌 불쌍하긴 함. 노숙하다가 생활비 없어서 그랬다네.

6. 해당 기사에서 경찰은 어떻게 표현되고 있는가?

① 뛰어난 수사 능력으로 높은 치안 수준을 유지하고 있다.
② 거칠게 수갑을 채우는 등 강압적으로 수사하고 있다.
③ 마스코트 포돌이를 통해 친근감을 주고 있다.
④ 범죄를 예방하지 못해 비판이 쏟아지고 있다.

7. 'ㅇㄱㄹㅇ'의 뜻은 무엇인가?

① 매력적이고 멋지다. ② 사실이긴 하지만 다른 의견도 존재한다.
③ 별다른 뜻 없는 추임새. ④ 부정할 수 없는 분명한 사실이다.

8. 우리 게시판에 별것도 아닌 걸로 ________를 끌면서 갈등을 조장하는 회원이 늘고 있다. 규정대로 처벌해야 한다.

① 하드캐리 ② 어그로 ③ 호갱 ④ 츤데레

9~10번은 빈칸에 적절한 말을 고르는 문제입니다.

To: 연애박사님
From: 모쏠
전 언제나 혼자였어요. 제가 매력이 없는 건지. 여성과 점약 한번 잡아 본 적이 없습니다. 매일 혼밥이죠. 아무리 노력해도 여친이 ________.

9.

① ㅎㄴㅈ ② ASKY ③ ASAP ④ ㅂㅂㅂㄱ

뭐 하나라도 잘하는 게 있어야 하는데, 공부도 운동도 자신이 없습니다.
다음 생애까지 기다려야 하나요.
이래서 다들 ________(으)로 태어나고 싶다고 하나 봅니다.

10.

① 뇌섹남 ② 찍먹파 ③ 다태호 ④ 인생짤

2030세대에게 인터넷 신조어는 일상 언어로 인식되고 있다. SK텔레콤 캠퍼스 리포터에서 최근 20대 400명을 대상으로 설문조사를 한 결과 68.7%인 275명이 "신조어 사용에 대해 긍정적으로 생각한다"고 대답했다. 또한 이들은 신조어를 사용함으로써 자신들의 감정을 더 정확하게 표현할 수 있다고 생각하고 있었다.

"신조어를 왜 사용하느냐"는 질문에 68%(272명)가 "내 감정이나 상황을 표현하고 싶은데 마땅한 단어가 없어서"라고 답했다. "유행에 뒤처지지 않기 위해서"(15%), "친구들과 소통하기 위해서"(12%)가 뒤를 이었다.

가장 많이 쓰는 신조어는 큰 이익을 봤을 때 사용하는 '개이득'이었다. 400명 중 절반 이상(275명)이 자주 사용한다고 했다. 또 심장이 쿵쾅쿵쾅거린다는 뜻의 '심쿵'은 266명이, 극도로 싫어한다는 뜻의 '극혐'은 245명이 자주 사용한다고 답했다.

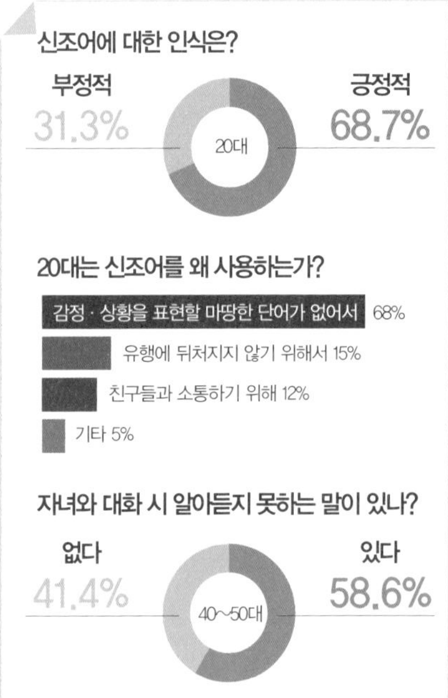

설문 : SK텔레콤 캠퍼스리포터
조사 대상 : 20대 400명, 40~50대 58명
조사 기간 : 2015년 7~9월

이런 신조어 사용이 일상으로까지 확대되며 세대 간 소통을 어렵게 한다는 지적도 나온다. 실제 같은 단체에서 40~50대 58명을 상대로 설문조사를 벌인 결과 절반 이상(58.6%)이 "자녀와 대화 시 알아듣지 못하는 단어가 있다"고 답했다. 또 새로운 말이 생겨나고 사라지는 속도가 워낙 빨라 인터넷에 익숙하지 않은 세대는 따라잡을 수가 없을 정도다.

국어문화운동본부 남영신 대표는 "신조어는 시대의 필요에 따라 자연스럽게 생기고 사라지는 말이므로 일부러 배척할 필요는 없다"며 "다만 특정 계층을 비하하거나 인권침해의 소지가 있는 말은 엄격하게 구분하고 신조어든 아니든 사용하지 않아야 한다"고 말했다.

정답 및 해설

1. ④ '낄끼빠빠'는 눈치 없는 사람을 뜻하므로 답답한 사람을 칭하는 '고답이'로 호응해야 자연스럽다.

- 낄끼빠빠 : 낄 때 끼고 빠질 때 빠져라.
- 헬조선 : 지옥이라는 뜻의 'hell'과 조선을 합친 말. 취업난 · 계층격차 등으로 한국에서 살기 힘들다는 좌절감을 담은 말이다.
- 금사빠 : 금방 사랑에 빠지는 사람.
- 에바 : '오버한다'의 '오버'를 변형한 말.
- 고답이 : 고구마를 먹었을 때처럼 답답함을 느끼게 하는 사람.

2. ② '역시 박병호, 스윙 수준이 대단하다.'

- 므르브 : 미국 프로야구리그인 메이저리그(MLB)를 칭한다.
- 옷피셜 : 옷(유니폼)과 'official'이 합쳐진 말. 유니폼을 들고 찍은 사진이 보도되면 '공식적으로 입단이 확정됐다'는 의미로 '옷피셜'이라고 한다.
- 사스가 : 일본어로 '역시 · 과연'이라는 뜻. 어감이 좋다는 이유로 유행처럼 번졌다.
- 클라스(class) : 수준 · 능력의 뜻으로 쓰인다.
- 디티디 : DTD(Down Team Down). '내려갈 팀은 내려간다'는 말로, 리그에서 전력이 약한 팀이 잠시 좋은 성적을 내더라도 결국 순위가 내려가게 돼 있다는 의미로 쓰인다.
- 레알 : 'real'의 변형. '진짜 · 정말.'
- 제한맨 : '제발 한국인이면 맨유 좀 응원합시다'를 줄인 말. 무조건 한국 선수가 있는

팀을 응원해야 한다고 주장하는 팬들을 비꼬는 의미로 쓰인다.

3. ③ 남자는 정치인들이 '내로남불' 하는 태도가 싫다고 말하고 있다.

• 내로남불 : '내가 하면 로맨스, 남이 하면 불륜'의 줄임말. 자신의 잘못에는 관대하고, 타인의 잘못은 강하게 비판하는 태도.

4. ④ 여자는 "스펙을 아무리 쌓아봐야 취업준비생"이라고 말한다.

5. ③ '내로남불 · 복세편살 · 취준생'은 줄임말. '갓수저'는 'god'과 '수저'를 합친 신조어.

• 핵노답 : '진짜 답이 없다'는 뜻. 강조의 의미로 '핵'을 앞에 붙였다.
• 빼박캔트 : '빼도 박도'와 'can't'를 합친 말. 즉 빼도 박도 못한다는 의미.
• 흙수저 · 갓수저 : 평범한 사람들을 '흙수저'라고 한다. '갓수저'는 신을 뜻하는 'god'을 붙여 압도적으로 많은 재산을 물려받는 사람을 지칭한다.
• 복세편살 : 복잡한 세상 편하게 살자.
• 쩔다 : '대단하다 · 멋지다' 등의 의미.
• 헤지 : 헤어진 여자친구를 일컫는 말이다.
• 썰 : 말씀을 뜻하는 '說(설)'에서 변형된 것으로, '이야기'라는 의미. ssul로 쓰는 경우도 많다.

6. ① 경찰이 역대급이며, 치안 수준이 '탈아시아급'(아시아 평균 수준을 훨씬 뛰어넘는다)이라고 돼 있다.

• 역대급 : 과거와 비교해도 손색없을 정도.

7. ④ '이거 레알'이라는 뜻. 앞에 오는 말이 확실한 사실이라는 의미다.

• .gisa : 제목에 글의 내용을 예측할 수 있게 표시한 것. '.gisa'는 기사, '.txt'는 텍스트만 있는 글, '.jpg'는 사진이 있는 글을 말한다.

• 철컹철컹 : 체포되거나 구속됐다는 뜻.
• 쉴드 : 방패를 뜻하는 'shield'. 말 그대로 보호장치 혹은 누군가를 감싸는 행위.
• 포돌이 : 경찰 마스코트에서 유래한 말로 주로 경찰이나 경찰관 자체를 지칭한다.
• ㅇㄱㄹㅇ : '이거 레알'의 초성을 딴 것.

8. ② '어그로'는 주로 '관심을 끌기 위해 분쟁을 일으키는 행위나 사람'을 지칭할 때 쓰는 말이다.

• 하드캐리 : 'Hard Carry'. 질 가능성이 큰 경기를 월등히 잘하는 한 명이 승리로 이끄는 경우를 말한다.
• 호갱 : '호구'와 '고객'을 합친 말로, 어수룩해 손해를 보는 손님을 뜻한다.
• 츤데레 : 속으로는 좋아하면서 겉으로 퉁명스럽게 대하는 태도를 뜻하는 일본어 표현.

9. ② 'ASKY'는 '안 생겨요'의 초성을 알파벳으로 표현. '이성 친구가 안 생긴다'는 뜻.

10. ③ '다태호'는 '다시 태어나면 호날두'라는 뜻. 뛰어난 실력과 외모를 갖춘 축구선수 호날두에 대한 부러움을 표현하는 말.

• ㅎㄴㅈ : 핵노잼.
• ASAP : 가급적 빨리(as soon as possible).
• ㅂㅂㅂㄱ : 반박불가. 반박할 수 없는 사실을 얘기할 때 쓰는 말.
• 뇌섹남 : '뇌가 섹시한 남자'. 주로 지적인 매력이 있는 남자를 뜻한다.
• 찍먹파 : 탕수육을 먹을 때 고기를 소스에 찍어 먹는 사람과 소스를 부어 먹는 사람이 있는데, 전자를 '찍먹파', 후자를 '부먹파'라고 한다.
• 인생짤 : 인생에 한 번 있을까 말까 할 정도로 잘 나온 사진. '짤'은 사진이라는 뜻.

윤정민 기자의 취재 수첩

나라의 말이 온라인 세계와 달라 문자가 서로 맞지 아니할 새, 청춘리포트 팀은 569돌 한글날을 맞아 세대 간 소통에 일말의 도움이라도 되고자 신조어 테스트를 준비했다. 언뜻 쉬워 보이는 주제였지만, 개인적으론 기사 작성 내내 신조어를 대하는 마음가짐이 수차례 뒤바뀌었다. 아래에 신조어와의 '밀당' 과정을 기록한다.

하나, 고백하건대, 꽤나 가벼운 마음으로, 부담 없이 모니터 앞에 앉았다. 486 컴퓨터로 '너구리'를 즐기던 시절부터 인터넷 세계의 형성과 발전 과정 전반을 곁에서 지켜봐온 세대의 자신감이었다. 매일 신조어를 사용하고, 그 기발함에 감탄하던 내가 아니었나. 정확한 표준어 구사보다 오히려 더 쉬우리라.

둘, 그러나 신조어는 내 친구가 아니었다. 반은 '아재'고 반은 젊은이인 29살의 기자에게 신조어의 세계란 너무나 빠르고 괴상하기까지 했다. 모니터에 앉은 지 몇 시간이 지나도록 기사는 한 줄도 쉬이 나아가질 못했다. 모르는 단어가 많기도 했지만, 더 큰 문제는 대부분 온라인상에서 화제가 된 사건 · 인물에서 비롯됐다는 것만 알 수 있을 뿐 도대체 정확한 어원이 무엇인지를 찾기 어려웠다는 점이다. 신조어와 멀어지기 시작했다.

셋, 또한 특정 인물이나 계층을 비하하는 뜻을 담고 있어 신문에 싣기 어려운 말이 많았다. 유명인들의 '일베 논란'이나 '○○ 비하 논란'도 이런 연유에서 벌어진 일이리라. 자칫 잘못했다간 "기자가 일베 용어를 썼다"는 댓글이 달릴 수도 있었다. 때문에 미움은 강한 거부감으로 바뀌었고, 어설프게 신조어를 쓰다 회식 자리를 어색하게 만드는 '부장님'들의 심정에 공감하기 시작했다.

넷, 내 감정 변화와 상관없이 마감의 숙명은 나를 옥죄어 왔고, 기사는 완성됐다. 그리고 다음 날, 기사를 본 모 대학 국어교육과 교수님으로부터 메일이 한 통 왔다. 신조어를 연구하는 데 사용하고 싶으니 기사 작성에 사용한 자료와 기사 원본 텍스트를 제공해줄 수 있느냐는 내용이었다. 생각을 바꿀 수밖에 없었다. 그렇다. 이제 순응해야 할 때였다.

다섯, 한글이 세상에 나왔을 때, 한자 기득권층은 일단 배척하고 무시했다. 그러나 새로운 시대, 새로운 필요에 의해 자연스레 생기고 변화하는 언어를 마냥 배척할 수 있을 리 없다. 싫든 좋든 친근하든 밉든 말은 생겨나고 또 사라진다. 한 사람의 언어 사용자로서, 글을 써서 먹고사는 직업인으로서, 그저 연구하고 좋은 말을 가려 쓰려 노력할 뿐. 다른 방법은 없지 않을까.

타투, 조폭 상징에서 청춘의 무늬가 되다

사랑의 다짐

청춘은 사랑을 몸에 새긴다. 'Mors Sola(죽음이 우리를 갈라 놓을 때까지)'는 연인들에게 인기 있는 라틴어 문구.

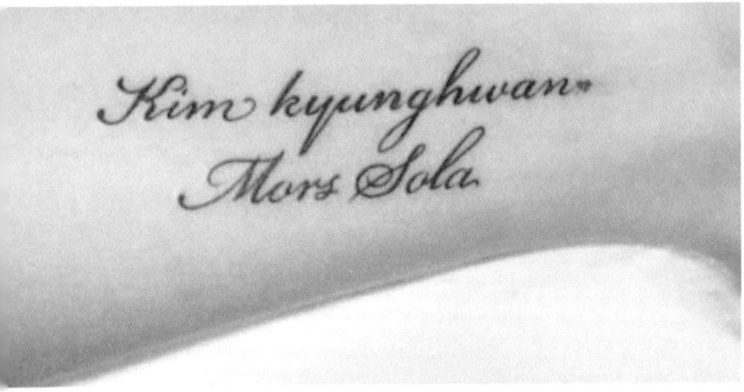

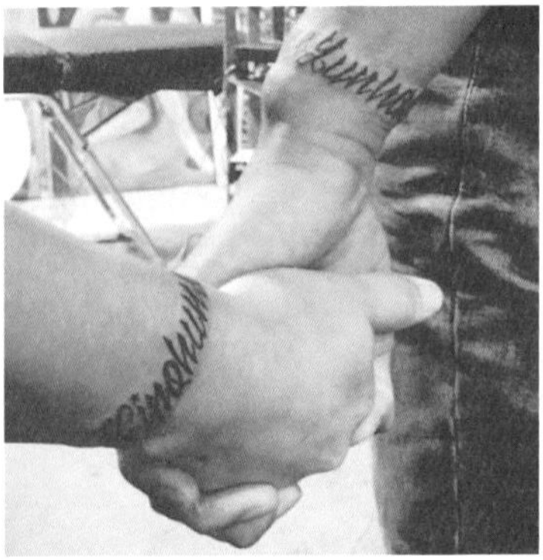

나와의 약속

타투는 소중한 것들을 기억하기 위한 방법이기도 하다. 가족의 이름을 몸에 담기도 하고, 인생의 격언을 새기기도 한다.

문신? 타투? 어떤 말이 더 익숙하신가요? '문신'이란 말이 입에 더 잘 붙는다면 당신은 요즘 젊은 세대와는 다소 거리가 먼 사람일 수 있습니다. 2030세대에겐 '문신(文身)'이라는 한자어보다 '타투(tattoo)'라는 영어가 더 친숙합니다. 문신이라면 조폭부터 떠올리던 세대와는 확실히 인식이 달라졌습니다. 청춘리포트는 타투 문화를 즐기는 20, 30대를 만났습니다. 이들의 이야기를 토대로 '타투의 고백'을 재구성했습니다. '타투'를 1인칭 주인공으로 내세운 스토리텔링 리포트입니다.

나를 표현하다

타투는 나만의 액세서리다. 만화 캐릭터, 디자이너의 작품 등 모든 걸 새길 수 있다.

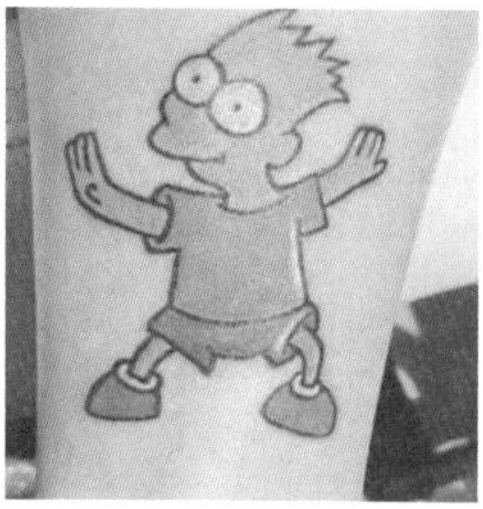

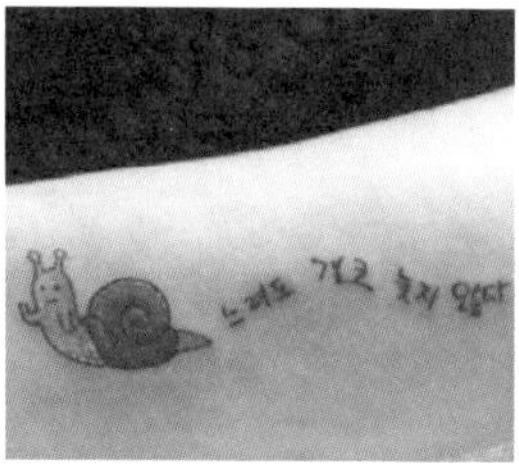

나는 범죄의 다른 이름이었다. '조폭'들은 위압감을 주기 위해 나를 몸에 새겼다. 사람들은 나를 못마땅해했다. 아니, 두려워했다고 말하는 게 옳겠다. 대중목욕탕에서 나를 마주치면 사람들은 슬금슬금 피했다. 나를 몸에 둘렀다는 이유만으로 삼청교육대에 끌려가던 시절도 있었다. 그 시절엔 '문신=범죄자'라는 등식이 상식이었다.

하지만 요즘 나를 대하는 사람들의 시선은 사뭇 달라졌다. 나를 부르는 이름도 '문신(文身)'에서 '타투(tattoo)'로 바뀌었다. 아예 나를 전문적으로 표현하는 직업도 생겼다. '타투이스트'라 불리는 사람들이다. 요즘은 특히 2030세대가 나를 많이 찾는다고 한다. 자기표현 욕구가 강한 청춘 세대는 나를 새기는 것으로 자신들의 개성을 표현한다.

타투 인구 100만 명! 패션 아이템으로

높아가는 인기만큼이나 내 형태는 다양하다. ▶검은색만으로 그려 넣는 블랙&그레이 ▶화려하고 선명한 색깔의 올드&뉴 스쿨 ▶원시 부족들의 주술적 · 기하학적 문양인 트라이벌 등으로 나뉜다. 사랑하는 이의 이름이나 인생의 문구 같은 것을 새기기도 하는데 이는 '레터링'이라고 한다. 레터링은 특히 여성들에게 인기다.

여름이 되면 나를 찾는 이들은 더욱 늘어난다. 저마다 나를 드러내놓고 뽐내고 싶어 하기 때문이다. 한국에서 나를 몸에 새긴 사람은 어느덧 100만 명을 넘어섰다고 한다. '한국타투인협회'의 추정이다. 12년 경력의 타투이스트이자 타투인협회장을 맡고 있는 장준혁 씨는 이렇게 말한다.

"12년 전에는 10명이 시술 받으러 오면 10명 모두 조폭 같은 사람들이었어요. 지금은 완전 반대죠. 요즘 타투숍을 찾는 손님은 10명이면 10명이 일반인이거든요."

서울 한남동에 있는 한 타투숍의 풍경을 소개한다. 타투숍 한가운데에는 시술을 위한 침대 3개가 있다. 사람들은 이곳에 엎드려 나를 새겨 넣는다. 벽에는 각종 도안과 사진이 빼곡하다. 쿵쿵 울리는 힙합음악도 귓가를 때린다. 이날 창업 준비 중인 강지만(30세) 씨는 기하학적 문양을 입힌 나를 오른팔에 새기고 있었다. 자랑하듯 나를 내보이며 그는 이렇게 말했다.

"처음 타투를 한 건 3년 전이었어요. 왼쪽 등에 영어로 아내와 아들 이름을 처음 새겼죠. 타투는 그저 문화이자 취미라고 생각해요."

강 씨 옆에선 입시학원 체육 교사 박모(24세) 씨가 나를 새기는 중이었다. 성인(聖人) 베네딕토의 얼굴과 성경 문구를 A4용지 크기로 왼쪽 등에 담았다. "가톨릭 신자라서 세례명을 일종의 부적처럼 새겼다"며 그는 차분하게 말했다.

요즘은 내가 패션 아이템으로도 주목을 받고 있다. 여기서부터는 나를 액세서리처럼 그려 넣은 여성들의 이야기다.

"팔목에 있는 화상이 신경 쓰여서 그 위에 타투를 입혔어요. 'Serendipity('뜻밖의 재미'라는 뜻)'라고 조그맣게 새겼어요. 부모님 반응이 염려됐는데 막상 제 타투를 보고선 예쁘다고 하셨어요."(26세, 간호사 L씨)

"저는 허리에 'Ghetto Superstar('역경을 딛고 성공한 사람'이라는 뜻)'라는 글귀를 새겼어요. 타투는 액세서리처럼 남들과 다르게 자신을 꾸미는 한 방법일 뿐이에요."(30세, 영상제작자 Y씨)

범죄의 상징에서 패션 아이템으로. 나의 위상은 이렇게나 많이 달라졌다. 하지만 아직 해결하지 못한 문제가 있다. 바로 '타투 합법화'다. 한국의 법은 나를 몸에 새기는 걸 의료행위로 규정한다. 의사면허를 가진 의사만이 시술할 수 있다는 얘기다. 타투 시술이 바늘을 피부조직에 찔러 넣어 이뤄지기 때문에 감염 등의 위험이 있다는 판단에서다. 물론 타투인들은 "의료용 바늘도 아니고 피부 위 0.1~0.2밀리미터에 살짝 상처를 내는 수준이기 때문에 감염의 위험은 적다"고 반박한다.

어쨌든 이런 현실 때문에 타투이스트들은 꽁꽁 숨어서 작업할 수밖에 없다. 장준혁 타투인협회장이 목소리를 높이며 했던 말을 옮긴다.

"우리나라 타투이스트들은 손 기술이 좋아서 비보이처럼 세계적으로 인정받고 있어요. 그런데 국내에선 불법 시술자 취급을 받죠. 합법화가 안 되니까 세금도 제대로 못 내고 음성적으로 영업을 하다 보니 문제 발생 소지도 많은 거예요."

명품 브랜드와 컬래버레이션도 잦아

경찰은 비정기적으로 타투숍을 단속한다. 지난 주였을 게다. 서울 강서경찰서 소속 경찰관들이 행당동의 한 타투숍에 들이닥쳤다. 업주 이모(35세) 씨는 미성년자에게 나를 새겨 넣는 시술을 했다는 이유로 그 자리에서 붙잡혔다.

한국의 보편적인 정서상 미성년자에게 나를 새겨 넣는 건 사실 문제가 있다. 하지만 미성년자가 아닌 성인을 대상으로 하는 타투까지 불법으로 규정하는 나라는 한국과 일본뿐이다. 더 아이러니한 이야기를 해볼까. 요즘 패션 · 문화계에서는 나를 못 모셔서 안달이다. 내가 예술의 한 장르라나 뭐라나. 요즘은 샤넬 · MCM 같은 명품브랜드가 나를 활용한 컬래버레이션(협업)도 많이 한다. 그러니 장준혁 타투인협회장의 이런 푸념은 이해할 만한 것 아닐까.

"같은 타투이스트인데도 컬래버를 할 때는 예술가, 단속에 걸리면 범죄자가 되는 게 지금 한국의 현실입니다."

다행히 나를 합법화하려는 움직임도 있다. 김춘진(새정치민주연합) 의원이 대표적이다. 김 의원은 12월(2013년) 전문 시술자의 타투 시술을 합법화하는 내용의 '문신사법(제정안)'을 3년 만에 재발의했다. 타투이스트들이 사용할 수 있는 색소와 종류 등을 대통령령으로 정하고, 미성년자에겐 타투 시술을 못하게 하는 내용 등이 주요 골자다. 나를 다룰 수 있는 자격도 관련 학과를 졸업하거나 고등기술학교에서 1년간 소정의 교육을 이수한 사람에게 부여키로 했다. 김 의원의 설명이다.

"문신을 의사만이 할 수 있도록 한 나라는 거의 없습니다. 현실적으로 문신 시술을 할 수 있는 의사도 극히 드물어요. 하지만 자기표현의 욕구가 높아지면서 문신 수요는 꾸준히 늘어납니다. 이 때문에 사람들은 불법 시술을 받을 수밖에 없습니다. 이러한 폐단을 막고자 문신을 제도화하는 법안을 발의하게 됐습니다."

지금 무수한 2030 청춘들이 나를 몸에 새기고 있다. 나는 요즘 청춘 세대가 누리는 하나의 문화다. 타투이스트들은 말한다.

"나는 새긴다. 고로 나는 존재한다."

수백 년 전에도 그랬듯 나 역시 앞으로도 계속 존재할 것이다. 누군가의 몸 위에서.

타투에 관한 오해와 진실

Q. 타투를 하면 정말 군대에 안 가나요?

A. 타투가 있어도 현역 판정을 받습니다. 다만 몸 전체를 타투로 두른 경우 사회복무요원(4급) 판정을 받을 수도 있습니다. 하지만 병역 면제를 목적으로 타투를 하게 되면 검찰에 고발조치당해 형사처벌을 받게 됩니다.

Q. 타투 가격은 얼마나 하나요?

A. 천차만별입니다. 실력 있는 타투이스트일수록 가격은 올라가죠. 이 때문에 정확히 말하기는 어렵지만 휴대전화 크기의 타투를 새기는 데 대략 20~30만 원 정도 든다고 보면 됩니다.

Q. 타투를 지울 수 있나요? 비용은 얼마인가요?

A. 거의 완벽하게 지울 수 있습니다(대한피부과의사회에 따르면 "문신을 제거하려면 고가의 레이저 시술을 여러 차례 받아야 하고 시술을 받더라도 문신이 깨끗이 제거되지 않을 수 있다. 또한 문신은 피부에 상처를 내고 색소를 주입해 표식을 남기는 시술인 만큼 무균 시술을 하지 않으면 혈액을 통해 후천성면역결핍증이나 B형간염 · 매독

등에 감염될 위험이 있다"고 합니다). 다만 한 번에 지워지는 게 아니고 타투 크기나 모양에 따라 2~5회 정도 레이저 시술을 받아야 한다고 하네요. 이 역시 병원마다 시술 가격이 다른데 레이저 치료 한 회당 20~30만 원이 든다고 합니다.

채승기 기자의 취재 수첩

기억을 남기는 방식은 다양하다. 누군가는 글을 쓰기도 하고, 누군가는 음성 녹음 파일을 남겨둔다. 또 다른 누군가는 사진을 찍기도 한다. 요즘은 고프로 같은 액션캠으로 동영상도 많이 찍는다. 저마다 방식은 다를지언정 이런 행위들은 모두 기억하기 위해서이다. 혹은 기념의 목적으로도 이렇게 흔적을 남기는 것이리라.

사진, 글, 영상 등 보편적인 방법과는 다른 기억의 방법도 있다. 바로 문신(文身) 혹은 타투(tattoo)다. 실제로 청춘들이 타투를 하는 이유도 각양각색이다. 남들과 달라 보이고 싶은 마음 때문이라는 청춘이 있는가 하면, 여자친구, 남자친구의 이름을 몸에 새겨 넣는 청춘도 있다.

이유야 어쨌든 타투를 새기는 일은 실로 큰 결심이 필요하다. 타투가 바늘로 피부에 상처를 내고 색소를 주입하는 일이기 때문이다. 아프단 얘기다. 피도 나고, 비용도 만만치 않다. 손바닥만 한 타투를 새기는 데 20~30만 원가량 든다고 한다. 그런데도 청춘은 각자의 사정 때문에 타투를 한다.

그러면 젊은 사람들만 타투를 할까? 딱히 그렇지만은 않은 것 같다. 보통 기자들이 취재를 하면서 기사에 모든 내용을 담는 것은 불가능하다. 지면이라는 공간의 제약도 있고, 취재원과의 약속 혹은 사회적 파장 등을 고려해야 하기 때문이다. 이 때문에 하고 싶은 말을 못 담는 경우도 종종 있다. 타투 취재를 할 당시에도 비슷한 일이 있었다.

당시 나는 취재를 위해 여러 명의 타투이스트(타투를 새기는 사람)를 만나고 통화도 했다. 그러던 중에 경기도 안산의 한 타투이스트가 "최근에 나이가 지긋하신 부부가 타투를 받고 갔다"는 얘기를 해주었다. 호기심이 발동했다. 타투는 젊은 사람들만 하는 거라는 편견이 있었기 때문이었다. 어떤 분들이 무슨 타투를 받고 갔느냐고 캐물었지만 그 타투이스트는 영 시원하게 얘기를 해주지 않았다. 그리고 한참을 뜸을 들이다 말을 꺼냈다.

하지만 이 얘기를 기사로 쓸 수는 없었다. 당시 타투를 받고 간 분들은 자식의 이름을 새기고 갔다고 했고, 타투를 받는 내내 계속해서 우셨다고도 했다. 그 부부는 세월호 참사로 자식을 먼저 보낸 유가족이었다. 아이의 이름을 몸에 새기면서 오열했을, 그 분들의 모습이 떠올랐다. 세월호 참사 당시 팽목항에서 마주쳤던 수많은 부모님들의 얼굴도 떠올랐다. 그 타투이스트의 얘기를 듣고는 머리가 띵 했던 기억이 난다. 눈물이 나고 가슴이 먹먹했다.

누구에게나 잊을 수 없는 순간이 있고 잊어서는 안 되는 일들이 있다. 2014년 4월 16일 세월호 참사도 마찬가지이다. 해결되는 것 하나 없이 시간만 무심히 흘렀다. 누군가는 '지겹다', '더 이상 뭘 하자는 거냐'는 반응을 보일 수도 있다. 하지만 이 기억을 잃는 순간 이 나라는, 우리 개개인은 심연으로 가라앉아 버릴 것이다. '잊지 아니하도록 마음속에 깊이 기억하다.' '새기다'의 사전적 의미이다. 세월호 참사는 우리 모두가 가슴 깊이 새기고 잊지 말아야 한다.

극한 알바, 젊음이 휘발되는 것 같아
한국은행
만원
요즘 누가 순결이란 말 쓰나요
82.9%
45.6
53.6
2030은 정치를
33.3%

2장
나는 내가 대한민국 청년이라는 게 싫다

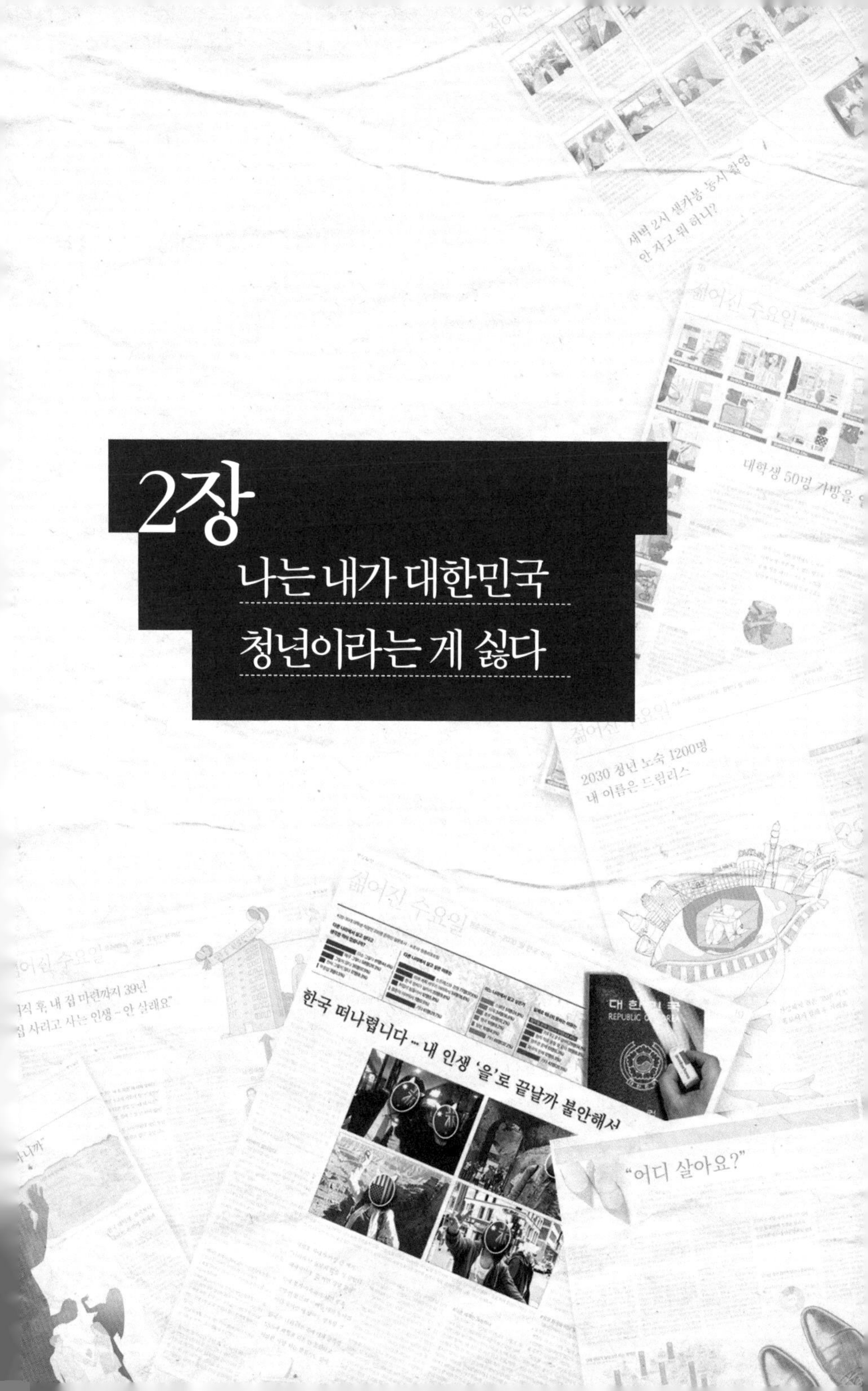

청춘, 그 쓸쓸함에 대하여

좀 쓸쓸하게 들리겠지만, 이렇게 말할 수밖에 없다는 걸 이해하기 바랍니다. 지금 한국 사회를 살아가는 청춘들은 '노예'입니다. 노예라는 말이 거슬리겠지만, 이것은 제가 할 수 있는 가장 완곡한 표현입니다. 안 된 일이지만, 요즘 청춘들이 제가 원하는 대로 삶을 꾸려내기란 불가능합니다. 이런저런 거창한 꿈을 늘어놓는 게 청춘의 특권이라지만, 지금 이 땅의 청춘들에게 그런 특권은 없습니다. 과거 신분제 사회에선 제 삶을 제 뜻대로 운영할 수 없는 이들을 노예라고 불렀습니다. 그런 의미에서 한국의 청춘 세대는 현대적 의미의 노예임에 틀림없습니다.

무엇보다 한국의 청춘들은 시간의 노예입니다. 철학자 니체는 『인간적인, 너무나 인간적인』에서 이렇게 적고 있습니다.

"하루의 3분의 2를 자기 마음대로 쓰지 못하는 사람은 노예다."

아닌 게 아니라, 청춘 세대는 지금 밥을 벌어 밥을 먹는 일에 제 삶의 대부분을 소진하고 있습니다. 어른들이 정해준 타임 테이블을 따라 살아왔건만 밥벌이조차 해결할 수 없는 처지에 내몰렸습니다. 3분의 2는커녕 하루를 전부 소진해도 멀기만 한 게 취업입니다. 사실 청춘의 꿈이라는 것도 최소한의 호구책이라도 마련된 토대 위에서나 가능한 것입니다. 그러니 극심한 취업난에 내몰린 청춘들은 밥벌이에 제 꿈을 저당 잡힌 채 노예처럼 꾸역꾸역 취업 공부에나 매달리고 있습니다.

지금의 기성세대가 청춘이었던 때, 그러니까 1980~90년대만 해도 사정은 달랐습니다. 그때 대한민국은 민주화는 더뎠지만 경제 성장은 재빠르던 개발도상국이었습니다. 말하자면 '민주국가'라는 품격은 갖추지 못했어도 일자리는 넘쳐나던 사회가 당시의 한국이었습니다. 그러니 선배 세대만 해도 청춘의 꿈을 마음대로 꿔도 좋은 시절을 누렸던 겁니다. 우리 선배들은 민주화라는 사회적 이상을 향해 혹은 개인의 이런저런 꿈을 위해 젊음을 좀 소진해도 좋았습니다. 어차피 넘쳐나는 일자리, 적어도 밥벌이 자체가 불가능할지도 모른다는 불안감은 그들에게 없었으니까요.

하지만 요즘 한국의 청춘 세대는 전혀 다른 환경에 처해 있습니다. 그들은 선배 세대와는 달리 제 삶의 주체가 되기가 거의 불가능한 세대입니다. 취업하기 힘드니 결혼도 어렵고, 결혼이 어려우니 주택 마련과 자녀에 대한 꿈마저 포기해야 하는 이들입니다.

노예처럼 꿈을 저당 잡힌 세대는 그래서 탈출을 꿈꿉니다. 제 모국에 대한 자긍심이 바닥으로까지 떨어진 세대가 지금의 2030입니다. 청춘리포트가 만났던 수많은 청춘들은 이렇게 반문하곤 했습니다. 도대체 한국이 사랑할 만한 나라인가요? 미안한 이야기지만 저 질문에 자신 있게 '그렇다'라고 답할 수 없습니다. 우리가 조사했던 2030 청춘들 10명 가운데 7명은 "한국을 떠나고 싶다"고까지 답했습니다. 냉동창고 알바, 생체실험 대상처럼 '극한 알바'를 해가며 노예처럼 노력해도 미래가 불투명하다는 이유에서입니다.

장강명 작가의 소설 『한국이 싫어서』는 미래가 어둡기만 한 한국 사회를 떠나 호주에 정착한 '계나'라는 여성의 이야기입니다. 계나는 명문대를 나온 것도 아니고 집도 가난한 자신은 한국에서 비전이 없다며 호주로 아예 떠나버립니다. 이 소설은 특히 20~30대 대학생 · 취업준비생 · 직장인들 사이에 큰 공감을 얻었습니다. '시간 노예'라는 요즘의 20~30대가 없는 시간을 쪼개가며 이 책에 열광적인 반응을 보낸 까닭은 무엇일까요.

소설 속 주인공 계나는 한국을 떠난 이유에 대해 이렇게 말합니다.

"왜 한국을 떠났느냐. 두 마디로 요약하면 '한국이 싫어서'지. 세 마디로 줄이면 '여기서는 못살겠어서.'"

이것은 오롯이 한국의 청춘 세대 전체의 목소리입니다. 한국 청춘의 마음속에는 누구나 조금씩 '계나'가 자라는 중입니다.

한국 떠나렵니다. 내 인생 '을'로 끝날까 불안해서

※20~30대 대학생 · 직장인 205명 온라인 설문조사 ※조사 : 청춘리포트 팀

다른 나라에서 살고 싶다고 생각한 적이 있습니까?

- 다소 그렇다 91명(44.4%)
- 매우 그렇다 58명(28.3%)
- 그렇지 않다 36명(17.5%)
- 전혀 그렇지 않다 17명(8.3%)
- 무응답 3명(1.5%)

다른 나라에서 살고 싶은 이유는?

- 스트레스와 경쟁 77명(37.6%)
- 미래 계획 세우기 어려워서 34명(16.6%)
- 한국 정치가 싫어서 20명(9.8%)
- 취업이 힘들어서 12명(5.8%)
- 결혼이 어려워서 1명(0.5%)
- 기타 61명(29.7%)

어느 나라에서 살고 싶은가?

- 스웨덴 51명(24.9%)
- 미국 34명(16.6%)
- 호주 25명(12.2%)
- 영국 19명(9.2%)
- 일본 10명(4.9%)
- 기타 66명(32.2%)

실제로 떠나지 못하는 이유는?

- 정착할 돈이 없어서 91명(44.4%)
- 가족 두고 갈 수 없어서 29명(14.1%)
- 현지 적응 못할 것 같아 18명(8.8%)
- 영주권 문제 13명(6.3%)
- 외국어 문제 12명(5.9%)
- 기타 42명(20.5%)

내가 사는 이 나라는 과연 사랑할 만한 곳인가. 특히 요즘 청춘세대 가운데 그런 의심을 나타내는 이들이 늘어나고 있습니다. 취업도 결혼도 주택 마련도 힘든 한국 땅에서 더 이상 버티기 힘들다는 푸념이 여기저기서 쏟아져 나옵니다.

지금 한국의 일부 청춘은 왜 한국을 떠나고 싶어 하는 걸까요. 장강명 작가의 소설 『한국이 싫어서』의 주요 대목과 함께 한국을 떠났거나 떠나고 싶어 하는 청춘 5명의 인터뷰를 재구성했습니다.

"왜 한국을 떠났느냐. 두 마디로 요약하면 '한국이 싫어서'지. 세 마디로 줄이면 '여기서는 못살겠어서.' 무턱대고 욕하진 말아 줘. 내가 태어난 나라라도 싫어할 수는 있는 거잖아."(『한국이 싫어서』, 10쪽)

"한국에서는 딱히 비전이 없으니까. 명문대를 나온 것도 아니고, 집도 지지리 가난하고, 그렇다고 내가 김태희처럼 생긴 것도 아니고. 나 이대로 한국에서 계속 살면 나중엔 지하철 돌아다니면서 폐지 주워야 돼."(44쪽)

여기, 『한국이 싫어서』의 주인공 계나처럼 한국을 이미 떠났거나 떠나고 싶어 하는 5명의 청춘이 있다. 그 면면부터 소개해둔다. 익명 처리를 위해 별명으로 부르는 걸 양해하시길.

① 캥거루 회계사 : 29세 남자. 취업 면접에 줄줄이 낙방했다. 한국에선 취직이 왜 이리 힘들까.

② 독일 공대녀 : 28세 여자. 지난해 초 한국을 떠나 독일에 정착했다.

③ 워킹걸 : 26세 여자. 호주로 1년간 워킹홀리데이를 갔다. 영어 공부 열심히 해서 언젠간 영영 떠날 테다.

④ 평생 사장 : 27세 남자. 호주에서 서빙과 청소 일을 했다. 평생 서빙을 할 순 없어 일단 한국에 돌아오긴 했지만….

⑤ 마냥 무계획 : 23세 여자. 미국 룸메이트의 자유로운 생활을 보면서 외국 생활을 동경했다.

캥거루 회계사는 소설 속 계나처럼 한국을 떠나 3개월 전 호주로 갔다. 영주권을 얻기 위해 대학원에서 회계학을 공부하며 소설 속 계나의 궤적을 그대로 밟고 있다. 그는 "세월호 사태가 한국을 떠난 결정적인 계기"라고 했다.

"이 나라는 내게 무슨 일이 생기면 날 돌아보지 않겠구나 싶었어요. 피해를 당할 때 '을'의 위치에 있다면 끝이라는 느낌이 들었죠."

"아버지 같은 삶을 살고 싶지 않다"는 생각도 있었다. "평생을 다 바쳐서 남는 건 집 한 채와 자식인데 자식마저 보내고 나면 남은 아버지의 인생은 뭐가 되겠느냐"고 했다. 이번엔 독일 공대녀의 사연을 들어보자. 그는 1년간의 캐나다 어학연수 이후 한국에 적응하는 데 어려움을 겪었다. 결국 지난해 초 독일로 떠나 정보통신(IT) 기업에서 일하고 있다. 다시 돌아올 생각은 없다.

"한국 사회는 자신과 다르거나 약자일 경우 굉장히 공격적이게 대하잖아요. 세월호 사태 같은 일이 생겼을 때 추모하는 분위기를 따르지 않으면 이상한 사람이 되는 그런 분위기. 한국의 집단적인 문화가 답답했어요."

독일 공대녀는 한국 사회에 만연한 성별주의(sexism)에 대해서도 목소리를 높였다. 그는 "한국에서는 '여자는 여자라서 남자는 남자라서'라는 얘기를 쉽게 한다"며 "배려가 없고 다양성에 무심한 분위기를 견딜 수 없었다"고 했다.

"내가 아는 건 '무엇을'이 아니라 '어떻게' 쪽이야. 일단 난 매일매일 웃으면서 살고 싶어. 남편이랑 나랑 둘이 합쳐서 한국 돈으로 1년에 3,000만 원만 벌어도 돼. 집도 안 커도 되고, 명품 백이니 뭐니 그런 건 하나도 필요 없어. 차는 있으면 좋지만 없어도 돼. (…) 한 달에 한 번씩 남편이랑 데이트는 해야 돼. 연극을 본다거나, 자전거를 탄다거나, 바다를 본다

거나 하는 거. 그러면서 병원비랑 노후 걱정 안 하고 살 수 있으면 그걸로 충분해."(152쪽)

워킹걸은 한국을 떠나고 싶어 하는 대학생이다. 그 역시 호주에서 워킹홀리데이 때 경험했던 일이 잊히질 않는다고 했다.

"호주엔 공원이 많은데 낮 시간에도 아빠들이 정장을 입고 나와서 아기들과 놀고 있는 모습을 자주 봤어요. 단 한 번도 아이를 낳고 싶다는 생각을 해본 적이 없는데 이런 환경에서는 애들을 두셋 낳아도 좋을 것 같았어요."

마냥 무계획도 여유 있고 배려 깊은 미국인 룸메이트를 만나고 외국 생활에 대한 동경을 갖게 됐다. 그는 "한국과는 달리 경쟁이 덜해서 그런 게 아닐까 싶다"고 말했다. 다시 호주에 살고 있는 캥거루 회계사의 말을 들어보자.

"호주에선 하루 8시간 이상 일하는 순간부터 시급이 150%까지 올라요. 정말 최고의 노동 환경이죠."

> "당시에 나는 다른 한국인은 한 명도 없는 셰어 하우스에서 살았는데, 거긴 정말 최악이었어.(…) 거실에서는 다른 사람들이 떠드는 소리가 그대로 들어왔고, 누군가 불쑥 천을 들추고 안으로 들어올 것 같은 두려움에 늘 시달렸어."(88쪽)

막상 한국을 떠나본 이들은 다른 이야기를 할 때도 많다. 타국 생활이 생각보다 쉽지 않다는 거다. 가족과 떨어져 지내는 것과 언어 문제 등이 일상을 괴롭혀 끝내 한국으로 되돌아오는 이들도 있다. 『한국이 싫어서』의 주인공 계나도 호주 생활에 시달리다 한국으로 잠시 돌아왔다. 평생 사장도 호주에서 1년간 머물다가 돌아온 경우다. 호주 리조트에서 일하며 생활했지만 다시 한국행을 택했다.

"유토피아 같을 줄 알았던 호주 생활도 일상이 되니 힘들었어요. 평생 서빙 같은 일이나 하면서 살 수는 없다고 생각해 다시 한국으로 돌아왔죠."

> "출국장에서 인사를 하고 보안 검색 구역으로 들어갔어. 난 도망치는 게 아니야, 행복을 찾아 모험을 떠나는 거야, 그렇게 생각하려고 애썼어. 이번에는 뒤돌아보지 않았어. 눈에서 눈물이 줄줄 흐르고 있었거든."(162쪽)
>
> "공항을 나오니까 적당히 시원하고 적당히 따뜻한 바람이 불어. (…) 나 자신에게. '해브 어 나이스 데이.' 그리고 속으로 결심의 말을 덧붙였어. 난 이제부터 진짜 행복해질 거야, 라고."(188쪽)

『한국이 싫어서』 주인공 계나는 호주로 떠났다가 남자친구와의 관계 때문에 한국으로 다시 돌아왔다. 하지만 얼마 지나지 않아 한국 생활을 끝내 견디지 못하고 호주로 다시 날아갔다. 지난해 말 한국에 돌아온 평생 사장도 다시 호주로 떠날 채비를 하고 있다. 일만 강요하는 한국의 문화가 견디기 힘들다는 이유에서다.

"죽어라 일만 해도 집 한 채 사기 힘들고 결혼도 쉽지 않은 한국에서 어떻게 평생 살아가야 할지 막막합니다. 언젠가는 영원히 이 나라를 떠났으면 좋겠어요."

평생 사장은 정말 한국을 영영 떠날 수 있을까. 그리고 지금 한국이 싫다는 청춘들, 당신들은 과연 그럴 용기가 있는가.

채승기 기자의 취재 수첩

"도저히 이 나라에서는 못 해먹겠다."

수년 째 공무원 시험을 준비 중인 친구가 지나가면서 한 소리다. 아마 본인은 이 얘기를 나한테 했는지 안했는지도 기억하지 못할 것이다. 너무나 많은 사람에게 너무나 자주 이런 푸념을 늘어놓았을 테니까. 친구를 탓할 수는 없었다. 나는 알고 있었다. 그 친구가 얼마나 노력을 했는지, 공무원 시험이라는 그 바늘구멍이 얼마나 좁디 좁은지를.

비슷한 시기에 막 출간된 책 한 권을 샀다. 제목부터 눈에 확 들어왔다. 『한국이 싫어서』. 저자인 장강명 전 동아일보 기자의 팬이기도 한 나는 앉은 자리에서 책을 다 읽었다. 그리고 계나(책의 주인공)와 동시대를 살아가는 비슷한 또래의 기자로서 계나의 얘기에 미친 듯이 공감했다. 계나의 마음이, 그의 선택이 말이다. 그러고는 팀장에게 실제 계나의 이야기로 기사를 써보자고 얘기했다. 이 기사는 그렇게 청춘리포트 지면에 나왔고, 폭발적인 반응을 얻었다. 여러 언론사가 같은 내용의 기사를 비슷한 형식으로 다루기도 했다. 저자인 장강명 선배도 페이스북 링크에 기사를 소개해줬다.

내가 사는 이 나라는 과연 사랑할 만한 곳인가. 나는 내가 밥 벌어 먹고 사는 이 나라를 사랑한다. 너무도 다이내믹한 덕에 기삿거리가 넘쳐나는 것도 기자로서는 다행이라고 생각한다. 나와 같은 청춘들, 그리고 수많은 계나들 또한 이 나라를 사랑하고 있다고 자부한다. 가끔 출장 혹은 휴가차 해외에 나갔을 때 현지에서 울려 퍼지는 k-pop을 듣고 고무되는 게 나뿐만은 아닐 것이라 믿고 있다.

개인적인 일로 최근 베트남을 갔을 때 호치민시티를 수놓은 수많은 한국 기업들을 보면서 괜스레 뿌듯했다. 현지인들이 한국에 대해 묻고, 한국에서 살고 싶다고 얘기했을 때도 같은 기분이었다. "한국이 왜 좋냐"고 묻자 그들은 "그냥 다 좋다. 드라마도 좋고 문화도 아름답고 음식도 맛있다"라고 말했다. 하지만 마음 한 편으로는 이런 의문도 들었다. "베트남 사람들이 한국에 왔을 때 그들은 한국을 사랑할 수 있을까. 그들은 이 치열한 경쟁과 하늘을 찌르는 집값과 외국인에 대한 차별을 버텨낼 수 있을까." 베트남 사람들이 한국에 그렇게 오고 싶어 하는 것도, 누군가는 그렇게 열망하는 이 나라를 우리 청춘들이 떠나겠다고 소리 높여 외치는 것도 다 이유가 있을 것이다.

선거 때만 되면 어김없이 반복되는 위정자들의 공허한 약속. 수년을 준비해도 될까 말까한 취업. 그렇게 취업을 해도 살기 팍팍한 현실. 일부 부유층에게만 몰리는 특권과 편법. 이런 일들이 계속된다면 정말 이 나라에서는 더 이상 청춘을 찾아보기 어려워질지도 모른다. 내 친구를 비롯, 오늘 하루도 치열하게 견뎌내는 이 나라의 청춘들을 응원한다. 언젠가는 이런 책이 나오길 기대하면서. 『한국이 너무나도 좋아서』.

극한 알바, 젊음이 휘발되는 것 같아

고위험 아르바이트 왜 하나?

※고위험 아르바이트 경험자 193명 대상
자료 : 대학내일20대연구소

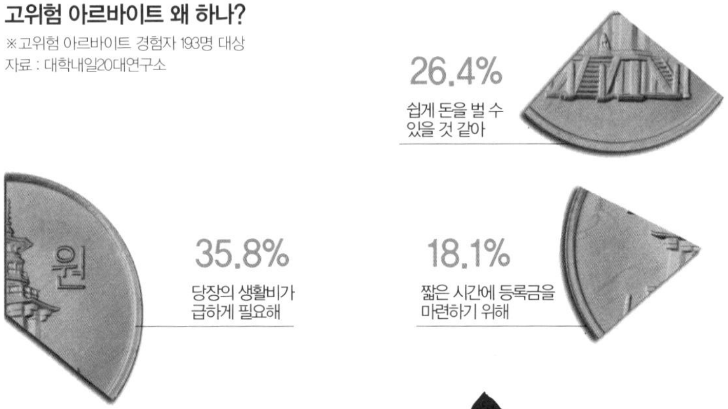

가정 형편이 넉넉지 않은 대학생들에게 청춘은 더 이상 '봄날'이 아니다. 스펙 쌓기를 하며 동시에 등록금과 생활비도 마련하려니 몸이 10개라도 모자라는 상황. 등록금과 생활비를 대려면 돈을 벌어야 한다. 학기 중 단기 아르바이트(알바), 방학 땐 숙식 알바도 마다하지 않는다. 단기간에 많은 돈을 벌기 위해 고위험 알바를 하는 청춘도 적지 않다. 청춘리포트가 '극한 알바'에 뛰어든 청춘 3명을 만났다. 심층 인터뷰를 각자의 목소리로 재구성했다.

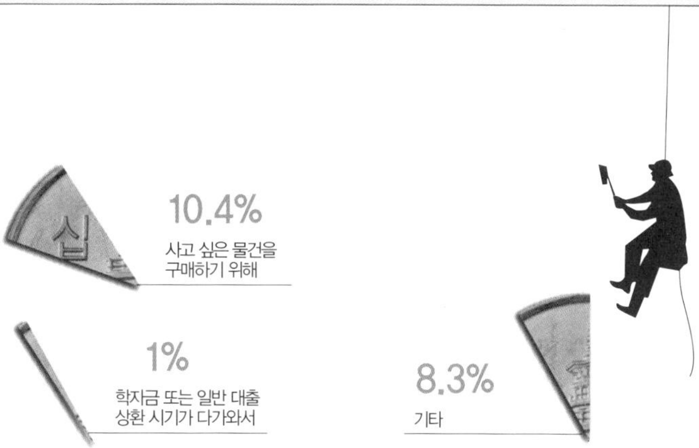

약대생 채진용(24세) 씨의 임상시험 알바

소위 말하는 임상시험 알바를 한 건 세 번이야. 2012년부터 1년에 한 번씩. 나는 학교에서 학생회 활동과 동아리 활동을 병행하고 있어. 이런 건 주말에도 시간을 자주 내야 하잖아. 생활비를 마련해야 하는데 일반적인 카페 알바 같은 건 아무리 구해도 나랑 시간이 맞지 않았어. 온라인 알바 사이트를 찾던 중 '임상시험 알바' 글에 눈이 갔어. 클릭하니 아예 임상시험 알바 구인 글만 따로 올라오는 페이지로 연결이 되더라.

두 번은 고지혈증 약을, 한 번은 전립선 비대증 약을 먹었어. 전립선 실험은 보수가 60만 원 정도로 고지혈증(40만 원)보다 더 높았어. 들어보니 우울증 약(항정신성 약물) 같은 건 지원자가 적어 건당 100만 원이 넘어가기도 한다더라. 그런데 시험을 두 번 완료한 다음에야 돈을 준다고 명시해서 덜컥 겁이 났어. 그 밑에는 시험 중단 시 부작용이 일어난 사유가 명백히 약 때문이란 걸 증명해야 돈을 준다고 써 있었거든.

물론 돈은 벌기 쉬웠어. 약을 먹고 가만히 앉아서 TV를 보고 피 뽑고 시간을 보내다 집에 가면 되니까. 하지만 집에 와서도 며칠간은 영 마음이 찜찜해. 그때 먹은 약 때문에 혹시나 부작용이 생기면 어쩌나 하는 우려 때문이지. 나도 약학을 전공

고위험 알바 메뉴판

자료 : 대학내일20대연구소 및 업계 취합

임상(생동성)시험 알바
제약회사의 복제약을 먹은 뒤 2박 3일에 걸쳐 피를 뽑고 상태 체크. 1회당 40(고혈압 등)~100만 원(향정신성 약물 등)

냉동창고 알바
수산물 · 아이스크림 등 포장 뒤 운반. 시급 1~2만 원

추석 연휴 택배 상하차 알바
택배 물품을 배송트럭에 운반하거나 트럭에서 내림
시급 1~1만 5,000원, (야간)시급 2만 원

조선소 알바
선체 안 파이프 설치(배관), 선체 내외 발판 설치(족장) 등.
일급 9~10만 원(잔업 시 13만 5,000원)

공사장 알바
자재 운반 등 기초적이고 힘쓰는 작업 위주.
일급 8~12만 원

애인 대행
심부름센터에 들어오는 애인 대행.
일급은 요구사항에 따라 천차만별

해서 알지만 부작용이 3일 안에 드러나기가 쉽지 않잖아. 시험을 마치고 집에 간 이후엔 부작용 발생 시 어찌하겠다는 규정도 들은 바가 없었어. 나중엔 내 몸에 가격표가 붙었다는 생각도 들더라.

내가 말하는 임상시험은 정확하게 말하면 '생동성 시험'이야. 생물학적 동등성 시험의 줄임말인데, 제약회사에서 복제약(제네릭)의 판매 허가를 받기 위해 실시하는 시험이지. 환자를 대상으로 하는 일부 임상시험과는 달리 건강한 성인 지원자가 대상이야. 내가 갔을 때는 지원자 중 남녀가 절반이었고, 30~40대도 있었어. 그런데 시험 참가자의 80%가 20대 초 · 중반 남성이었던 걸로 기억해. 그만큼 젊고 건강한 남성들의 신체가 돈과 맞바꿔진다는 얘기겠지.

대학생 윤모(26세) 씨의 냉동창고 알바

군대에 있을 때 부모님께서 함께 운영하시던 사업이 망했어. 얼마인지도 정확히 몰랐던 등록금을 제대 후엔 스스로 마련해야 했지. 명문대생이 아니라 과외는 꿈도 못 꾸고, 학점 재수강에 치여 정기 알바는 꿈도 못 꿨어. 설상가상으로 복학 두 번째 학기에 학점이 떨어져 부분장학금도 못 받게 됐어.

학교 선배한테 냉동창고 알바를 하다 죽은 시립대 학생이 있다는 얘기를 들었어. 처음 든 생각은 '아 위험하겠구나'가 아니고 '그렇게 돈을 줘?'였어. 시급이 많게는 2만 원까지 된다고 했거든. 작년 7월에 닷새간 부산 사하구에 있는 냉동창고에 나갔어. 여름이니까 시원할 거라고 생각했지. 그런데 작년 여름은 좀 춥더라. 근무시간은 1일 10시간, 일급은 20만 원. 한 박스에 15~30kg씩 나가는 냉동수산물을 들어 창고에 옮기는 일이었지.

나흘째 되는 날 허리가 너무 아픈 거야. 허리가 아프니까 추운 줄도 몰라. 허리를 더 구부리려고 창고 옆 선반에 잠깐 기댔는데 너무 추워서 깜빡 잠이 들었나 봐. 5분쯤 졸다가 일어나니 오른발이 너무 딱딱한 거야. 절뚝거리며 나와서 난로에 발을 쬐었는데 동상까진 아니어도 발이 얼었다 풀리는데, 아무리 눌러봐도 새끼발가락엔 영 감각이 없어. 반년이 지난 지금도 마찬가지. 가끔 친구들과 그런 농담을 해. 새끼발가락을 100만 원과 바꿔먹었다고.

애인 대행 업소 알바 한모(27세, 여) 씨

'다다익선.' 내가 미술대학에서 조소 공부를 하면서 돈에 대해 매일 떠올린 문구야. 돈이란 게 많으면 많을수록 더 좋은 거 아니겠어? 하고 싶은 공부가 있어 일본 유학을 준비해야 했어. 돈을 벌려고 휴학도 몇 번 했지만 조소 공부에는 재료값이 계속 드니 외국에서 몇 년 버틸 돈이 쉽게 모이지 않더라고. 그러던 지난해 초 친구한테 소개팅 앱(애플리케이션) 얘기를 듣고 스마트폰 검색에서 '만남'이란 키워드를 쳤어. 몇 개를 받았는데, 이상하게 그중 한 앱에서 '고수입 알바' 쪽지가 계속 오더라. 밑져야 본전이다 싶어 연락했지. 그땐 유학을 포기해야 하나 싶을 정도로 절박한 상황이었거든. 내게 '고수입 알바' 쪽지를 보낸 사람은 일종의 심부름 업체 직원이었어. 애인 대행을 해주면 하루에 15만 원을 준다더라. 스킨십이 포함되면 30만 원까지도 가능하대. 내 외모를 보고 돈을 흥정하는 경우도 있다고 해 스튜디오에 가서 프로필 사진도 찍었어. 결혼식에 같이 가주는 애인 역부터 교외 드라이브를 가자는 남자까지 정말 종류도 다양했어.

66.3%. 대학내일20대연구소에서 대학생 1,187여 명을 대상으로 조사한 아르바이트 종사 학생 비율이다. 이들은 일주일에 하루 평균 약 7시간 일했다. 8시간 근무하는 정규직과 사실상 근무 시간이 비슷하다. 절반이 넘는 응답자(50.4%)가 "생활비를 벌기 위해 아르바이트를 한다"고 답했다. 돈을 벌기 위해 사회에 나온 대학생들의 하루는 웬만한 직장인 못지않게 고단하다. 책임은 많지만 권리는 거의 없기 때문이다. 부당대우를 경험했다는 응답자는 68.3%에 달했다.

대학내일연구소 측은 "식사 시간을 보장받지 못했다거나 고용주의 개인적 심부름을 강요받거나 공휴일에 나오지 않으면 해고당하는 경우도 있다"고 설명했다. 경제적으로 부담이 클수록 고위험 아르바이트 참여 가능성 역시 높았다. 연구소 조사 결과 본인 명의 대출이 없는 학생(13.0%)보다 대출이 있는 학생(25.9%)이, 그리고 등록금을 자기가 부담하는 학생(27.8%)일수록 고위험 아르바이트 참여 경험 비율이 높았다. 하루에 벌 수 있는 돈이 2배 가까이 차이나기 때문이다. 일반적인 아르바이트 평균 일당이 6만 735원인 반면, 고위험 아르바이트는 하루 평균 12만 원 정도였다. 주급의 경우 평균 임금 대비 약 5배(50~60만 원) 높았다.

참여연대 안진걸 사무처장은 "냉동창고나 임상시험 알바 같은 경우, 대학생들이 기본적인 위험도나 권리에 대한 설명도 듣지 못한 채 그냥 '돈 많이 준다'고 해 가는 경우가 대부분"이라며 "생활고를 못 이겨 이런 고위험 알바로 내몰리는 20대들을 위한 대책 마련을 해야 할 것"이라고 말했다.

조혜경 기자의 취재 수첩

"누나, 나는 대학생들이 진짜 힘들다고 본다. 수업, 자격증에 취업 공부도 해야 되는데 돈도 벌어야 돼. 컨디션 좋은 상태로 공부만 해야 되는데 피곤하고 시간도 없으니까 사람 미치는 거거든."

지난해 가을, 일요일 저녁. 노무사 시험을 준비 중인 사촌동생을 만나 닭볶음탕을 사기로 했다. 동생은 약속시간보다 한 시간 늦게, 오른쪽 손목에 붕대를 감고 나타났다. 그날 '호텔 뷔페 알바'를 뛰며 무거운 음식 쟁반을 나르다 삐끗해 문 연 병원을 찾느라 늦었다고 했다. 안쓰럽고 속상해 잔소리를 시작했다.

"네가 어려운 집 애도 아니고 알바는 뭐하러 하는데? 돈 모자라면 외삼촌한테 달라고 하던가."

동생은 어릴 적부터 유하고 착했다. 그런 애가 소주 한잔을 털어 넣더니 원망 섞인 눈으로 날 쳐다봤다.

"취직 빨리한 누나가 뭘 알아. 이 나이 먹고 집에서 등록금에 학원비, 고시원비까지 받았으면 됐지."

그러더니 큰소리를 낸 게 미안했는지 덧붙였다.

"그래도 일급 5만 원에 남은 음식도 싸줘. 꿀알바야. 내 친구는 냉동창고 갔다가 새끼 발가락 자르고 발병신 됐잖아. 걔보단 내가 나아."

기사에 등장한 '냉동창고 알바생' 윤모 씨는 그렇게 소개받았다. 윤 씨는 친구들과 술을 마실 때 가끔 물끄러미 발을 쳐다보다 흐느낀다고 했다.

시간이 금(金)인 대학 3~4학년생들에게 '단기 고수입 알바' 일자리 구하기는 하늘의 별따기라고 한다. 돈은 필요한데 운이 따라주지 않는 친구들은 여기에 '고위험' 조건이 추가된, 일명 '극한 알바'로 내몰린다.

정규직이 아닌 아르바이트라 문제는 더 심각하다. 잠깐 일하다 만다는 생각에 일하는 쪽도 일을 시키는 쪽도 업무에 수반되는 위험성을 제대로 경고해주지 않는다. 일종의 '시간낭비'라고 여겨지기 때문이란다. 임상시험 알바를 했었던 채 씨도 "내가 약대생이 아니었다면 페이가 가장 좋은 신경증 등 고위험 실험군에 지원했을 것"이라고 했다. 역시 임상시험 알바 알선 사이트에서 위험성에 대한 경고를 해주지 않기 때문에 이런 일이 생긴다.

극한 알바의 경계는 합법과 불법 사이를 넘나들고 있다. 나 역시 '애인 대행'을 알바로 소개해도 되느냐를 두고 며칠을 고민했다. 결국 밤 열한 시에 취재원에게 재차 전화해 "불법 행위인 것 같은데 알바로 봐도 되느냐"고 물었다가 된통 혼이 났다. 동갑내기 취재원은 "팔자 좋은 소리 하고 있네. 불법이든 합법이든 그런 거 따질 정신이 어디 있어요?"라고 소리를 질렀다. 불법행위도 알바로 여길 정도로 청춘은 삶의 코너에 몰려 있었다. 결국 죄송하다고 말하고 전화를 끊어야 했다.

누가 2030을 슬프게, 술 푸게 하는가?

일주일에 몇 번 술자리를 갖습니까?

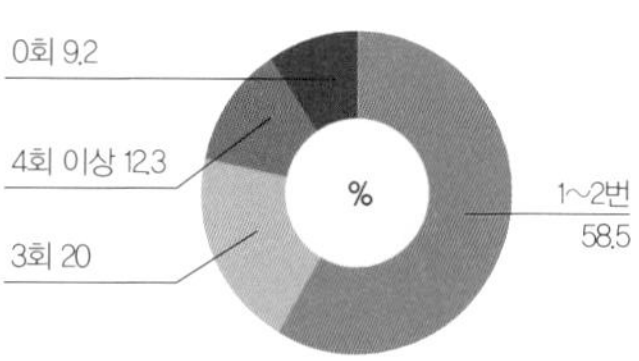

2030세대 70명 설문조사
청춘리포트 팀

과거엔 청춘에게 술이 낭만이었습니다.
소주 한 잔을 기울이며 시대와 사랑을 논했습니다.
요즘 청춘들은 술 한 잔에 꿈 대신 고민을 펴 나릅니다. 무엇이 이들을 '술 푸게' 만들었을까요.
'불금'에 서울 신촌의 각기 다른 술집에서 술잔을 기울이고 있는 청춘 8명을 만났습니다.

한 번 음주 시 어느 정도 마십니까?

거의 맨정신(독서, 업무 등 가능) 6.3%

약간 알딸딸(기분이 좋아지는 정도) 60.6%

매우 알딸딸(속이 안 좋거나 평소에 하지 않던 행동을 함) 26.6%

매우 취할 정도(기억이 나지 않거나 주위에서 말릴 정도) 6.5%

최근 고민 때문에 술을 마셨다면 이유는?

30.4%	18.6%	18.5%	16.9%	6.9%	3.1%	5.6%
취업 및 진로 문제	경제적 문제	직장 문제	연애	가족	결혼	기타

주로 함께 술을 마시는 상대는?

친구	연인	직장 동료	대학 선후배	거래처	가족	기타
64.6%	12.3%	12.3%	4.6%	1.6%	0%	4.6%

대학생, "꿈을 포기할까요?"

"하루 24시간을 쪼개 살아도 겁이 나요."

자정이 가까운 시각, 신촌의 한 호프집. 아직 앳된 얼굴의 여대생이 소주 두 잔을 연거푸 들이켠다. 옆에 앉은 동갑내기 친구가 "야, 천천히 마셔"라며 잔을 뺏으려 해도 무용지물이다.

대학생 노미래(21세, 여) 씨가 고향인 울산을 떠나 대학을 다니며 혼자 산 지도 어느덧 2년차. 서울은 그에게 '꿈의 도시'였다. 어렸을 때부터 배우를 꿈꿨다. 막연히 서울에서 막을 올리는 수많은 연극 무대들을 가슴에 품었다.

상경은 시작부터 '포기'를 요구했다. 노 씨는 "형편이 어려운 부모님께 '연극영화과에 가야 하니 월세를 달라'는 말이 입에서 떨어지질 않았다"고 했다. '전공 공부를 하고, 아르바이트로 학비를 마련하면서 연기 공부도 병행할 수 있을 것'이란 생각으로 소비자주거학을 전공으로 택했다. 1학년 때까진 방학 때 극단 활동을 하며 연기를 배웠다.

"학교 다니면서 배우잖아요. '노력만 한다면 역경을 딛고 성공할 수 있다'고."

노 씨는 술잔을 내려놓고 눈물을 글썽였다.

현실은 24시간을 쪼개 학비를 마련하기에도 녹록치 않았다. 노 씨는 "한 학기에 드는 등록금만 400만 원, 여태까지 쌓인 대출금만 1,000만 원 가까이 된다"며 "배우를 해서는 대출금도 다 못 갚겠다는 생각이 들어 취업을 준비해야겠다는 맘을 먹었다"고 말했다. 취업을 준비하는 동급생들은 이미 영어 자격증을 손에 쥐고 교내 활동 경력을 쌓아가고 있었다.

"기업 인턴이라도 하려면 토익과 토익 스피킹, 컴퓨터 자격증은 필수인데 제 손엔 아무것도 없었어요. 두 달 내내 각종 자격증 준비와 아르바이트를 병행하느라 하루에 여섯 시간을 채 못 잤어요."

노 씨는 이 호프집 단골이다. "김치찌개가 유독 맛있다"는 게 이유다.

"아르바이트 마치고 와서 저녁 겸 친구와 둘이 소주와 김치찌개를 시켜먹는 게 유일한 낙이에요. 다른 데는 좀 비싸서…."

소주 한 병을 채 비우기도 전에 둘은 양푼에 담긴 김치찌개를 싹 비웠다. 값은 1만 원. 노 씨가 카페 아르바이트를 두 시간 해야 벌 수 있는 돈이다.

취준생에게 연애는 마이너스일 뿐

"요새 '취준생'한테 남자친구, 연애 그런 거 없어요. 왜냐고요? 시간도 없고 마음의 여유도 없고 돈도 없으니까요."

청춘의 보석이라는 '연애'도 취준생에겐 사치였다. 오후 9시, '가볍게 한 잔 하려는' 여자 손님들이 많은 신촌의 한 스몰비어집에서 취준생 고모(24세, 여) 씨와 최모(25세, 여) 씨를 만났다. 이들은 "진짜 취업을 잘 하고 싶으면 연애는 포기해야 한다는 게 요즘 20대 중반 여대생들의 공통적인 생각일 것"이라고 말했다. 뒤이어 "우리가 너무 일찍 철이 든 것 같다"며 쓴웃음을 지었다.

무엇이 걸림돌일까. 의외로 돈 얘기가 가장 먼저 나왔다. 고 씨는 예전 남자친구를 만날 때 번갈아 가며 데이트 비용을 냈다고 했다. 서로 빠듯한 처지에 '남자가 밥을 사면 여자가 커피를 산다'는 건 다 옛말이라는 것이다.

"예전 남자친구를 만날 때였어요. 어느 날 식당에서 밥을 먹고 나오면서 제가 '오늘은 네가 낼 차례야'라고 했어요. 그때 남자친구가 저를 쳐다보는 눈빛이… 뭐랄까 정이 하나도 없었어요. 저도 갑자기 이게 연애인지, 우리가 사랑을 하는 건지 헷갈리더라고요."

둘은 두 달 전 결국 헤어졌다고 한다.

'연애할 자격을 갖춰야 한다'는 얘기도 나왔다. 연애에 무슨 자격이 필요하다는 것일까. 최 씨는 "서로에게 집중할 수 있도록 경제적 여유도 있어야 하고 시간도 내야 한다"고 강조했다. "연애가 서로에게 '플러스'가 돼야 하는데, 지금 상황에선 마이너스다. 막상 취업에 실패하면 남자친구에게 고스란히 '네 탓이야!'라고 할까 봐 두렵다"고 했다. 그는 "(취업에 실패하면) 여태껏 저만 바라보고 뒷바라지해 주신 부모님께도 너무 죄송할 것"이라고 덧붙였다.

시간이 금(金)인 취준생들은 불금에도 친구와 보내는 시간이 두 시간을 넘지 않았다. 이들은 "요즘 기업 공채 시즌이라 바쁘다"며 맥주 한 잔을 비운 후 자리를 떴다.

사회초년생, 취업보다 어려운 결혼

새벽 1시, 신촌의 한 빈대떡집에선 사귄 지 3년 된 동갑내기 커플의 나지막한 설전이 30분째 이어지고 있었다. 주인공은 대학생 때 연애를 시작해 현재 각각 2년차 직장인인 남하직(26세) 씨와 여설운(26세, 여) 씨. 테이블엔 서운함과 함께 막걸리 · 소주 · 복분자 등 각종 술병들이 쌓여 갔다. 기자에게 털어놓은 이들의 이야기를 재구성했다.

(여) 왜 싸우냐고요? 요새 결혼 얘기하다가 자꾸 싸워요. 저희 사귄 지 오래됐거든요. 전 준비를 시작해 2년 뒤 식을 올리고 싶은데, 남자친구는 30대 중반에 하고 싶대요.

(남) 보통 남자들이 다 비슷해요. 20대 때 결혼하는 사람이 몇 안 되는 건 사실이잖아요.

(여) 그건 취업을 늦게 했을 때 얘기죠. 남자친구도, 저도 일한 지 2년이 넘었는데….

(남) 전 좀 상황이 달라요. 제가 대인관계가 너무 힘들어 전에 다니던 직장을 그만두고 재취업한 지 1년이 약간 안 됐어요. 아직 회사에서 자리도 잡아야 하고…. 모은 돈도 부족해요. 아, 이런 얘기를 꼭 해야 하나….

이 말에 옆에서 함께 술을 마시던 이들의 고등학교 선배 김주훈(28세) 씨도 "나도 고정적인 수입이 없어 결혼은커녕 연애도 망설여진다"고 거들었다.

(여) 시작은 작게라도 할 수 있잖아요. 이럴 때마다 '날 꼭 붙잡을 만큼 좋아하진 않는구나' 싶어 너무 힘들어요.

(남) 그건 아니야. 저희가 이 문제로 다툰 지 좀 됐는데, 저런 생각이었으면 벌써 그만뒀죠. 제 여자친구만 한 사람이 없다는 걸 너무 잘 알아요. 그냥 미래에 대한 확신이 부족한 거예요.

(여) 불안하다는 말, 이해 못하는 거 아니에요. 요새 결혼하는 데 돈이 1억 원도 넘게 든다고 하잖아요. 막상 당장 준비하자고 하면 저도 겁먹을지 모르죠. 그래도 이 불안한 세상에서 내 편인 사람과 함께하고 싶은 건데….

(남) 그건 저도 마찬가지예요. 그래서 저희가 결혼하지도, 헤어지지도 못하고 끝나지 않

는 다툼을 계속 반복하는 거겠죠?

30대 직장인 "차라리 화성으로 가 버릴까?"

밤 10시, 신촌의 한 위스키 · 칵테일 바에서 여행 도중 만나 친해졌다는 박모(28세, 공무원) 씨, 윤모(34세, 공무원) 씨, 장모(33세, 여행가이드) 씨를 만났다. 모두 미혼인 직장인 남자 셋은 위스키를 두 병째 마시며 "어떻게 하면 화성에 갈 수 있을까"를 제법 진지하게 논하고 있었다. "여자 얘기도 아니고 왜 그런 공상을 하느냐"는 질문에 이들은 입을 모아 말했다.

"왜긴 왜야, 직장 다니며 사는 게 힘드니까 그렇지!"

"남자는 꿈을 잃으면 죽는다고 하잖아요? 그런데 30대 직장인 남성은 죽기 일보 직전이거든요. 꿈꾸는 20대를 살다가 이제 '현실', '책임', 이런 것들을 목전에 두고 있죠. 어릴 땐 취업만 하면 세상 모든 문제가 해결될 거라고 생각하죠. 막상 직장에 다니면 기가 탈탈 털린다고 할까…. '이게 아니다' 싶은 경우도 많잖아요. '어떻게 살아야 행복할까'란 고민을 하게 되죠. '한국을 떠날까' 하는 생각도 안 해 본 건 아니고."(장)

"20대 때는 그래도 선택은 내 몫이거든요. 그런데 직장생활을 하면 이제 선택을 사회로부터 강요당하는 입장이에요. 직장에선 상사가 괴롭히지. 또 사회에선 '결혼을 해라', '집을 사라' 끝이 없죠. 부모님 세대는 '고생하면 나아진다'는 희망이 있었는데 우리 세대는 그게 아니거든."(윤)

"결혼한 형들 보면 고민을 떠안고 살아요. 육아, 재테크, 아파트, 결혼 전엔 취미

생활도 하더니 그런 건 다 죽었어. 저렇게 살기 싫단 생각에 한숨이 푹푹 나와요."(박)

"그게 남자가 불쌍하다는 거야."(장)

"요샌 결혼한 30대들도 재테크 안 하고 패션 · 액세서리 얘기 많이 해요. '작은 사치'가 트렌드예요. 어차피 아파트 사도 빚이라고 하잖아. 만족감을 주는 소소한 행복을 찾겠다는 거죠."(윤)

"결혼해도 마찬가지야. 가족끼리 소소한 행복 찾으면 되죠. 자식들 학원 하나 더 보내줘도 나중에 고마운 거 하나 몰라요. 우리처럼! 하하. 재테크를 통장으로 하지 말고 머리랑 가슴에다 하는 건 어떨까요? 부부 생활 다 망가지기 전에 와이프랑 남미로 여행도 한번 가고, 아이들이랑 농사도 지어보고."(장)

"세상아, 듣고 있냐? 우린 쓸려가기 싫고, 매여 있기 싫다고! 아직 나만의 꿈을 찾고 싶다고!"(장 · 윤 · 박)

조혜경 기자의 취재 수첩

'그렇게 술이나 퍼 마시니까 네가 안 되는 거야', '저럴 시간 있으면 더 열심히 살던가', '그래도 술집 가서 술 마시는 거 보면 여유가 있네? 난 마트에서 소주 사 마시는데.'

이 기사가 나간 당일, 나는 하루 종일 댓글을 보며 놀라고 또 놀랐다. 이날 취재를 도와준 8명의 취재원들을 향해 쏟아진 비난이 너무나 가혹해서다. 애주가인 나 역시 '술을 좋아하는 게 이리 욕먹을 정도로 죄악인가?'란 고민을 했을 정도다.

정말 2030들이 '술을 마셔서 안 된다'며 걱정하는 분들에겐, 생각보다 그렇게 '부어라 마셔라' 하는 청춘들이 없으니 걱정은 넣어두시라 전하고 싶다. 서너 시간 동안 술 마시는 사람들을 처음으로 관찰하며 느낀 바를, '술을 마시는 변(辯)'으로 풀어볼까 한다. 단, 중독의 단계에 이르지 않은 경우로 적용 범위를 제한한다.

이날 취준생들은 자리에 앉아 맥주를 한 시간 남짓 마시고는 조급해하며 발걸음을 뗐다. 불안지수가 99에 달하는 취준생 때 가장 필요한 건 '잘 될 거야'라는 막연한 위로가 아니라 '나도 너처럼 힘들어'라는 공감과 이해다. "야, 나도 그래"라며 부딪히는 맥주잔의 위로를 당신은 모른다고 할 수 있는가. 가끔 마시는 맥주조차 사치라고 한다면 취준생들은 밀려오는 우울감에 취업을 놓아버릴지도 모른다.

결혼을 앞둔 사회초년생들의 고민은 술 없이 다루기도 쉽지 않다. '자, 우리 이제 한 시간 동안 결혼에 대해 끝장토론을 해보자'라고 해서 해결되는 문제가 아니란 얘기다.

서로 의견 대립이 심하고 평행선을 달릴수록 술자리는 필수라는 게 개인적인 생각이다. 상대의 의견에 동의할 수는 없지만, 적어도 나란히 앉아 좀 흐트러진 모습을 보여줄 수 있을 정도로 상대를 믿는다는 방증은 될 수 있으니까.

남자들의 꿈을 풀어내는 지름길도 술이다. 주위에서 술만 마시면 "우리 다 같이 집짓고 마을 이뤄 모여 살자!"고 외치는 남자들을 어렵지 않게 찾아볼 수 있다. 맨 정신에 들으면 어이없을 소리도 술자리에선 흐뭇하게 들리기 마련이다.

청춘들이 술을 마시며 신세한탄만 하는 건 아니었다. 살벌하게 마무리되는 끝장토론과는 달리, 눈물 젖은 술잔은 종래엔 희망과 꿈을 이야기하며 훈훈한 마무리를 불러왔다. 생각해보면 "야, 그래도…"라며 희망을 던져주는 술자리 친구들이 얼마나 많았던가. 마음이 뾰족해진 당신도 오늘 좋은 사람을 곁에 두고 가볍게 술 한잔해보시라.

미래가 불확실해서. 불안한 한국, 설레는 호주

글로벌 청춘, 행복하십니까?
당신의 인생에서 가장 행복했던 순간은?

- 남자친구와 성관계를 마친 뒤(벨기에, 22세, 여)
- 여자친구에게 사랑한다고 말하던 순간(캐나다, 21세, 남)
- 오빠가 심장수술에서 살아남았을 때(독일, 27세, 여)
- 조카가 생겼을 때(남아프리카공화국, 20세, 여)
- 혼자 있는 시간(인도네시아, 21세, 남)
- 케냐 여행했을 때(남아프리카공화국, 20세, 여)
- 로스쿨에 합격한 순간(캐나다, 21세, 여)

행복한 삶의 최우선 가치는 무엇입니까?

24.5%	20.6%	16.1%	14.3%	9.8%	7.7%	4.5%	2.4%
가족	사랑	친구	여가	돈	직업	종교	명예

당신의 가치를 돈으로 환산하면?

30.4%	19.1%	17.4%	13%	11.3%	7.8%	0.9%
100만 달러 이상	10만 달러 미만	1만 달러 미만	100만 달러 미만	1,000달러 미만	0달러	100달러 미만

명문대 졸업이 인생의 행복 조건이라 생각하십니까?

39.4%	30.3%	15.9%	11.4%	3%
동의	보통	동의하지 않는다	매우 동의한다	매우 동의하지 않는다

자료 : 청춘리포트 팀
일러스트 : 김회룡 기자

행복이란 말 앞에서 멈칫하는 것은 비단 한국 청춘만의 모습은 아닐 것입니다.
세계 어느 나라에서건 청춘이란 미래에 대한 불안과 설렘이 교차하는 이들이죠.
청춘리포트는 44개국 20~30대 남녀 132명에게 물었습니다.
"당신은 지금 행복하십니까?"

설문 결과 행복하다는 응답이 88%에 달했다. 행복 점수는 100점 만점에 평균 79점. 하지만 국가별로 들여다보면 작지 않은 차이가 났다. 모나코의 청춘은 100점이라고 답했지만 에티오피아 · 레바논의 청춘은 50점이라고 했다. 한국의 청춘들은 평균값에 가까운 78점이었다.

물론 행복하지 않다고 느끼는 이들도 적잖았다. 그들은 행복하지 않은 이유로 ▶생활비 부담(27%)▶취업 걱정(23%)▶결혼 · 연애 고민(13.5%)▶낮은 사회적 지위(10.8%) 등을 꼽았다. 취업과 연애 문제는 전 세계 모든 청춘의 고민거리인 모양이다.

오후 10시 서울 이문동 한국외국어대학교 오바마홀. 한국외대 캠퍼스는 117개국에서 온 글로벌 청춘 수백 명으로 북적였다. '하버드-한국외대 공동 주최 세계대학생모의유엔대회 월드문 2015' 행사 참석차 한국을 찾은 대학생들이다. 이날 외대에선 일종의 전야제인 '글로벌 빌리지' 행사가 열렸다. 세계 청춘들이 각국의 전통의상을 입고 젊음을 뽐내는 시간. 방글라데시 · 레바논 · 호주 · 콜롬비아 · 한국 등 5개국에서 온 10명의 글로벌 청춘들을 한자리에 모았다.

간단하지만 심오한 질문부터 할게요. 여러분은 행복하신가요?

사디아 부시리아(Sadia Bushria, 21세, 방글라데시) : 전 무남독녀예요. 방글라데시는 보수적인 사회라서 딸이 결혼하지 않으면 외국으로 보내는 게 드문 일이죠. 저는 부모님이 많이 도와주셔서 한국까지 와 모의유엔대회에 참석하고 있으니 행복할 수밖에요.

니겔 카인(Nigel Khine, 23세, 호주) : 저는 졸업을 앞두고 있는데 새로운 생활을 위해 직업을 찾고 있는 과정 자체가 행복해요. 하루하루가 설레죠.

김윤지(한국, 21세) : 니겔이 졸업을 앞둬서 행복하다고 했는데 저는 사실 좀 불안해요. 심각한 취업난을 겪고 있는 한국 대학생들은 비슷한 입장이지 않을까요.

국가별 행복점수

※100점 만점 기준
※응답자가 여러 명인 국가의 경우는 평균 점수
설문 : 한국외국어대학교 제공

100점	모나코
95	이탈리아
93	인도
90	오스트리아, 브라질, 멕시코, 포르투갈, 스페인
85	중국, 마다가스카르, 아랍에미리트
84	프랑스, 필리핀
83	인도네시아, 몽고, 태국
80	벨기에, 캐나다, 이집트, 모로코, 뉴질랜드, 노르웨이, 파나마, 사우디아라비아
78	대한민국, 미국
77	호주, 독일
75	영국
73	대만, 남아프리카공화국
70	벨리즈, 도미니카 공화국, 홍콩, 싱가포르, 솔로몬군도
65	케냐
60	방글라데시, 칠레, 일본, 세르비아, 베네수엘라
50	에티오피아, 레바논

윤지 씨가 '졸업을 앞두고 있어 불안하다'고 하자 이날 모인 글로벌 청춘들 모두가 고개를 끄덕였다. 구직의 어려움은 만국 공통인 듯했다. 호주에서 온 지넷 루마(Jeanette Nkrumah, 21세)가 "호주도 취업난이 심각하다"며 "호주의 청춘들도 취업이 잘 되는 학과로 쏠리는 경우가 많다"고 덧붙였다.

한국에선 '행복은 성적순'이라는 말이 통용되고 있는데, 여러분의 생각은?

시저 야즈벡(Cesar Yazbeck, 22세, 레바논) : 물론 학벌이 높으면 지식수준은 높겠지만 그게 반드시 행복과 이어지는 건 아니라고 생각해요.

마히아 아시나프(Mahia Ashnaf, 21세, 방글라데시) : 방글라데시에선 성적이 높을수록 취업이 어려워요. 교외 활동과 학점의 균형이 잘 맞아야 하죠. 동생이 높은 학점을 받고 졸업을 앞두고 있는데 취업이 잘 안 되더라고요. 방글라데시의 회사들은 봉사활동 등 다른 경험 없이 공부만 열심히 한 학생들을 선호하지 않는 경향이 있어요.

펠리프 메지아드(Felipe Mejiad, 콜롬비아) : 콜롬비아는 행복지수가 높은 나라로 알려져 있어요. 실제 사람들의 모습도 그렇고요. 빈부 격차가 크고 교육 격차도 심각하지만 다들 행복하다고 말해요. 저소득층도 자신들의 생활에 만족하는 편이고요. 이런 걸 보면 교육 수준과 행복은 상관이 없는 듯해요. 행복이란 결국 마음먹기에 달린 거죠.

가장 큰 고민은 뭐죠? 각 나라 청춘들의 고민이 다를 것 같은데….

시저 야즈벡 : 레바논 출신이어서 차별을 당하는 게 걱정이에요. 레바논 사람이란 이유로 해외 유학 시 입학을 거절당하는 경우도 있어요.

마히아 아시나프 : 우리는 여성과 남성이 평등하지 않다는 사실이 큰 고민이자 문제예요. 여성들이 성인이 되면, 미래에 대한 계획을 세우기도 전에 부모에게 등 떠밀려 결혼을 하는 경우도 많죠.

채승기 기자의 취재 수첩

어느새 행복은 우리나라 청춘들과는 거리가 먼 얘기가 됐다. 가장 빛나고 아름다워야 할 청춘을 꾸미는 수식어는 N포, 좌절, 헬(hell · 지옥) 따위로 변한 지 오래다. 다른 나라의 청춘도 이렇게 서글플까 궁금했다. 때마침 '하버드-한국외대 공동 주최 세계대학생모의유엔대회 월드문 2015' 행사가 한국 외대에서 열린다는 소식이 들렸다. '미래가 불확실해서. 불안한 한국, 설레는 호주' 기사는 이런 궁금증에서 시작됐다. '글로벌 청춘을 꾸미는 수식어는 무엇일까. 이들도 취업에 목매고 스펙에 허덕일까.'

취재를 한 2015년 3월 16일 저녁 서울 이문동 외대 캠퍼스는 활기가 넘쳤다. 117개국에서 온 청춘남녀들은 낮에는 모의유엔에 참석하고, 밤에는 청춘답게(?) 파티를 즐겼다. 강행군에도 지친 기색이 없던 청춘들은, 달이 뜨면 화색이 돌았다.

그날 밤 나는 둥둥 울리는 음악을 비집고, 각 나라의 전통의상을 입은 청춘들 사이를 헤매고 다녔다. 그중 행복해 보이는 10여 명을 끌어 모았다. 그렇게 방글라데시 · 레바논 · 호주 · 콜롬비아 · 한국 등 5개국 청춘들이 한 자리에 모였다.

열정적이고 패기 넘치는 점은 여느 나라 청춘이라고 다르지 않았다. 하지만 고민의 지점과 행복의 기준은 각양각색이었다. 특히 취업의 어려움에 대한 얘기를 할 때는 모두가 공감했다. 이를 받아들이는 부분에 있어서는 조금씩 차이를 보였다. 니겔 카인의 취업관이 가장 인상 깊었는데, 그는 "새로운 생활을 위해 직업을 찾는 과정 자체가 행복하다"고 말했다. 반면 한국외대 김윤지 씨의 경우에는 "불안하다"고 했다. 그만큼 취업이 어렵고 힘들다는 방증일 것이다. 취업을 하지 못할 경우 받게 될 대우와 눈총도 김 씨를 불안하게 만들었다. '평생의 업(業)을 이루고 좇는다(就).' 호주 청춘의 말마따나 취업 본래의 뜻을 생각해보면 취업의 과정은 설레고 행복해야 하는데 마냥 불안해만 하는 우리 청춘이 안쓰러웠다.

'가장 행복한 순간은 언제인가'를 묻는 주관식 답변에는 국가별 특성이 고스란히 드러났다. 쉽게 일반화 할 수는 없겠지만, 대만 · 홍콩 · 필리핀 같은 아시아권에서는 시험 등에서 높은 점수를 얻거나 상을 탔을 때가 행복했다고 꼽는 경우가 더 많이 눈에 띄었다. 반면 벨기에 같은 유럽권은 '연인과의 성관계'나 '연인에게 사랑한다고 말하는 순간' 등을 행복했던 순간으로 꼽았다.

동서고금을 막론하고 만고불변의 진리는 있었다. 아시아 청춘이든 유럽 청춘이든 많은 청춘들이 '가족과 함께 하는 순간'을 가장 행복한 순간으로 꼽았다. 생각해보면 청춘이 이렇게 전쟁 같은 삶을 치열하게 버텨내는 것도 가족 때문이 아닐까. 어쩌면 행복은 그렇게 멀리 있는 것만은 아닐지 모른다는 생각을 했다.

잠들지 못한 152명, 아들아!

최근 5년 간 군 사망자 추이

자료 : 국방부

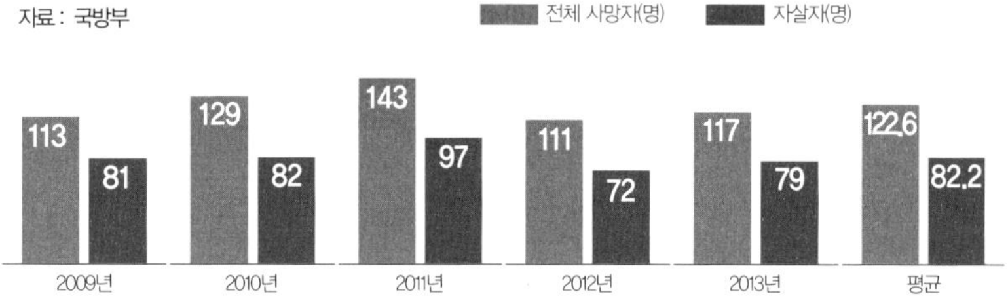

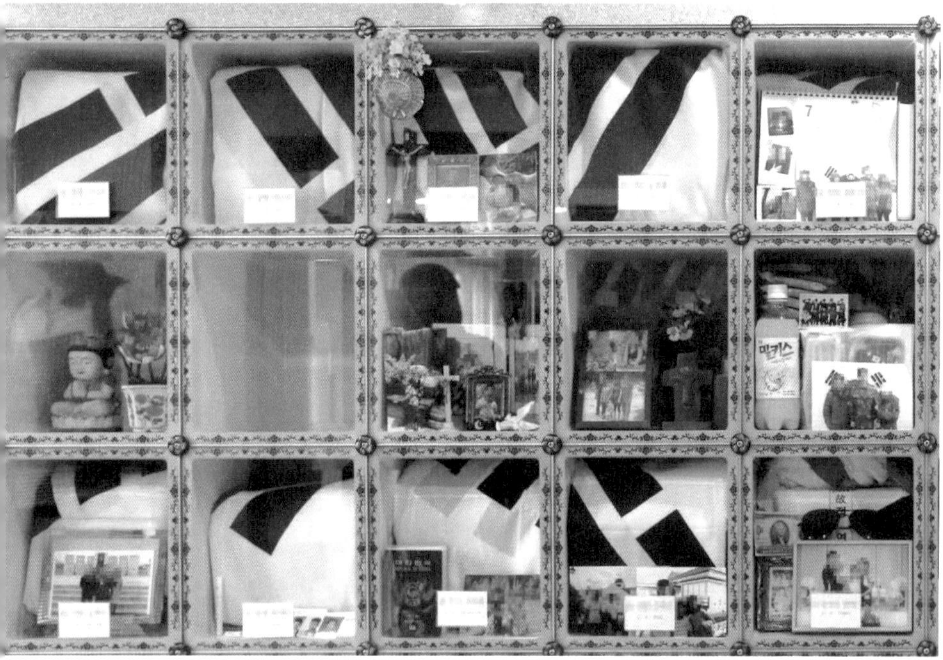

군에서 짓밟힌 '푸른 봄(靑春)'이 우리를 슬프게 하는 계절입니다. 가혹행위로 숨진 28사단 윤 일병의 청춘도 그렇게 스러졌습니다. 사인이 불분명해 돌아오지 못한 152명의 장병도 푸르게 빛나는 청춘이었습니다. 미인수 장병의 영현은 현재 전국 15군데 군 병원과 유골 봉안소에 잠들어 있습니다. 그들의 부모가 죽은 아들에게 띄우는 편지를 청춘리포트에 보내 왔습니다. 눈물로 찍어 쓴 편지에서 애끊는 소리가 들립니다.

경기도 고양시에 있는 '벽제 제7지구 봉안소' 내부. 유가족이 인수를 거부한 유골 83위가 태극기에 싸인 채 모셔져 있다. 납골함 아래 칸에는 유가족들이 놓고 간 물품이 가족사진과 함께 놓여 있다. 벽제 봉안소가 납골당 형태로 정비된 후 내부가 언론에 공개된 건 처음이다. 국방부는 미인수 영현 문제를 해결하기 위해 전담팀을 구성하고 유가족들과 협의를 진행하고 있다.

그 엄마의 아침은 눈물로 축축합니다. "아들아, 일어나!" 엄마는 아들의 이름을 부르다 문득 깨닫습니다. "맞다, 죽었지, 우리 아들…." 군에 간 아들은 죽어서도 돌아오지 못했습니다. 왜 죽은 건지 이유라도 알았으면….

해마다 군에선 평균 120여 명의 청춘이 목숨을 잃습니다. 각종 사고나 구타 · 가혹행위 등이 그 이유입니다. 그러나 아직도 사인(死因)이 불분명한 청춘들도 많습니다. 가족들이 찾아가지 않은 장병의 영현(英顯 · 시신과 유골)이 152구에 달합니다. 냉동보관 중인 시신이 18구, 군부대 봉안소에 있는 유골이 134위입니다.

국방부는 미인수 영현의 사인을 대부분 '자살'로 보고 있습니다. 하지만 유가족들은 진상 규명을 요구하며 시신을 찾아가지 않습니다. 지난 십 수 년간 이 지루한 싸움은 계속됐습니다. 국방부는 2012년 7월 가혹행위로 인한 자살자 등도 순직자로 인정하도록 훈령을 개정했습니다. 하지만 가혹행위를 입증할 책임은 여전히 가족에게 있습니다. 지난 2년간 가혹행위가 인정돼 순직 처리된 장병은 46명에 불과합니다.

네 명예회복이 엄마의 마지막 임무야
살았을 때 아무 도움도 못 줘 미안하다

아들아, 엄마는 오늘도 부치지 못할 편지를 쓴다. 이렇게 네 이름을 적어 보지만 어디로 보내야 될지 모르겠구나. 네가 떠난 지 벌써 1년 3개월. 엄마는 널 보낼 수가 없구나. 넌 언제나 엄마 속에 살아 있어. 이렇게 품고 있다고 달라질 게 없는데도 너의 손을 놓아 버리면 엄마 또한 살 수 없을 것 같아. 그리움이 짙어가고 그리움이 고통으로 바뀌어 가는데 엄마는 언제까지 여기에 있을 수 있을까.

엄마가 아직 아들을 위해 해야 할 일이 남았구나. 억울하게 떠난 아들의 명예를 찾아주고 아들이 편히 쉴 수 있는 곳으로 데려다 놓는 게 엄마의 마지막 의무야. 살았을 때 지켜줬어야 했는데…. 미안하다, 아들아. 내 아들이 그토록 괴롭고 힘들 때 아무 도움도 주지 못했는데, 떠난 후에도 널 어둡고 외로운 곳에 홀로 남겨 두었구나. 아들을 햇빛 한 점 들어오지 않는 그 창고 같은 보관함에 두고 돌아설 때는 심장이 갈기갈기 찢겨 나가는 것 같아 견디기가 무척 힘들었다.

오래 두진 않을 거야. 엄마가 우리 아들 꼭 제자리로 돌려놓을게. 엄마는 대한민국과 이 나라 군을 절대 용서할 수 없다. 이런 세상에서 숨 쉬며 살아야 된다는 게 고통이구나. 외롭더라도 엄마가 데리러 갈 때까지 잘 지내고 있어야 해. 사랑해, 사랑해…. 그리고 많이 보고 싶다.

– 2014년 8월 11일 사랑하는 엄마가 아들에게

※김모(사망 당시 21세) 이병은 2013년 5월 강원도 부대 내에서 목을 매 숨진 채 발견됐다. 군은 군생활 부적응을 자살 원인으로 발표했다. 유가족은 과도한 업무 스트레스와 가혹행위를 자살 원인으로 주장하며 국립묘지 안장을 요구하고 있다. 군이 국립묘지 안장을 거부해 현재 대전에 있는 53군지단봉안소에 유골이 임시 보관돼 있다.

하늘나라에선 너를 고참으로 모실게
기다리란 말만 하는 아빠 혼내주렴

사랑하는 아들아, 네가 우리 곁을 떠난 지 어느덧 12년이 돼 가는구나. 2002년 11월 20일 저녁, 휴가 마지막 날 부대 정문으로 걸어가던 네 모습이 마지막이었지. 너와 헤어진 지 10분도 안 돼 부대에 복귀하지 않았다는 전화를 받았을 때 얼마나 놀랐는지…. 그 다음 날 새벽 부천의 아파트 화단에서 아주 깊은 잠을 자고 있는 너를 주민이 발견했단다. 병원에서 마주한 너는 군복은 벗겨지고 몸은 차갑게 식어 있었어.

그날 이후 우리 가족의 싸움도 시작됐어. 부대에선 평소 과중한 훈련 등으로 스트레스를 받던 네가 부대로 돌아오지 않고 아파트에서 스스로 몸을 던졌다고 하더라. 첫날 없다던 휴가증도 19일 후에 부대 안에서 발견되고, 대대상황 일지에도 휴가자 전원 복귀라 써 놓았는데 말이야. 나는 아직도 네가 부대에 뒤늦게 들어왔다는 이유로 구타를 당하다 죽었다고 믿고 있단다.

아들아, "눈에 진물이 난다"는 말을 들어봤니? 네가 보고 싶어 눈을 계속 뜨고 있었더니 진물이 나는가 봐. 10여 년이 지난 지금은 그 진물조차 마르려 한다. 지금도 네가 보고 싶으면 너한테 달려가 울고 만단다. 그때마다 조금만 기다려 달라는 말밖에 못하는 게 정말 미안해. 우리 저 높은 곳에서 다시 만나거든 아빠를 혼내줘, 알았지? 내가 하늘나라 고참으로 깍듯이 모실게. 사랑해.

– 2014년 8월 11일 사랑하는 아빠가 희상이에게

※채희상(사망 당시 19세) 일병은 2002년 11월 21일 경기도 부천의 아파트 단지에서 숨진 채 발견됐다. 군은 임무에 따른 스트레스로 부대에 미복귀한 후 추락사했다고 발표했다. 이후 유가족의 문제 제기로 군의문사조사위원회가 진상 규명에 나섰으나 사인은 아직 밝혀내지 못했다. 채 일병의 시신은 현재 국군수도병원 영안실에서 냉동 보관 중이다.

울고 있는 네 엄마가 너무 안쓰러워
오늘은 소주로 저녁을 대신해야겠다

안녕, 그립고 보고 싶은 내 아들. 너무나 오랜만이지. 어느덧 널 떠나보낸 지 6년

이 넘었구나. 시간이 지날수록 눈물만 많아지고 바보가 되어 가는 아빠. 세상 모든 것들이 슬픔으로 아프게만 느껴진단다. 이러면 안 되겠다 싶지만 자꾸만 가라앉는 마음을 어찌할 수가 없구나. 마지막으로 울부짖으며 안아봤던 너의 차가운 체온이 지금도 아빠의 가슴과 손끝에 남아서…. 그때 조금 더 안고 있을걸. 네 감촉이 더 절절하게 남아 있게 오랫동안 부둥켜안아 줄걸. 아쉽고 안타까울 뿐….

오늘도 엄마는 운다. 퇴근길에 전화하는데 또 운다. 이겨내려 애쓰는 모습이 안쓰러웠는데 울고 있는 엄마에게 화가 나는 건 왜일까. 차라리 술 먹고 속상한 거 풀어내는 아빠보다도 엄마가 훨씬 힘들 텐데. 아빠도 집에 가면 소주 한 병으로 저녁을 대신해야겠다.

먼 하늘 먼 바다 그 속에다 널 그려보고 지우고…. 이렇게 널 보낼 수는 없는데…. 아빠, 엄마가 살아서 무슨 영광이 있겠니. 그래도 이렇게 바보처럼 멍청하게 널 따라가면 안 될 것 같아 마음의 칼을 간다. 널 힘들고 아프게 했던 모든 것들을 용서하지 않을 거다. 아빠가 할 수 있는 최선을 다할게. 결코 용서하지 않을 거라 맹세할게.

– 2014년 8월 11일 사랑하는 아빠가 아들에게

※이모(사망 당시 20세) 일병은 2008년 5월 14일 경기도 연천 5사단 부대 내에서 총기 자살을 했다. 부대 정보병으로 일하던 중 장교에게 “너는 인간도 아니다” 등의 말을 수시로 들으며 괴롭힘을 당한 게 원인으로 조사됐다. 유가족은 업무 중 스트레스와 가혹행위를 자살 원인으로 주장하며 국립묘지 안장을 요구하고 있다. 군이 국립묘지 안장을 거부해 경기도 고양에 있는 11보급대대 봉안소에 유골이 6년째 보관되어 있다.

안효성 기자의 취재 수첩

윤모(23세) 일병은 2014년 4월 6일 숨졌다. 그의 사망은 '단순폭행'으로 언론의 주목을 받지 못했다. 중앙일보 8월 1일자에 실린 보도는 단 두 문장이었다.

군 인권센터는 31일 "지난 4월 경기 연천 지역 육군 28사단 소속 윤모 일병이 선임병 4명의 상습구타로 사망했다"며 "가해자들을 상해치사가 아닌 살인죄로 기소해야 한다"고 밝혔다. 이 병장 등은 윤 일병을 무차별적으로 폭행해 사망케 한 혐의를 받고 있다.

폭행의 잔혹함이 알려지며 파장은 커졌다. 윤 일병은 마지막 순간까지 "살려달라"며 애원했지만 선임병들은 구타를 멈추지 않았고, 처벌을 피하기 위해 서로 입을 맞췄다. 한 달 내내 군 내 인권 문제에 대한 다양한 이야기가 쏟아져 나왔다. 8월 13일 실린 이 청춘리포트도 이 다양한 이야기 중 하나다.

장기 미인수 영현. 윤 일병 사건이 없었다면 접하지 못할 단어였다. 그 속에 담긴 이야기는 또 다른 윤 일병의 이야기였지만 알려지지 않아 묻혀 있던 이야기였다. 군에서 아들을 잃은 부모들은 많았고, '자살'이라는 국방부의 설명을 믿지 못하는 부모도 많았다. 군의문사위원회가 '타살 개연성도 배제할 수 없다'고 결론 낸 사례도 많았다.

취재는 어렵지 않았다. 부모들은 자신들의 이야기가 꼭 알려지기를 바랐다. 아버지와 어머니는 과거의 슬픔을 다시 꺼내 편지를 써줬고, 편지에는 어떤 기사도 담지 못할 슬픔이 묻어 있었다. 가장 어려웠던 건 '벽제 제7지구 봉안소' 내부에 들어가는 일이었다. 국방부를 담당하는 기자를 통해 어렵사리 승낙을 얻을 수 있었다. 봉안소는 서늘했다. 초코파이, 담배 등 생전에 아들이 좋아했던 물품으로 가득한 납골함 안은 쓸쓸해보였다. 아들을 군내 납골당에 둔 부모들의 요구는 간단했다. 아들의 사인을 명확히 밝히고, 국립묘지에 매장해 달라.

국방부는 2015년 1월 '국방부, 사망군인 끝까지 책임진다'는 제목의 보도자료를 냈다. 장기 미인수 영현이 2014년 1월 191위에서 2015년 1월 138위로 감소했다는 내용이다.

보도자료에 낸 국방부 관계자의 말은 이렇다.

"2014년은 그동안 소외된 우리 가족(장기 미인수 영현 유족)의 아픔을 외면해 왔던 것에 대해 정상화 기틀을 마련한 해라고 평가했다."

하지만 군은 정말 변했을까. 국민권익위원회 문무철 조사관에게 2년여 만에 전화를 했다. "실제로 많이 좋아졌습니다. 순직 인정도 예정보다 잘 해주고요. 앞으로도 언론이나 사회에서 계속 관심을 가져주셔야 더 좋아질 수 있을 겁니다"라는 답이 돌아왔다.

탈북 뒤 20cm 컸지만, 아직도 카톡창엔 모르는 말투성이

장면 1

철수와 영희의 맞선 자리. 친구 대신 선을 보러 나간 영희는 자신이 탈북자라는 사실을 숨기려고 가죽 옷에 담배까지 피우며 과장된 행동을 한다. "결혼은 현실"이라며 철수의 직장 월급까지 따져 묻는다.

장면 2

철수는 남한에 정착해 결혼한 탈북자 설주를 인터뷰하고 있다. 설주는 "북에서 가장 인기 있는 한국 드라마는 〈사랑과 전쟁〉"이라며 너스레를 떤다. 설주는 또 "남한 남성들이 탈북 여성들을 생활력 있고 살림 잘한다는 이유만으로 좋아하는데 우리도 남한 여성들과 다를 바 없는 똑같은 여성"이라고 항변한다.

장면 3

철수의 순수함과 진지함에 영희가 마음을 열고 연애를 시작한다. 카톡 메시지를 주고받으며 사랑을 확인한다.

장면 4

결혼 문제를 놓고 다투는 철수와 영희. 영희는 "너 같은 놈은 북한이었으면 바로 아오지 탄광행"이라며 철수에게 윽박지른다. 철수 역시 "너 북한에서 왔냐. 만날 함흥냉면 타령이냐"며 영희를 몰아붙인다. 영희도 이에 질세라 "사람들한테 누가 더 북한 사람으로 보이는지 물어봐. 이 짜리몽땅아"라면서 철수를 공격한다.

장면 5

영희는 상견례를 위해 가짜 어머니 역할을 해줄 사람을 찾는다. 철수는 우연히 탈북자 모임에 갔다가 영희의 정체를 알게 된다. 철수는 "탈북자가 무슨 문제라고 자신을 속이느냐"며 운다. 영희도 "우리는 대한민국에서 이렇게밖에 살지 못하는 이방인"이라며 눈물을 흘린다. 이후 서로의 마음을 확인한 두 사람은 결국 결혼에 성공한다.

일러스트 : 여누 trashbin50@naver.com

탈북은 사선(死線)을 넘는 일이라고 합니다. 죽음의 경계선에서 살아남은 자라야 탈북에 성공하는 거라고, 우리는 들었습니다. 그러나 우리는 모릅니다. 촘촘한 감시망을 뚫고 중국 국경을 넘는 일의 공포감을 모르고, 가족이 있는 북녘 땅에서 등을 돌려야만 하는 생명의 절박함을 모릅니다. 여전히 탈북에 대해 잘 모른 채로 우리는 그들과 섞여 살아갈 따름입니다.

탈북자. 그러나 언제까지고 서로 모른 채로 살아가도 좋을까요. 국내에 거주 중인 탈북자는 2만 6,854명에 이릅니다. 특히 이 가운데 절반을 훨씬 넘는 1만 5,229명이 20~30대 청춘세대입니다. 이것은 결코 모른 체할 수 없는 사실입니다. 저들은 한국 사회의 미래를 짊어져야 할 세대일 뿐만 아니라, 혹 가까운 미래에 당도할지 모르는 '통일 한국'을 이끌어가야 할 세대이기 때문입니다.

청춘리포트는 '탈북 청춘'과의 만남을 꾸준히 추진해 왔습니다. 마침 인권단체인 '남북동행'이 탈북 청년들의 이야기를 다룬 연극 〈오작교〉를 개막했다는 소식을 들었습니다. 이 연극은 다큐멘터리 감독인 철수가 탈북 여성 영희와 결혼하는 이야기입니다. 연극에는 실제 탈북자 김필주(28세) 씨가 출연했습니다.

청춘리포트는 필주 씨를 비롯해 탈북 대학생 이지영(28세), 고명(28세) 씨를 만났습니다. 남녘의 청춘을 대표해 인권활동가 김지연(29세) 씨와 연극배우 정준영(28세) 씨도 함께했습니다. 이들 '남북 청춘'은 연극 〈오작교〉의 다섯 장면을 놓고 이야기를 나눴습니다. 탈북 청춘의 이야기는 우리를 먹먹하게 했습니다. 문화 차이와 각종 차별을 견디고 있는 탈북 청춘들은 남녘땅에서 또 하나의 사선을 넘고 있었습니다.

남한에선 결혼 상대의 직장이 매우 중요한 요소다. 그래서 취업 경쟁도 심각한 편이다.

김필주(2002년 탈북) : 북한에서도 요즘은 남한처럼 배우자가 돈을 얼마나 버는지가 중요해졌다. 물론 하고 싶은 일이 있어도 할 수 없기 때문에 취업 고민은 따로 없다. 당에서 배정해 주는 농장이나 직장에서 평생 일하면 된다. 한마디로 당이 인생을 결정한다고 보면 된다. 특별한 재능이 있어도 인정해주지 않는다.

이지영(2011년 탈북) : 누가 좀 더 백을 써서 좋은 공장에 가느냐의 문제지 취업 고민 같은 건 없다.

취업 경쟁을 경험한 적이 없으니 남한에서 취직하기가 쉽지만은 않을 것 같다.

지영 : 오늘도 영어 과외를 받고 왔다. 자취방 룸메이트도 미국인이다. 남한에서 취직하려면 영어가 필수더라. 북에서는 영어를 전혀 배운 적이 없어 따라가기가 버겁다.

필주 : 탈북자에 대한 편견 때문에 어려운 점도 종종 있다. 5개 국어에 능숙하고 자격증도 많은 탈북 친구가 한 기업 최종면접에서 떨어졌다. 면접관이 그 친구의 이력서를 보곤 "어? 고향이 북한이시네요. 연락드릴게요"라고 하곤 연락이 없었다고 하더라.

혹시 한국에 들어와 연애한 경험이 있는지. '남북 커플'이 어려운 점은 없나?

지영 : 지금 한국 남자친구가 있는데 큰 어려움은 없다. 내가 여군 출신이라 좀

딱딱한 이미지가 있었는데 남자친구 덕에 순화되고 애교도 늘었다. 그런데 남자친구나 남한 친구들을 보면 개인주의적인 성향이 강한데 적응이 안 된다. 내 여자에겐 잘하는데 다른 사람을 배려하는 모습은 좀 부족하달까. 나는 주변 사람들을 잘 챙기는 편인데 남자친구는 왜 이렇게 오지랖이 넓으냐고 타박한다.

정준영 : 남한에서 죽 자란 입장에서 남북 커플이 연애하는 모습은 황순원 소설 〈소나기〉를 보는 듯한 순수한 느낌이다. 반면 요즘 남한 친구들의 연애는 드라마 〈사랑과 전쟁〉을 보는 것 같다. 사귀는 것도 헤어지는 것도 너무 쉽게 생각한다. 연애가 좀 가볍달까.

필주 : 북한 남성들의 경우 가부장적인 성향이 강하다. 반면 남한 남성들은 드라마에서처럼 매너 있고 자상한 모습이다. 하지만 실제로 여성을 대하는 마음은 북한 남성들이 좀 더 진실성이 있는 것 같다.

철수와 영희의 카톡처럼 이모티콘이나 줄임말 때문에 대화에 어려움을 느낀 적은 없나?

지영 : 처음엔 친구들이 나누는 카톡 대화가 무슨 소린지 모르겠더라. '개망했어(완전히 망했다)', '혐짤(혐오스러운 사진)', '멘붕(멘탈 붕괴).' 이런 뜻을 몰라서 인터넷으로 찾아보고 한참 뒤에 이해했다.

영어 때문에 겪는 어려움은?

지영 : 화장품 가게에 갔는데 점원이 "스모키 메이크업이 트렌드인 만큼 아이라

이너와 마스카라를 잘 활용해야 해요"라고 하는데 전혀 못 알아듣겠더라.

필주 : 카페에서의 주문도 어렵다. 사이즈를 묻는데 "네"라고만 했다. 라지 · 레귤러 · 스몰 · 톨…, 너무 어렵다.

고명(2007년 탈북) : 강의 할 때 교수님들이 영어를 자주 쓰는데 못 알아들을 때가 많다. 그러면 발음을 한글로 써놓고 나중에 검색해본다.

언어 문제 말고 갈등이나 차이를 느끼는 부분은?

지영 : 남한 친구들은 부모에게 의지하는 부분이 너무 크고, 취업과 공부에만 매몰돼 있는 것 같다.

지연 : 한국에선 고 3까지 부모가 뒷바라지를 해주다 보니 내 삶을 어떻게 살지에 대한 준비는 없는 편이다.

연극에서 키 얘기가 나왔는데, 실제로 인종이 달라졌다고 볼 수 있을 정도로 남북 간 평균 신장 차이가 커지고 있다.

필주 : 18세 때인 2002년 탈북할 당시 내 키가 1m 50cm 정도였다. 탈북 2년 만에 20cm가 크더라. 영양 공급이 제대로 되기 시작하고 무거운 짐을 지고 노동을 안 해도 되니까 키가 갑자기 큰 거다. 북에서는 한 반에 40명 정도 됐는데 1m 50cm면 상위권에 속할 정도로 작은 키가 아니었다.

지영 : 난 2011년 탈북 당시 1m 57cm였는데 반에서 두 번째로 컸다. 여자치곤 큰 키였다. 그래서 군대도 끌려갔다.

필주 : 식량난을 겪으면서 키가 자꾸 작아지니까 북한군의 키 제한(2012년 남자 군인 기준 1m 42cm)이 아예 없어졌다는 소문도 들었다.

고명 : 북에서는 키가 크면 "저 새끼 잘 처먹었네" 그런다. 열다섯 살 때 어머니와 찍은 사진을 보면 어머니 키가 1m 59cm였는데 내가 어깨에도 못 미친다. 지금은 1m 67cm인데 병원에 가 보니 더 이상 키가 안 큰다고 하더라.

결혼 때 가짜 어머니를 세울 정도로 남한 사회에서 북한 출신임을 밝히기가 어렵나?

고명 : 이 장면은 정말 공감한다. 탈북자 친구들의 결혼식엔 항상 사람이 없다. 대행업체를 써서 사람들을 채우는 친구도 많다.

지영 : 탈북자 출신임을 굳이 숨기지 않는다. 가끔 편견을 갖고 보는 어른들이 있다. 북한이란 국가의 이미지와 탈북자를 동일시하기 때문에 생기는 일이라고 생각한다.

필주 : 우리가 북한 말을 쓰거나 남한 말을 못 알아들으면 모임 분위기가 어색해지곤 한다. 남한 사회가 아직 차별적인 시선으로 탈북자를 대하기 때문에 (탈북자인 것이) 들통 나는 게 부담스러울 때가 있다.

지영 : 지금 남자친구는 내 배경을 다 알고, 가진 게 없는 걸 알고 있기 때문에 서로 상의해 잘 준비하면 결혼까지도 큰 문제는 없을 것 같다.

필주 : 탈북자들이 재산을 쌓아놓고 살아본 적이 없어 '모아놓은 게 많아야 결혼할 수 있다'는 남한 사람들의 생각이 불편하다.

채승기 기자의 취재 수첩

"'톨', '레귤러', '휘핑크림', 무슨 소리인지 모르니까 그냥 '네, 네' 해요. 그러면 처음에 생각했던 거랑 완전히 다른 음식이 나오는 거죠."

이 기사를 취재할 당시(2014년) 탈북 대학생이던 김필주 씨가 커피전문점이나 음식점에서의 주문의 어려움을 토로하면서 한 얘기이다. 이 얘기를 가만히 듣고 생각해보니 우리 생활 속에 얼마나 외국어가 깊숙이 들어와 있는지, 북한과 얼마나 오랜 시간 단절이 되어 있었는지가 생생하게 와 닿았다. 탈북 청년들은 영어, 줄임말 등 언어의 차이에서 오는 어려움이 제일 크다고 입을 모았다. 분명히 우리는 같은 민족이고 그래서 같은 언어를 쓴다고 알고 있는데 그게 아닌 것 같다. 시간이 지날수록 이런 차이는 더 커질 것이다.

시간이 지났음에도 여전한 것도 있었다. 탈북자들을 바라보는 대한민국 사람들의 차가운 시선이다. 특히 전쟁을 겪은 어른세대로 갈수록 이런 경향이 더 크다고 한다. 사실 취재를 할 때 부담감이 없던 건 아니었다. '나도 모르게 갖고 있는 괜한 편견에 색안경을 끼고 이들을 바라보지는 않을까, 무지한 말로 상처를 주는 건 아닐까' 하는 생각이 들어서 괜히 조심스러워졌다. 하지만 취재하면서 수다를 떨고, 그 이후에도 몇 번 만나보니 괜한 기우였다는 걸 깨달았다. 청춘은 비슷했다. 탈북 청춘들도 똑같이 취업과 사랑에 고민하고 성적에 좌절하는 그런 모습이었다. 다만 이들은 대한민국의 평균적인 청춘들의 모습보다는 조숙하다는 느낌을 받았다. 말 그대로 사선(死線)을 넘어서 그런 걸지도.

실제로 탈북을 한다는 것은 이들에게는 목숨을 거는 일이다. 취재를 하면서 북에서의 모습과 현재의 모습을 비교하고 싶은 마음에 옛날 가족사진을 갖고 와달라고 부탁했었는데, 사진을 갖고 있는 사람이 아무도 없었다. 탈북하다가 붙잡혔을 경우 사진이 있으면 북에 남아있는 가족도 처형당할 수 있기 때문이라고 했다. 그래서 오기 전에 사진을 모두 불태우는 등 없앴다고 했다. 그나마 가장 최근 사진이 한국에 막 들어왔을 때 하나원에서 찍은 사진이라고 했다. 옛 기억을 모두 없애고, 가족을 남겨두고 올만큼 탈북은 절박하고도 어려운 일이라는 얘기다. 필주 씨의 경우도 수차례 시도 끝에 겨우 한국에 정착할 수 있었다.

2015년 12월 기준, 국내 거주중인 탈북자는 2만 8,795명이다. 2030 탈북자만 따져도 1만 6,204명. 우리가 탈북에 대해서 잘 모르고 있는 지금도 수많은 탈북자들이 어느새 우리 삶에 스며들었다는 얘기다. 사실 '통일'이란 것도 거창한 거대담론이 아닐지도 모른다. 내 옆에 있는 그들에게 조금의 관심을 더 보이고, 그들을 이해하려 한 번 더 생각해보는 것. 이게 통일을 앞당기는 한걸음일지도 모른다.

젊어진 수요일
취직이 게임이라면 우린 지금 리셋하고 시
딩, 연애도 공부하면 달라질까요
요즘 누가 순결이란 말 쓰나요
극한 알바, 젊음이 휘발되는
82.9%
45.6
53.6
33.3

3장
나는 잉여가 아닙니다

잉여들의 전성시대

시 한 편 옮겨 적습니다. 먼저 경고부터. 이 나라의 청춘들은 이 시를 차마 다 읽지 못할 수도 있습니다. 그들은 고개를 끄덕이며 읽다가 마침내 울어버릴지도 모릅니다. 이 시가 발산하는 공감의 전압이 워낙 강하기 때문입니다. 부디 고통스럽더라도 조심스레, 끝까지 읽어주시길.

> 밥을 먹고 쓰는 것/밥을 먹기 위해 쓰는 것/한 줄씩 쓸 때마다 한숨 나는 것/(…)/오늘 밤에도/내 자랑을 겸손하게 해야 한다/혼자 추는 왈츠처럼, 시끄러운 팬터마임처럼/(…)

오은 시인의 〈이력서〉라는 시의 일부입니다. 겨우 일부만 옮겼을 뿐인데 이력서를 쓰던 순간의 고통이 몰려옵니다. 기약 없는 이력서를 써 본 청춘들은 압니다. 뻔히 떨어질 것을 알면서도 꾸역꾸역 이력서 빈칸을 채워가던 순간의 수치심을. 적당히 포장된 문장들로 거짓 이력서를 적어 내려가던 순간의 헛헛함을. 하지만 수치심이나 헛헛함 따위는 사실 아무것도 아닐지도 모릅니다. 밥벌이를 구할 수만 있다면 목숨이라도 걸겠다고 맹세하는 청춘들이 우리 주변에 얼마나 많습니까. 하지만 밥을 먹기 위해 쓰는 이력서가 밥을 먹여주는 일은 요원하기만 합니다.

옮긴 대목에서 특히 마음을 어지럽게 하는 것은 바로 이것입니다. 혼자 추는 왈츠. 아, 이것은 얼마나 슬프고 아픈 풍경인가요. 상대도 없이 혼자 추는 왈츠는 적막하고 고독해서 하나의 춤으로서 불완전합니다. 시인은 요즘 취업 시장의 막막함을 '혼자 추는 왈츠'라는 이미지로 표현한 것일 텐데, 이것은 너무 정확해서 읽는 이를 깊은 절망에 이르게 합니다.

아닌 게 아니라 취업 시장에 던져진 청춘들은 마치 혼자 왈츠를 추고 있는 '잉여 댄서' 같습니다.

그들은 스스로를 곱게 포장한 채 누군가 손을 내밀어주길 하염없이 기다리고 있지요. 하지만 온전한 왈츠를 추기를 원하는 이들은 무수히 많지만, 정작 손을 내밀어줄 상대를 만나기란 불가능에 가깝습니다. 왈츠를 원하는 댄서는 남아돌지만 그들을 선택해줄 파트너 수는 극히 제한적이기 때문입니다.

흔히들 요즘 '청춘 세대'를 '잉여 세대'라고 부르는 것도 그런 이유에서입니다. 잉여 세대는 해마다 치솟는 청년 실업률 탓에 청년 구직자들이 남아도는 현상을 빗댄 표현입니다. 사실 이런 현상은 비단 한국만의 것은 아닙니다. 폴란드 사회학자 지그문트 바우만이 『쓰레기가 되는 삶들』(2004)에서 간파한 대로 세계는 이미 십 수 년 전부터 실업(unemployment)이 아니라 잉여(redundancy)가 문제인 시대로 돌입했습니다. 바우만은 실업자와 잉여 노동력을 구분해 이야기하는데, 실업자는 되돌아갈 노동 현장이 있는 사람이고 잉여 노동력은 누구도 필요로 하지 않는 '쓰레기'로 구분됩니다. 바우만은 전망을 잃어버린 청년 구직자들이 마치 불필요한 쓰레기더미처럼 넘쳐나는 시대를 예견했던 겁니다.

안타깝게도 지금의 한국은 바우만의 불길한 예견이 가장 앞서 실현되고 있는 나라처럼 보입니다. 청춘리포트가 청년 이슈를 다루면서 가장 관심 있게 지켜본 것이 바로 취업 문제입니다. 요즘 청춘들은 면접관 눈에 한 번이라도 더 들기 위해 취업전문사진관을 기웃거리고, 자기소개서 작성을 대행업체에 맡겨 소설처럼 꾸며 제출하는 등 그야말로 눈물겨운 노력을 기울이고 있었습니다. 하지만 뾰족한 수는 보이지 않고 취업할 수 있으리란 희망은 점점 희미해져만 가는 게 지금 그들이 처한 현실이었습니다.

취업을 위해 분투하고 있는 청춘들은 화려한 스펙을 내세우며 이렇게 항변하고 싶을지도 모르겠습니다.

"나는 잉여가 아니며, 잉여로 남지 않을 것이고, 따라서 결코 잉여로 살지 않을 것이다."

하지만 제아무리 화려한 스펙을 갖췄다고 한들 결과는 크게 달라지지 않습니다. 시장에 고학력, 고스펙 인력은 넘쳐나지만 기업이 필요로 하는 노동력은 자꾸만 줄어들고 있으니까요.

지금 한국 사회는 잉여들의 전성시대를 맞이했습니다. 청년 구직자들은 홀로 왈츠를 추듯 적막하고 고독한 구직 활동을 필사적으로 벌이고 있습니다. 하지만 전망은 어둡습니다. 이들 잉여 청춘은 사회의 부를 축적하는 데 별 도움이 되지 않기 때문입니다. 국가적인 차원에서 제대로 된 해법을 제시하지 못한다면, 대다수 청춘들은 구겨진 이력서 뭉치처럼 사회로부터 간단히 버려지고 말 것입니다.

취직이 게임이라면 우린 지금 리셋하고 싶어요

학생 캐릭터

최형빈(남, 만 23세)
서울 소재 4년제 대학
사회계열 재학생

목표

–교환학생 여비 마련
–생활비 마련

열정★★★(높음)
체력★★★(높음)
끈기★★(보통)
재력★★(보통)
사회성★★(보통)
스트레스 내성★★(보통)

아이템 획득
교환학생 합격

STAGE 1 : 덜컥 합격은 했는데

"그래! 가는 거야!"

정규직 지원의 필수 3종 세트 중 하나라는 '교환학생.' B학점으로 합격한 건 천운이었다. 하지만 계산기를 두드리는 순간 절망이 몰려온다. '학비는 두 학기에 600만 원, 비행기는 편도 100만 원 밑으로 막고….' 기숙사비, 식비를 합치니 못해

'경청(傾聽)'은 귀를 기울여 듣는다는 뜻입니다. 지난 6월 출범한 '함께하는 경청 포럼'은 2개월에 한 번씩 시민들이 모여 서로의 견해를 경청해 각종 난제들의 해법을 찾는 자리입니다. 이 달엔 청춘 세대들이 취업난을 주제로 목소리를 냈습니다. 청춘리포트 팀이 그들의 취업 고민을 경청했습니다. 다음은 취업준비생들의 실제 사례를 각색해 온라인 게임 형식으로 구성한 것입니다. "구직 활동이 게임이라면 리셋하면 좋겠다"는 한 취준생의 말이 잊히지 않습니다.

도 1년간 2,000만 원은 필요하다. 현재 수입? 하루 5시간 하는 시급 5,800원짜리 근로장학생이 전부다.

STAGE 2 : 떠나가는 썸녀

월평균 6만 원 나오던 교통비가 8만 원으로 넘어간 지 석 달. 끼니는 평균 5,000원인 학식으로 때운 지 오래다. 간신히 야간에 돈을 '조금 더' 얹어주는 PC방 알바를 구했다. 주 4일, 밤 10시부터 새벽 4시까지 일해 받는 돈은 약 90만 원. 비행기표와 생활비는 막겠다.

오랜만에 시간을 내 동아리 여자 후배인 '썸녀'와 데이트를 했다. "오빠, 나 오늘 피자 먹고 싶어!"란다. 영화 예매에 쓴 돈까지 합치면 4만 원도 넘을 텐데…. 망설이는 내 표정을 보더니 "아, 떡볶이가 당기네!"라며 활짝 웃는다. 그런데 데이트 잘하고 들어간 썸녀, 그날 밤 카톡을 읽고도 답이 없다. 역시 돈 없는 대학생에겐 연애도 사치인가.

STAGE 3 : 쏟아지는 잠, 떨어지는 학점

PC방 알바 3주째. 하루 5시간을 채 못 자니 온종일 잠이 쏟아진다. 꾸벅꾸벅 졸다가 생각났다. 내일까지 보고서 마감이다.

담배 연기가 뼈까지 스며들 것 같은 PC방에서 논문을 뒤적이며 보고서를 쓴다. 오늘따라 손님은 왜 이리 많은지. 결국 괴발개발 쓴 보고서를 제출했다. 역시나 결과는 참담하다. 여기에서 학점 더 떨어지면 취직이 더 힘들지도 모르는데…. 끊었던 담배를 한 개비 빌려 물었다.

취준생 캐릭터

이준열(남, 만 29세)
서울 소재 4년제 대학
어문계열 졸업생
중국어 자격증 보유

목표
–대기업 입사

열정★★(보통)
체력★★(보통)
끈기★★★(높음)
재력★★(보통)
사회성★★(보통)
스트레스 내성★★★(높음)

아이템 획득
새 양복

STAGE 1 : 칠전팔기, 도전이다!

드디어 오늘이다. ○○항공 최종면접. 서류 준비부터 토론 면접까지 석 달 넘는 고행을 잘도 버텼다. 장하다! 일곱 번 떨어지면 어떠냐, 여덟 번째 붙으면 되는 거지. 합격 평균을 내는 것도 아니고 한 번만 붙으면 '장땡'이라 이거야. 양복과 타이가 잘 어울리는지 다시 점검하고 거울 앞에서 웃는 연습도 해본다. 면접마다 시키는 중국어 자기소개도 달달 외웠다.

STAGE 2 : 버틸 힘도 참아낼 힘도…

'귀하는 최종 불합격했습니다. 죄송합니다.' 또다시 날아든 불합격 통보. 도대체 뭐가 죄송하다는 거야? 양복 사느라 돈 날린 거? 아니면 실낱같은 희망을 품던 내 마음에 또다시 어퍼컷을 날린 거? 이것 때문에 △△상사 면접은 가지도 못했다. 인간적으로 수천 명 중 딱 한 명 뽑을 거면 미리 말 좀 해주면 덧나냐. 더 많이 뽑는 곳으로 지원이라도 해보게. 다음 주부턴 다른 기업 공채를 또 준비해야 하는데….

STAGE 3 : 내가 뭐 어떻다는 거야?

거울 앞에 서서 내 모습을 바라본다. 이로써 최종만 여덟 번 탈락. 또다시 공채 준비할 기운이 없다. 알 만한 대학에 중국어까지 하는데 왜 이리 기업 눈에 들기는 어려운 걸까. 생긴 게 문제인가, 말투가 어눌한가. '열정과 근성을 보여주라'는데 내 마음을 열어서 보여줄 수도 없고. '뽑을 사람 다 정해놓고 묻겠지'란 생각도 들고. 서류부터 다시 준비해야 한다니 막막하다. 지금까지 최종 면접에서만 여덟 번 탈락. 긴장은 덜고 열정을 더하리라 다짐해본다. 딱 올해 말까지만 다시 한번 힘을 내보자.

어택
최종 불합격

아이템 획득

계약직 캐릭터

박영지(여, 만 26세)
4년제 대학 사회계열 졸업
MOS 등 각종 자격증 보유
행정고시 낙방 후 서울 소재
대학 계약직 근무

목표

–행정고시 재도전
–대기업 입사

열정★★(보통)
체력★★(보통)
끈기★★★(높음)
재력★★(보통)
사회성★★★(높음)
스트레스 내성★★(보통)

STAGE 1 : 진퇴양난

'어디든 취업은 하지 않겠어요?' 이게 무지하게 안일한 생각이라는 걸 난 왜 지금 안 거냐. 1년 동안 일자리를 알아봤다. 대기업 입사는 하늘의 별 따기고 갈 만한 중견 · 중소기업들은 초장부터 연봉이 얼마인지조차 알려주지 않는다. 그러다 행정고시를 준비했다. 난 열심히 했다고 생각하는데 왜 이렇게 떨어지니? '○○대 행정계약직 합격.' 아! 진짜 다행이다. 일단 합격했으니까 여기서 돈 벌면서 인생 제2라운드를 준비하면 되겠지?

STAGE 2 : 저…, 퇴근 안 하세요?

한 달에 버는 돈은 94만 원. 거의 최저임금 수준의 시급이다. 그런데 계약직이라도 막내는 막내였던 거다. 마음속으로 수십 번 외친다. '저…, 과장님, 퇴근은 언제 하실 건가요?' 아무도 대놓고 "퇴근하지 말라"고 안 하지만 어디 사회생활이 그렇던가.

내가 여기서 평생 있을 수 있는 것도 아닌데. 인생 제2라운드를 준비하려면 준비할 시간도 필요한데. 아, 차라리 요즘 대놓고 "저 갑니다!" 외친다는 알바생들이 부러워진다.

STAGE 3 : 신입사원, 나이 보나요?

잦은 야근에 체력은 떨어져만 가고, 정규직도 아닌데 확 그만둬버려? 아니야, 그래도 이 돈이 없으면 맥주 한 캔도 망설여질지 몰라.

이래서 '돈 벌다가 공부하기 어렵다'는 소리들을 하나보다. 이제 내 나이가 여자 신입사원으로선 좀 부담스럽지 않을까. 정말이지 구직 활동이란 먹고살기도 빠듯한 20대 후반 여성에게 여간 벅찬 일이 아니다. 차라리 시험 준비를 다시 해볼까? 취업준비가 게임이라면 리셋이라도 되지. 뭐가 정답인지 도무지 모르겠다.

어택
내년에 만 27세

조혜경 기자의 취재 수첩

학창시절, 캠퍼스 커플이었던 그와 나는 '칼럼 쓰기 수업'에서 처음 만났다. 매주 내준 주제에 따라 신문 칼럼 같은 글을 한 편씩 써서 제출하고, 현재 H신문사의 사장으로 계시는 교수님(기자)께 첨삭을 받는 형식이었다. 교수님은 글 몇 편을 골라 수업시간에 소개해주시곤 했다. 사람마다 글 보는 눈이 다르다고는 해도, 주필을 오래 하신 분이니 어찌 안목이 없었겠는가. 결론부터 말하면 내 글은 매주 교수님께 "아쉽다"는 평을 들었고, 그의 글엔 "정말 잘 썼다"는 찬사가 쏟아졌다.

본디 타고난 성격이 급한 나는 취업도 빨리해야 한다는 강박관념에 하루하루를 허덕이던 중이었다. 누가 봐도 어린데도 그랬다. 학과 수업이긴 했지만, 주필인 교수님의 지적에 나는 그야말로 '멘붕' 직전까지 갔다. 회식 자리에서 딱 한번 말을 섞어본 적이 있는 그에게 문자를 보냈다. '공부 좀 같이 하면 안 될까요.'

그의 지도(?) 덕분인지 타고난 운이 좋았던 건지, 나는 생각보다 빨리 기자생활을 시작했다. 하지만 늘 칭찬을 듣던 그에겐 좀처럼 좋은 소식이 없었다. 내 조급증은 연인의 취업으로 옮겨갔다. 머리를 싸매고 뭘 고치면 붙을 수 있을까를 고민했지만, 내가 보기에도 그는 모자란 점이 거의 없었다. 수습 시절, 한동안 '전화 공포증'을 앓던 나를 위해 가상으로 전화취재 시범을 보이던 걸 보면 분명 취재력도 나보다 나았는데.

그래서 나는 진심으로 안다. 정말 취업엔 왕도가 없다. 어디든 합격할 것 같던 사람은 4~5년씩 '취업낭인'이 되고, '답 없다'는 소릴 들었던 사람이 정말 괜찮은 기업에 간다.

그러니 '세상 어떤 일이 그리 실력대로, 예측한 대로 되겠나' 싶다가도 막상 '당하는 사람'은 미치고 펄쩍 뛸 노릇인 거다. 이날 경청 포럼 공공대화장에 모여 취업을 고민하는 2030들도 크게 다르지 않았다.

뭘 원망하고 또 뭘 극복해야 하는지는 모르겠다. 취업이 된 사람들도 왜 됐는지는 모른다지 않는가. 다만 기사 제목처럼 취업은 '타임 리밋'이 있는 미션이라는 거다. 시간이 갈수록 눈높이에 맞는 곳에 일자리를 구할 확률은 낮아지고 마음은 급해져만 간다. 혹 이유를 알 수 없는 '취업 불운'을 겪고 있다면, 스스로 '결단의 시점'을 정해두는 것도 방법이다. 모든 걸 다시 시작하고 싶을 만큼 코너로 몰리기엔 당신의 청춘이 너무 소중하고 아까우니까.

스펙만 보내면 자소서 한 편 뚝
"근데 나 이런 사람이었어?"

자소서 대필을 받았거나 받을 의향이 있습니까?

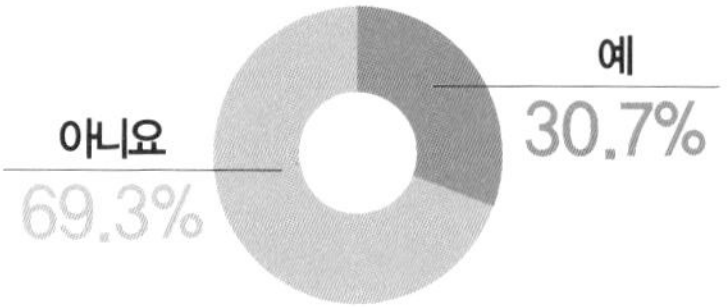

자소서 대필을 받았거나 받고 싶은 이유는?

전문가는 다를 것이라는 기대 때문에	31.3%
장문의 글을 쓰는 것이 부담스럽고 어려워서	29.2%
많은 기업에 지원하다 보니 시간이 부족해서	25.0%
주변에서 대필을 하는 것을 보고 별생각 없이	4.2%
기타	10.3%

자소서 대필에 대해 어떻게 생각하십니까?

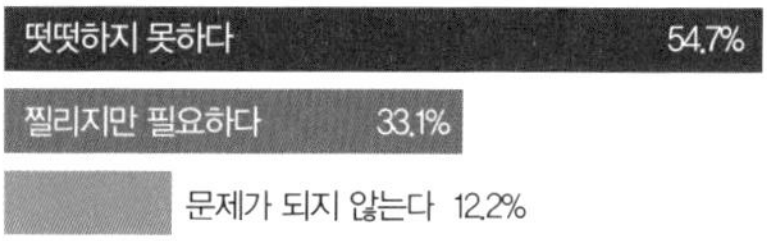

※자료 : 청춘리포트 팀 · 알바천국, 지난 2~5일 취업준비생 1,093명을 대상으로 공동 설문조사한 결과

"20문 20답 형태로 간단한 정보만 적어 보내면 작가들이 한 편의 완벽한 자기소개서를 완성해드려요."

한 포털 사이트에서 '자기소개서 대필'을 검색해보니 20여 곳의 블로그와 홈페이지가 떴다. 주로 'OO작가' 형태로 불리는 대필 작가들은 돈만 내면 한 편의 그럴듯한 자기소개서(자소서)를 만들어준다. 대필 작가들은 간단한 신상 정보만 보내면 이를 토대로 내용을 꾸며낸 글을 보내주겠다고 광고를 하고 있었다. "아마추어 취작가가 돼야 취업에 성공하는 시대입니다. 자신의 솔직한 면모보다는 꾸며낸 모습이 더 인정받을 것 같은 착각이 듭니다. 청춘 세대 대부분이 자기소개서를 소설처럼 꾸며낸 '자소설'(자기소설)에 매달리는 이유입니다. 청춘리포트는 '자소설'이 실제 얼마나 사실을 부풀리는지 확인해 봤습니다. 한 취업준비생의 스펙을 입력하자 여러 업체가 사실이 아닌 다양한 버전의 '자소설'을 보내왔습니다. 이 씁쓸한 보고서를 여러분과 공유하고자 합니다.

준생들이 쓴 자소서는 프로 작가들이 쓴 글과 차원이 다르다"며 홍보했다.

대필 자소서를 받는 방법은 크게 세 단계로 이뤄졌다. 첫째, 자소서 분량 등을 상의하고 이에 따라 금액을 이체한다. 비용은 한 편당 5~10만 원 선이다. 대개 200자(원고지 1매)에 1만 원씩 계산된다. 3일 이내에 받아 보는 '특급 처리'의 경우 2~3만 원의 추가 비용이 들어간다. 둘째, 자소서의 재료가 되는 정보를 전달한다. 지원자의 성격 · 활동 사항 · 경험 등을 정해진 양식에 맞춰 e메일로 보내거나 전화로 상담한다. 셋째, 초고를 받고 수정할 부분이 있으면 작가와 상의해 고쳐 쓴 뒤 완성본을 받는다.

본지와 함께 자기소개서 대필을 받아보기로 한 취업준비생 유지은(23세) 씨는 취업준비생들이 자주 찾는 인터넷 커뮤니티에서 인기가 있다는 두 작가와 한 업체를 추천받았다. 작가들이 대신 써준 자소서엔 정말 특별한 뭔가가 있을까. 다음은 유 씨가 세 군데에 의뢰해 받은 자소서의 일부 내용을 발췌한 것이다.

A작가의 자소설 (비용 : 9만 원, 분량 : 1,800자, 기간 : 15일)

본인의 인생에서 가장 잘한 선택과 후회하는 선택에 대하여 각각 한 가지씩 기술하시오.

오롯이 스스로의 힘으로 자금을 모아 00살에 생애 첫 독립을 했던 것이 가장 잘한 선택 같습니다. 윗집의 하수관이 터져 물이 새는 바람에 천장을 뚫어놓은 채로 일주일을 지내야 했던 기억도 있습니다. 하지만 살림의 전반적인 활동을 직접 경험하면서 경제관념이 생기고 강한 정신력을 기를 수 있었습니다. 대학교 입학 후 학점 관리를 최우선으로 여겼던 탓에 그 외 다른 활동들을 하지 않았습니다. 덕분에 장학금을 받을 정도로 우수한 성적을 얻었지만 다양한 경험을 할 수 있었던 기회를 놓쳐버렸습니다.

한 번도 독립해본 적 없는 유 씨는 '스스로 돈을 모아 독립을 하고 하수관 때문에 천장이 뚫린 집에서 일주일간 지낸 정신력 강한' 인물로 묘사돼 있었다. 유 씨는 "팩트 자체도 거짓이지만 성격이 실제와 전혀 다르게 묘사됐다"며 "내용을 달달 외우고 '난 이런 사람이야'라고 세뇌해야 할 정도"라고 말했다. 후회한 일을 설명한 내용에 대해서도 유 씨는 "대학 시절 장학금을 받은 적은 있지만 학생회 활동도 하고 많은 대외활동을 했다. 이력서 내용과 달라 거짓말이 금방 들통 날 것 같다"고 말했다.

해당 자기소개서를 본 한 은행사 인사팀 관계자는 사실과 다른 자기소개서를 쓰는 것은 매우 위험하다고 지적했다. 이 관계자는 "해당 글을 보면서 '하수관이 터지면 천장이 뚫리는지', '왜 일주일 동안 고치지 않고 지냈는지', '독립을 하기 위해 돈은 어떻게 모았는지', '경제관념과 독립성을 기른 것이 직무와 어떤 관련이 있는지' 등이 궁금해졌다. 만약 면접에서 지원자를 만난다면 이 내용들을 물어보고 싶은데 이에 대해 과연 제대로 대답할 수 있을지 의문"이라고 지적했다.

B작가의 자소설 (비용 : 5만 원, 분량 : 1,200자, 기간 : 2일)

인생에서 가장 잘한 선택과 후회하는 선택에 대하여 한 가지씩 기술하시오.

미국 교환학생 시절, 다문화교류 클럽에 가입했던 경험이 저에게는 가장 큰 배움과 깨달음을 가져다준 선택이었습니다. 다국적 친구들을 만나면서 한 사람을 이해하기 위해서는 그가 걸어온 길뿐만 아니라 살아온 환경이나 역사까지도 알아야 한다는 것을 느꼈습니다.

하지만 태국에서 3개월간 거주할 당시 낯선 환경에 대한 두려움으로 태국에 대해 공부하지 않고 사람들에게 먼저 다가가지 못한 것이 제 인생에 가장 큰 후회로 남아 있습니다.

B작가가 쓴 자기소개서 속엔 또 다른 인물이 있었다. 글 내용과 달리 유 씨는 미국 교환학생 시절 다문화교류 클럽에 가입한 적도 없었고 친척언니가 있는 태국에서 3개월간 어학연수를 할 때도 낯선 환경에 두려워하기보단 주변 사람들과 잘 어울려 지냈다. 유 씨는 "A작가가 쓴 글보다는 사실에 기반하긴 했지만 직접 느낀 점과 다른 의미가 부여돼 이 역시 해당 내용을 암기해야 할 정도"라고 말했다. 제한된 정보로 유 씨를 표현하다보니 상투적이고 두루뭉술한 표현도 곳곳에 눈에 띄었다. 유씨는 "이왕 다문화교류 클럽에 대해 설명하려면 재밌는 에피소드 위주로 글을 써줬더라면 더 눈에 들었을 것 같다"고 말했다.

8년차 모 증권사 인사팀 관계자는 "수백, 수천 장의 자기소개서를 보는 인사 담당자 입장에선 지원자의 특색을 한 번에 알아볼 수 있는 자기소개서가 더 눈에 들어오는 게 사실"이라고 말했다. 그는 "성실하고 솔직하며 대인관계가 좋은 인재를 뽑고 싶은 마음은 누구나 가지고 있지만 자기소개서에 이런 표현만 반복된다면 사실인지 아닌지 알 수 없을 것"이라고 덧붙였다.

C업체의 자소설(비용 : 6만 원, 분량 : 1,800자, 기간 : 2일)

인사 직무의 핵심역량과 이를 갖추기 위해 기울인 노력은 무엇입니까?

저는 대학 시절 법학을 전공하였습니다. 인사 업무에 있어 가장 기본적인 것은 인적 자원 관리와 함께 다양한 계약서 검토 및 법적 사안에 대한 분석 업무라고 생각했기 때문입니다. 법학을 전공했지만 한 분야만을 바라보기보다는 보다 큰 세상을 경험하고 싶었습니다. 그래서 수많은 아르바이트 활동을 비롯해 다양한 국가에서의 현지 생활을 경험하며 책에서는 얻지 못하는 많은 역량을 얻을 수 있었습니다.

C업체에선 유 씨의 전공인 '법학'이 유씨가 지원하는 인사 부서와 관련이 있기 때문에 선택했다고 설명했다. 유 씨는 이 때문에 전공을 선택하지 않았다. 한 유통업계 인사 담당자는 해당 자기소개서에 대해 "실제 인사 부서는 전공에 크게 영향을 받지 않는다. 지나치게 억지로 갖다 붙인 느낌이 드는 대목"이라고 평가했다. A작가의 자기소개서에서 여러 활동을 하지 못해 후회스럽다는 유 씨는 이번엔 수많은 아르바이트와 다양한 해외 경험을 해본 인물로 표현돼 있었다. 유 씨는 "내가 읽어봐도 스펙과 직무를 짜 맞추기 위해 부자연스럽게 표현된 부분이 많이 보인다. 이런

부분은 면접에서 질문을 받더라도 조리 있게 대답할 수 없을 것 같다"고 말했다.

한 대필 작가 백모 씨는 "작가 대부분이 논술강사나 전직 기자 등 글을 잘 다루는 사람이기 때문에 그럴듯한 글을 만드는 것에 익숙하지만 제한된 정보로 창작하는 데엔 분명 한계가 있다"며 "하루에도 수십 건의 자소서를 완성해야 하기 때문에 눈에 보이는 요소들로 항목에 대한 답을 채울 때가 많은 게 사실"이라고 말했다.

대필을 받을 수밖에 없는 취준생들에게도 사정은 있다. 수십 개의 기업에 지원하다 보니 모든 서류를 공들여 쓰기 어렵다는 것이다. 본지와 취업·아르바이트 전문 포털 알바천국이 취준생 1,093명을 대상으로 설문조사한 결과 '대필을 받았거나 받을 의향이 있다'고 답한 경우가 30.7%에 달했다. 이유에 대해서는 '전문가의 손길이 닿은 자소서는 다를 것이라는 기대 때문에'(31.3%)가 가장 높았고, '장문의 글을 쓰는 것이 부담스럽고 어려워서'(29.2%), '많은 기업에 지원하다 보니 모든 자소서를 쓸 시간이 부족해서'(25%) 순으로 나타났다. 취준생 강유라(24세, 여) 씨는 "갓 대학을 졸업한 20대가 시련이나 리더십, 헌신 등에 대해 쓰려니 막막할 때가 많다. 대부분 남자친구하고 헤어진 게 시련이고 팀플에서 조장을 한 게 리더십인데…"라고 푸념했다. 기업의 인사 담당자들은 "글솜씨가 뛰어나지 않더라도 생생한 경험과 진솔한 생각이 담긴 자소서를 쓰는 것이 좋다"고 입을 모아 조언했다.

김선미 기자의 취재 수첩

직접 취업준비생을 섭외해 자기소개서 대필 업체 몇 군데에 의뢰를 하면서 가장 궁금했던 것은 글의 수준이었다. "프로 작가들이 써주는 자기소개서는 차원이 다르다"고 홍보하며 한 편당 5~10만 원씩 받고 쓰는 자기소개서는 얼마나 대단할지 궁금한 게 사실이었다. 하지만 며칠 후 메일로 도착한 자기소개서를 보고 경악할 수밖에 없었다. 특색 없는 미사여구들에 찍어낸 듯한 표현까지 그야말로 형편없는 수준이었기 때문이다.

일명 작가들로 불리는 자기소개서 대필업자들은 논술강사나 전직 방송 작가, 대학 강사 같은 글쓰기 경험이 풍부한 사람들로 알려져 있다. 그런데 왜 적지 않은 돈을 들여 받은 자기소개서가 엉망이었을까. 취재 당시 인터뷰했던 한 작가는 이렇게 털어놨다.

"대필도 한철 장사다. 1~2월, 8~9월 같은 공채 시즌엔 하루에 수십, 수백 건의 의뢰가 들어오는데 한 명 한 명 신경 써서 써줄 수가 없다. 막말로 얼굴도 한 번 못 본 사람을 어떻게 짧은 시간에 잘 소개해주겠나?"

당연한 결과지만 대부분의 기업 인사 담당자들도 대필 받은 자기소개서를 마음에 들어 하지 않았다. 한 증권사 인사팀 직원은 "솔직히 우리끼리는 '깔아주는 자소서'라고 부른다. 개성이 드러나지 않으면 절대 뽑힐 수 없다"고 말했다.

그럼에도 많은 취업준비생들이 대필을 맡기고 싶어 하는 이유는 간단하다. 취업이 어려우니 원서를 수십 개씩 써야 하는데, 질문은 심오하고 글자 수는 방대하고 혼자서는 쓸 엄두가 나지 않는 것이다. 본지가 취업준비생 1,025명을 대상으로 한 설문조사에서 대필을 맡기고 싶은 이유 1위는 '전문가는 다를 것이라는 기대 때문에(31.3%)'로 나타났다. 2위는 '장문의 글을 쓰는 것이 부담스럽고 어려워서(29.2%)', 3위는 '많은 기업에 지원하다 보니 모든 자소서를 쓸 시간이 부족해서(25%)'였다.

취재를 하면서 국내 대기업 · 공기업 · 중소기업 20여 곳의 자기소개서 문항을 살펴보니 취업준비생들의 고충이 이해가 됐다. '(은행) 영업점을 방문하고 타 은행과 비교한 뒤 본인이 CEO라면 추진하고 싶은 전략을 서술하라', '조직의 공동 목표 달성을 위해 구성원들의 이해관계를 조율하고 솔선수범한 경험을 조직마인드, 업무협조, 영향력의 범위에 따라 작성하시오' 등 갓 대학을 졸업한 20대 초반 학생들이 답하기 어려운 질문이 넘쳐났다. 문항 자체를 이해하기 힘든 경우도 적지 않았다.

자기소개서 대필 문제를 취준생들 탓으로만 돌려야 하는지 의문이 든다. 추상적이고 난해한 질문으로 지원자를 제대로 평가할 수 있을지도 모르겠다. 기업들이 자기소개서 문항을 좀 더 쉽고 사회 초년생들의 현실에 맞게 제시한다면, 그래서 남의 손을 빌리지 않아도 솔직하게 쓸 수 있게 된다면, 기업도 취업준비생도 윈윈(win-win) 할 수 있지 않을까.

3×4cm,
취업의 성패가 달렸다

다음 중 비서에 어울리는 얼굴은?

❶ ❷ ❸ ❹

정답 ❷번(사진 모델 : 대학생 한주희 씨)

❶ 초등교사 지원용 사진
인자함을 표현하기 위해 입을 다문 상태에서 입꼬리만 올리는 미소를 주문. 부드러움을 강조하기 위해 머리 끝을 둥글게 말았음.

❷ 비서 지원용 사진
똑부러지면서도 냉철한 느낌을 주기 위해 포토샵으로 꾹 다문 입술과 갸름한 턱 표현. 총명해 보이도록 눈 위꺼풀을 올림. 회색 배경과 조화돼 단정함을 강조하기 위해 머리카락도 검은색으로 처리.

❸ 아나운서 지원용 사진
안정적이고 부드러워 보이는 갈색 배경을 선택. 차분하고 세련된 느낌을 주기 위해 이마 앞의 잔머리는 없애고, 머리 끝 부분은 안쪽으로 말아 정돈. 부드러워 보이게 턱을 살짝 둥글게 처리.

❹ 승무원 지원용 사진
얼굴에 경련이 날 정도로 활짝 웃는 게 포인트. 갈색 단발머리는 포토샵을 이용해 깔끔한 검은색 올림머리로 교체. 친절한 이미지를 강조하기 위해 눈매를 옆으로 늘리고 치아도 가지런히 정리.

'밥을 먹고 쓰는 것/밥을 먹기 위해 쓰는 것/한 줄씩 쓸 때마다 한숨 나는 것….' 오은 시인은 '이력서'의 막막함을 이렇게 풀어냈습니다. 지금 이 나라 청춘들의 처지가 꼭 이와 같습니다. 그들은 밥벌이를 구하기 위해 오늘도 한숨을 쉬며 이력서를 적고 있습니다. '취업전문사진관'마다 20~30대 구직자들로 넘쳐납니다. 이력서에 붙는 건 더 이상 증명사진이 아닙니다. '디지털 성형'으로 얼굴을 정교하게 꾸며내는 '포장 사진'입니다. 취업 전투에서 살아남기 위해 자신을 포장해야만 하는 청춘의 쓸쓸한 자화상입니다.

본지 문채석 인턴기자가 촬영한 직종별 맞춤 취업사진

일반적인 무보정 사진

디지털 메이크업을 거치지 않은 맨얼굴. 균일하지 않은 피부 색깔과 얼굴에 난 잡티 등이 도드라져 깔끔하지 못한 인상을 준다.

경찰공무원 지원용 사진

푸른색 계열의 타이로 단호함과 자신감 표현. 눈동자의 검은색 부분을 확대해 강인한 이미지 강조.

공무원 지원용 사진

안정감을 주는 갈색 배경을 선택. '강단' 있어 보이는 부드러운 표정 강조. 경찰공무원에 비해서는 입꼬리 살짝 올릴 것을 주문.

서비스업 지원용 사진

잇몸이 드러나 보일 정도로 활짝 웃을 것을 주문. 덧니는 포토샵으로 없앰. 이상적인 미소가 나오도록 치아는 8개 노출되게 조정.

법조인 지원용 사진

근엄해 보이도록 오른쪽으로 10도 정도 틀어 앉게 주문. 딱딱한 느낌을 완화하기 위해 '웃는 듯 마는 듯'한 표정 요청.

초등교사 지원용 사진

부드러움과 청렴함을 강조할 수 있는 흰색 배경. 점잖고 부드러운 타이 선택. 삐져나온 머리를 많이 잘라 단정한 이미지 연출.

취업준비생 박모(24세, 여) 씨는 지난해부터 100여 곳의 기업 공채 문을 두드려 왔다. 하지만 면접은 언감생심. 1차 서류전형 한 번 통과하기도 어려웠다. 박 씨는 흔히 말하는 '스펙'이 문제인가 싶어 토익 점수도 올리고 자기소개서도 열심히 수정 · 보완했다. 그러나 서류전형 탈락은 계속됐다. 지난해 11월 그는 "입사지원서 증명사진이 문제일지 모른다"는 친구의 지적에 따라 서울 강남의 한 '취업전문사진관'에서 여러 버전의 증명사진을 찍었다. 사진관에선 지원 기업에 맞춰 세밀하게 사진을 수정해줬다. 그랬더니 서류 합격률이 3~4배 훌쩍 뛰었다. 박 씨는 결국 한 대기업에 합격했다. 그는 "사진 한 장에 입사 시험이 좌지우지 될지는 몰랐다"며 "가격은 동네 사진관보다 두 배 더 비싸지만 전혀 돈이 아깝지 않았다"고 말했다.

가로 3cm · 세로 4cm. 입사지원서에 붙이는 반명함판 사진 크기다. 박 씨처럼 이 조그마한 사진에 목을 매는 청춘 세대가 많다. 사진 한 장을 얻기 위해 수차례 옷매무새를 다듬고 화장을 고치곤 한다. 사진 찍기 전날은 술도 금물이다. 전쟁터 같은 취업시장에서 조금이라도 더 인사담당자들의 눈에 띄기 위해서다.

이력서 사진, 채용에 영향을 미치나?

자료 : 인크루트, 기업 인사담당자 289명 설문조사

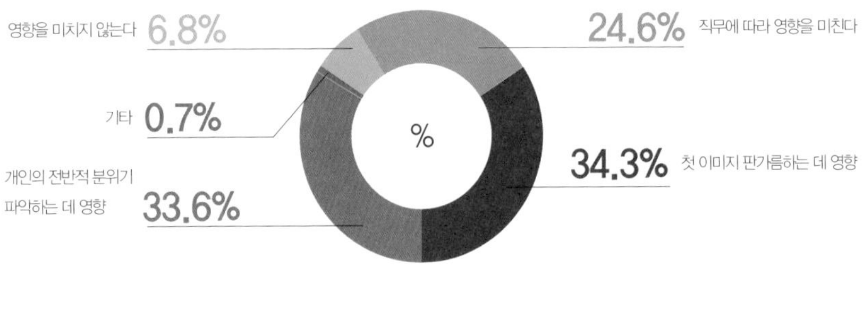

실제로 입사지원서 사진은 당락에 큰 영향을 미친다. 기업 인사담당자 10명 중 9명(93%)은 "입사지원서 사진이 당락에 직접적인 영향을 준다"고 답했다. 취업포털 인크루트가 국내 기업 인사담당자 289명을 대상으로 설문조사한 결과다. 구체적으로는 "첫 이미지를 판가름하는 데 사진이 영향을 미친다"는 응답과 "개인의 전반적인 분위기를 파악하는 데 증명사진이 영향을 준다"는 대답이 각 34%에 달했다.

사정이 이렇다 보니 취업준비생들은 증명사진 한 장에 목을 맬 수밖에 없다. 최근 대학가를 중심으로 생겨나는 '취업전문사진관'은 이 같은 절박한 수요에 따른 결과다. 사진 촬영 후 직종에 따라 맞춤형 '디지털 메이크업'을 해주는 '취업전문사진관'이 최근 5~6년 사이 크게 늘었다. 서울 신촌의 M 취업전문사진관의 하동진 실장은 "구직자들이 본격 취업 준비에 들어가는 8월이 되면 하루 평균 20~30명이 사진관을 찾는다"며 "신촌에 처음 스튜디오를 열었던 5년 전에 비해 지금은 2배 이상 경쟁업체가 늘어났다"고 말했다.

취업전문사진관의 '메카'는 신촌 · 이화여대 · 강남역 · 건국대 인근이다. 이 지역에 대학과 학원이 몰려 있기 때문이다. '취업사진'이란 말 자체는 항공사 승무원 지망생들로부터 시작됐다고 한다. '취업전문사진관'이라고 간판을 내건 곳은 드물다. 하지만 취업사진을 전문으로 하는지는 출입구만 봐도 알 수 있다. 간판에 '사진이 스펙이다'라고 쓰여 있는가 하면, 디지털 메이크업 전후 사진을 커다랗게 붙여 놓기도 한다. 한국프로사진협회에 따르면 서울에는 834개의 사진관이 있다. 업계에선 이 가운데 20~30%가량이 취업전문사진관인 것으로 추정하고 있다.

대다수 취업전문사진관은 메이크업 도구와 정장 · 셔츠 · 넥타이 등 기본적인 의상을 스튜디오에 갖추고 있다. 아예 전문 메이크업 아티스트를 상주시키기도 한다. 보통 사진 촬영과 메이크업, 헤어 스타일링 등을 패키지로 묶어서 판매한다. 촬영가격은 2만 2,000원부터 33만 원까지 다양하다. 3만 원대부터 의상 대여와 촬영 후 '디지털 메이크업' 서비스가 제공된다. 5만 원대부턴 헤어 스타일링, 배경색 추가 서비스 등이 가능하다. 7만 원대 이상으로 넘어가면 촬영 전 전문 메이크업을 받을 수 있다. 강남 B스튜디오 메이크업 아티스트 조연경(31세, 여) 실장은 2007년부터 6년간 방송국과 뮤지컬 무대를 오가며 배우들의 분장을 도맡아 해왔다. 그는 취업사진의 수요가 높다는 얘기를 듣고 지난해 B스튜디오로 이직했다. 조 실장은 "취업사진은 원하는 직종에 따라 구직자의 개성을 살려야 하기 때문에 전문 메이크업을 받으면 도움이 된다"고 설명했다.

일반 사진관과 취업전문사진관의 차별점은 '직종별 코칭(coaching, 전문가가 개인의 능력을 최대한 발휘해 목표를 이룰 수 있도록 돕는 것)'이다. 취업전문사진관에서는 구직자가 지원하는 업종에 따라 맞춤형 포즈와 표정을 사진사가 코칭한다. 디지털 메이크업 방법도 직종별로 천차만별이다. 예컨대 서비스 직종 지원자의 경우는 손님과의 대면이 잦은 특성상 이를 드러내는 환한 미소를 요구하고, 푸른색 배경으로 경쾌 · 활발함을 강조한다. 법조인의 경우는 몸을 10도 정도 살짝 틀어서 근엄함을 강조하고 보일 듯 말 듯한 미소로 부드러움을 더해주는 식이다. 여성 구직자의 경우 헤어스타일과 머리카락의 색깔도 직종별로 변화를 준다. 촬영 후 디지털 메이크업 과정에도 구직자가 직접 참여할 수 있다.

단순히 사진만 찍어준다고 생각하면 오산이다. 구직자들을 대상으로 '모의면접 동영상 서비스'를 제공하기도 한다. 직종에 따라(아나운서 · 일반취업) 30분씩 동영상을 촬영해주고 6~9만 원 정도를 받는다. 시간제로 요금을 책정하기 때문에 여러 명이 와서 돈을 나눠 내고 영상 서비스를 받는다고 한다. 전 · 현직 아나운서나 스피치학원 강사, 현직 승무원 등 전문가가 조언해줄 경우 3만 원이 추가된다. 구직자들의 표정 · 말투 · 발성 · 손동작 등을 녹화해가며 세세하게 조언해 준다. 박관원(45세) P스튜디오 강남점 대표는 "단순히 취업사진을 찍어준다기보다는 토털 취업서비스를 제공한다고 보면 된다"고 말했다.

P스튜디오는 일본 도쿄 · 오사카 · 후쿠오카 지역에도 스튜디오를 열 계획이다. 일종의 '취업사진 한류'인 셈이다. 오종남 P스튜디오 신촌점 대표는 "일본에서도 분명 취업사진의 수요가 있는데 디지털 · IT쪽의 소프트웨어가 생각보다 약하다"며 "사진의 사후 보정기술과 사진사의 창조성은 한국 사진계가 앞서기 때문에 성공 가능성이 높다"고 말했다.

논란도 적지 않다. 한 사진 전문가는 "취업사진은 말 그대로 '증명'사진인데 요즘은 모든 구직자가 원래 본인 얼굴보다 잘 나오는 걸 원한다"며 "로봇을 찍어내는 것 같은 기분을 느낄 때도 있다"고 말했다. 한 대기업의 인사담당자도 "사진은 구직자의 외모적 특성을 100% 반영하지 못한다는 걸 경험으로 알고 있다"며 "과도한 포토샵 보정을 하면 오히려 좋지 않은 인상을 남길 수도 있다"고 말했다.

채승기 기자의 취재 수첩

'귀여운 척 섹시한 척 이쁜 척 그런 거 안 해도 날 알아보는 너.'

걸그룹 마마무의 노래 〈넌 is 뭔들〉 가사의 일부다. 모든 게 완벽한 남자에게 호감을 표시하는 내용이라고 한다. 넌 뭘 해도 멋지고, 뭘 해도 완벽하고…. 뭐 이런 내용인데 마마무의 인기와 더불어 '넌 is 뭔들'이란 말까지 유행어가 됐다. '송중기 is 뭔들', '박보검 is 뭔들' 같은 변형(?) 버전을 각종 포털사이트와 온라인 커뮤니티에서 쉽게 찾아볼 수 있을 정도다.

느닷없이 마마무 얘기를 꺼낸 건 이 노래의 가사를 듣다보니 '증명사진도 취업 스펙' 기사가 오버랩되서다. 이 기사를 쓴 건 2년 전이다. 점점 좁아지는 취업문을 뚫기 위해 이른바 '디지털 성형'까지 한다는 청춘의 얘기를 취재했다. 직종이나 기업별로 선호하는 구직자들의 이미지가 있고, 그 이미지에 맞게 사진을 보정해야 취업할 확률이 조금이라도 높아진다는 게 당시 취준생들의 설명이었다. 그러니까 날 좀 뽑아 달라고 귀여운 척, 섹시한 척, 이쁜 척을 해야 한다는 얘기다.

당시 '취업전문사진관' 실장의 클릭 몇 번에 법조인의 얼굴이 됐다가 비서 얼굴도 되는 취재원과 인턴기자의 모습이 신기하기만 했다. 하지만 한편으론 이렇게까지 해야 하나 하는 씁쓸함도 있었다. 그렇게 장인의 손길을 거치는 데는 비용도 만만찮게 들었다. 청춘은 그 자체로 아름다울 진데, 빛나는 청춘의 민낯에 꼭 덕시딕지 분칠을 해야 하는 건지는 아직도 잘 모르겠다. 구직자들의 절박함을 모르는 바는 아니나 기업에서 원하는 인재상이란 게 보여지는 것을 말하는 것만은 아닐 텐데.

보다 근본적으로는 구직자의 사진을 꼭 이력서에 넣어야 하는지도 의문이다. 실제로 미국이나 프랑스 등에서는 이력서상에 사진 첨부를 하지 못하게 하는 경우가 많다고 한다. 차별을 조장한다는 이유에서다. 다행인 건, 이런 문제의식을 공유하고 우려하는 목소리가 우리나라에서도 조금씩 나오고 있다는 사실이다. 지난해 더불어민주당(당시 새정치민주연합) 한정애 의원은 이력서에 사진, 키, 체중 등 신체적 조건과 출신 지역, 부모의 직업 등을 기재하지 못하는 내용의 '채용절차 공정화에 관한 법 일부 개정안'을 대표 발의하기도 했다.

사실 이 내용을 취재하던 2년 전이나 지금이나 크게 달라진 것은 없어 보인다. 취업은 여전히 어렵고, 취업전문사진관도 성업 중이다. 기사가 나가고 이 취업사진관이 도대체 어디냐고 묻는 e메일도 많이 받았다. 어쩔 수 없는 일일지도 모른다. 구직자는 '을'일 수밖에 없으니. 그래도 누군가는, 어떤 기업은 이렇게 말할 수도 있을 것이다.

'단지 그냥 너라서. 넌 is 뭔들.'

가족과 대화 10분, 5시간 자는데, 시간은 다 어디 간 거니?

직장인 · 대학생 타임푸어 지수

한가함 《	1~2	3~4	5~6	7~8	9~10	》 바쁨
직장인	6.6%	14.6%	26.1%	29.5%	23.2%	
대학생	19.3%	20.4%	27.5%	22.7%	10.1%	

타임푸어족이 되는 이유

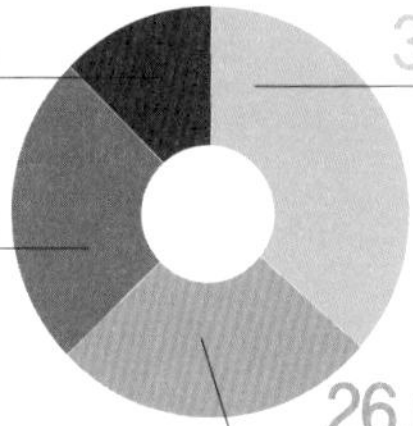

대학생들이 타임푸어를 겪는 요인

31.8%
아르바이트(장시간 근무)

- 23.8% 과제 및 시험 준비
- 14.6% 취업 준비
- 13.5% 장거리 통학
- 11.2% 긴 수업
- 5.1% 대외 활동

여유가 생기면 죄책감을 느끼는 이유

- 34% 남들보다 뒤처진다는 두려움
- 18.6% 취업 준비가 충분치 않다는 불안감
- 17.4% 돈벌이를 하지 않았다는 불안함
- 12.7% 학점 관리 제대로 못하고 있다는 불안함
- 5% 스펙을 위한 대외 활동 부족

자료 : 알바천국

하루 24시간이 모자란다는 청춘들이 많습니다. 공부와 업무에 지쳐 정작 자기 자신과 가족들을 돌아볼 시간조차 없는 '타임푸어(time-poor)' 인생들입니다. 청춘리포트가 알바천국에 의뢰해 조사한 결과 20~30대(492명)의 24%가 하루 중 가족과 보내는 시간이 30분 미만이라고 답했습니다. 이 결과는 아찔합니다. 다들 무언가를 이루고자 바쁘게 보내고 있지만 정작 소중한 가족들과는 더 멀어지고 있다는 뜻이기 때문입니다. 지금 나는 무엇을 위해 소중한 시간을 사용하고 있는가. 하루 가운데 가족을 위해 쓰는 시간은 얼마나 되는가. 생각해 보시기 바랍니다.

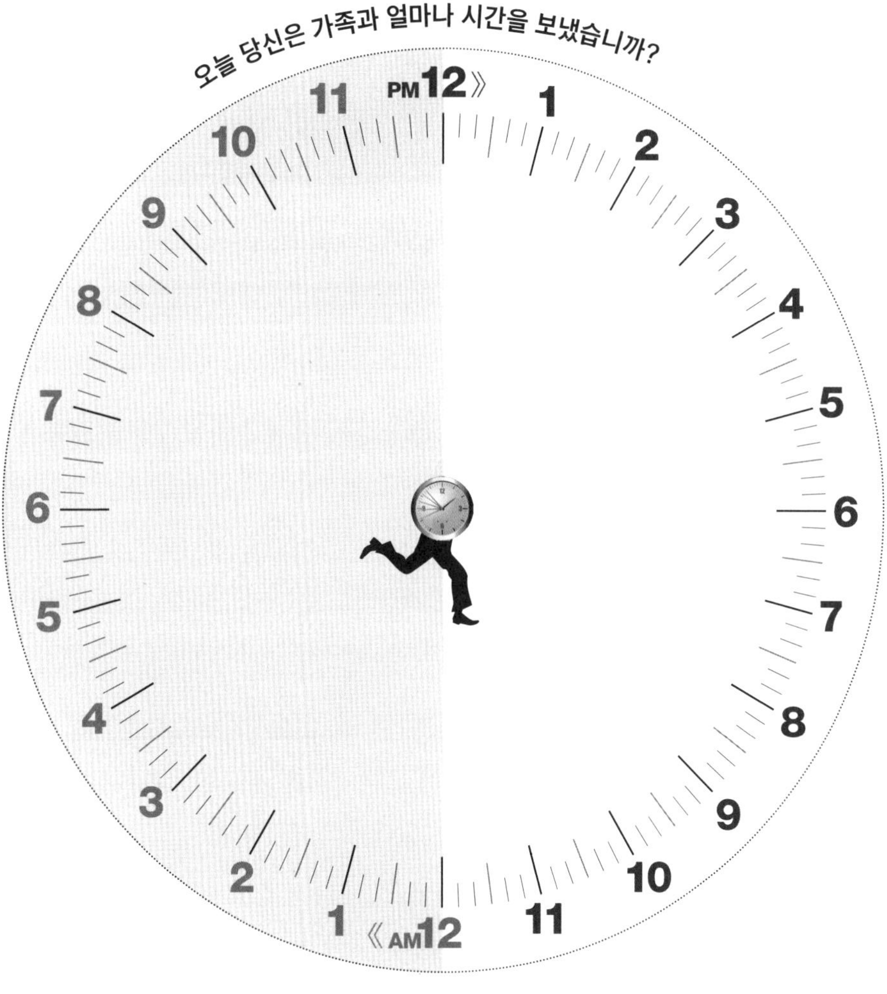

프리랜서 아나운서 오세영 씨의 하루

6:00~7:00	기상 후 샤워하고 신촌역에서 청담역으로 이동. 이동 중 우유로 식사
7:00~9:00	미용실에서 메이크업과 헤어
9:00~12:00	강남역으로 이동. 카페에서 언론고시 필기&면접 스터디
12:00~1:00	직장이 있는 혜화역 방송국으로 이동. 이동하면서 대본 외우고 타 방송사 지원서 수정. 점심은 삼각김밥으로 해결
1:30~4:00	방송국 차로 시청역으로 이동해 취재 및 인터뷰
4:00~6:30	신촌역으로 이동 후 과외 아르바이트
6:30~7:00	신촌 학원으로 이동(※이동시간에 약 10분간 SNS 등으로 가족 · 친구들과 연락)
7:00~10:00	신촌 아나운서 학원 수업
10:30~11:30	연세대 도서관에서 스터디 자료 정리
11:30~12:30	신촌 24시 카페로 이동해 도서관에서 공부하던 친구들과 토론 준비
1:00	귀가 후 취침 준비

대학생 박상현 씨의 하루

6:00~7:00	기상 후 집 부근에서 조깅
7:00~8:00	샤워 후 가족과 아침식사
8:00~11:00	면접 시험용 자료 준비
11:00~12:00	점심식사 후 외출 준비
2:00~4:00	지하철로 강남에 있는 3D 그래픽학원으로 이동 후 수강

4:00~5:30 지하철로 강남에서 평촌역으로 이동 후 저녁식사

5:30~10:00 평촌 근처 영어학원으로 도보로 이동해 고등학생 첨삭 아르바이트

10:00~11:30 헬스장에서 운동

11:30~12:00 귀가

12:00~1:00 면접 시험용 자료 준비

직장인 오세영(24세, 여) 씨는 바쁘다. 본인 표현을 빌리면 친구와 만나는 게 연례행사일 정도로 하루 24시간이 모자란다. 오전 6시에 시작되는 그의 하루는 다음날 오전 1시나 돼야 끝난다. 하루 두 끼를 지하철에서 삼각김밥 등으로 때울 때도 많다.

오 씨의 직업은 프리랜서 아나운서다. 서울 혜화동의 한 케이블방송국에서 일하고 있다. 속사정을 모르는 사람들은 부러워하지만 정작 그는 늘 불안하다. 신분이 불안정하기 때문이다. 오 씨 같은 비정규직 아나운서는 계약기간이 따로 없다. 방송 촬영 일정이 잡힐 때가 일하는 날이다. 수입도 들쑥날쑥하다.

오 씨는 촬영시간 외엔 주로 스터디를 하거나 학회에 참석한다. 더 안정적이고 여건이 좋은 정규직으로 이직하기 위해서다. 매일 오전 9시부터 3시간 동안 스터디를 하는데 이런 스터디가 3개나 된다. 매일 오후 7시부터는 3시간가량 아나운서 학원에도 간다. 학원에 가기 전에 짬을 내 과외 아르바이트까지 한다. 학원비와 생활비를 충당하기 위해서다. 오 씨는 "경력을 쌓고 공부를 더 해서 안정적인 직장으로 옮기고 싶다"며 "뭐라도 해야 한다는 강박감에 늘 쫓기듯 하루를 보내는 것 같

다"고 말했다.

오 씨는 '타임푸어 청춘'의 전형이다. 자기 계발 등으로 늘 시간이 부족하다고 여기며 만성적인 불안감에 시달리는 게 요즘 청춘 세대의 특징이다. 20대 대학생은 취직을 하기 위해, 30대 직장인은 더 좋은 자리에 오르기 위해 가열하게 하루를 소비한다. 이들은 공부나 업무에 하루 대부분의 시간을 투자하고, 남는 시간엔 학원 수업 등으로 자기 계발에 매진한다.

세속적 의미에서 출세가 목표라면 이렇게 시간을 소비하는 게 정답일지도 모른다. 하지만 문제는 청춘 세대의 대다수가 학업이나 회사 업무 등에 시달리느라 자기 자신을 성찰하거나 가족을 돌아볼 시간은 절대적으로 부족하다는 것이다.

오 씨의 경우도 하루 24시간 중 가족과 소통하는 시간은 10분 남짓이라고 했다. 그는 "하루에 10분 정도 카톡으로 부모님과 대화하거나 전화 통화하는 게 가족과 보내는 시간의 전부"라며 "부모님이 계신 부산에 가 본 지도 6개월이 넘었다"고 말했다. 24세인 오 씨가 지금과 같은 패턴으로 계속 바쁘게 지낸다면 평생 가족과 보내는 시간은 얼마나 될까. 한국인 여성의 평균 기대수명(약 85세)을 기준으로 보면 오 씨가 평생 가족과 함께 보낼 수 있는 시간은 약 154일에 불과하다는 계산이 나온다. 이는 가족과 보내는 시간의 총량으로 치자면 오 씨에게 불과 5개월의 시간밖에 남아 있지 않다는 뜻도 된다.

이처럼 요즘 청춘 세대는 소중한 가족과 점점 멀어지는 걸 알면서도 바쁜 삶을 멈추질 못한다. 최악의 취업난과 직장 내 치열한 경쟁 등으로 '일상=생존 투쟁'이란 등식이 청춘들의 의식 속에 깊이 뿌리박혀 있기 때문이란 게 전문가들의 진단이다. 실제로 대다수의 20~30대 청춘은 스스로의 일상이 지나치게 바쁘다고 인식하고 있었다. 취업포털 알바천국이 2030 직장인 663명에게 설문조사한 결과 응답자의 약 30%가 자신의 '타임푸어 지수'를 7~8점으로 꼽았다(※10점 만점. 점수가 높을수록 시간이 더 부족하고 바쁘게 지낸다고 생각한다는 뜻). 직종별로는 서비스 직종(9~10점)이 가장 바빴고, 연구 · 개발 · 기획 직군이나 영업 · 마케팅 직군도 전체의 30% 이상이 7~8점을 꼽아 바쁜 직종에 속했다.

시간이 부족하다고 여기는 건 대학생들도 마찬가지다. 대학생 1,125명을 설문조사한 결과 절반 이상(50.2%)이 자신의 타임푸어 지수를 5~8점이라고 답했다. 학년별로는 전체의 30%가 타임푸어 지수를 7~8점으로 꼽은 3학년이 가장 바빴다. 대학교 3학년 박상현(22세) 씨는 "여름방학이지만 취업 준비하랴, 아르바이트하랴 눈코 뜰 새가 없다"며 "너무 바쁘다 보니 친구 · 가족 등 대인관계에 소홀하게 됐다"고 말했다. 박 씨는 "가족들도 아침식사 시간에만 잠깐 보는 게 전부"라며 "취업을 하기 위해 정신없이 지내지만 정작 가족들과는 더 멀어지는 것 같아 종종 회의감이 들 때도 있다"고 덧붙였다.

채승기 기자의 취재 수첩

'먹고 대학생'이란 말이 있었다. '할 일 없이 놀고먹는 대학생'이란 뜻이다. 이제는 전설처럼 전해져 내려오는 말이기도 하다. 부모들은 고 3 아들 · 딸에게 "대학만 가면 저절로 살도 빠지고 미팅도 할 수 있다"고 말했다. 이 말을 믿고 대한민국 고 3들은 새벽별을 보고 등교하고 달빛을 맞으며 하교했다. 그렇게 고 3들은 지옥 같은 시간을 보내고 20살이 됐다. 하지만 웬열? 현실은 푸어(poor)하기 그지없다. 그제야 파릇파릇한 대학 신입생들은 속은 걸 깨달았다. 하지만 어쩔 수 없는 일이다. 당장 먹고 살려면 시간당 6,000원 남짓한 최저임금을 받으며(이마저도 안 주는 업장이 태반이다) 아르바이트를 해야 하고, 부족한 시간을 쪼개서 스펙도 쌓아야 한다. 토익 같은 영어공부는 필수다. 제2 외국어도 해야 하고, 컴퓨터 활용능력도 갖춰야 한다. "해도 해도 해야 할 일이 줄지 않는다"는 푸념이 괜히 나오는 게 아니란 얘기다.

기사를 쓸 당시는 8월. 대학생들의 방학기간이었다. '인턴은 필수'인 시대에 예전처럼 유유자적 배낭여행을 다닐 사치는 요즘 대학생들에겐 없다. 졸업을 앞둔 대학생들에게는 더욱 그렇다. 방학은 학기의 연장선상일 뿐.

"선배 너무너무 바빠요. 왜 이렇게 해야 할 일이 많은 거죠? 방학인데…."

스스로를 '부장인턴(하도 인턴을 많이 해서 부장 직급이 됐다는 뜻)'이라고 불렀던 인턴기자 A의 얘기에 '타임푸어 2030' 기획을 구상했다. A는 언론사 인턴이 이미 세 번째였다. 사기업 인턴을 하고도 또다시 언론사 인턴을 지원했다. 언론사 인턴을 하면 일반 기업에 취업할 때도 도움이 된다고 했다.

“요즘 인턴 2~3곳은 기본이에요.”

A는 대수롭지 않다는 듯 말했다. A는 인턴기자를 하면서도 퇴근 후에는 스터디를 했다. 하나는 흔히 말하는 취업스터디, 또 다른 하나는 언론사 대비 스터디. 주말도 오롯이 스터디에 반납한다.

‘혹시 A만 유독 그런 게 아닐까’ 하는 생각은 취재를 시작하면서 사라졌다. 요즘 2030은 정말 다들 말도 안 되게 바빴다. 취재해 간 내용을 보고하니 “이게 말이 되느냐. 제대로 취재를 다시 해보라”는 선배들의 타박을 들을 정도였다. 하지만 웬열. 2015년 대학생들은 이렇게 살고 있었다. 하루에 가족과 소통하는 시간이 채 10분이 안 될 정도였다. ‘뭘 위해 이렇게 바빠야 하나?’ 답은 하나였다. ‘취업!’ 상아탑(象牙塔)이라 불리던 대학은 어느새 취업사관학교로 변질됐다.

그렇다면 인턴기자 A는 어떻게 됐을까. A는 ‘채용형 인턴’에 지원해서 또 한 번 경쟁을 거친 뒤 다행히 한 사기업에 합격했다. 하지만 A는 여전히 스터디를 하고 있다. “취업을 했는데도 왜?”라고 묻자 “불안해서”라는 A의 대답이 돌아왔다.

아팠다…
'심신 건강한 사람' 구인 공고

서울 중구 중앙일보 스튜디오에 청춘 남녀 6명이 모였다. 누가 봐도 발랄한 20대들이지만 어딘가 조심스러운 발걸음이다. 지팡이를 두드리며 더듬더듬 자리를 찾는 이가 있는가 하면, 어떤 이는 손짓으로 글씨를 짚어 가며 대화를 했다. 한 여성은 다리를 절뚝거리며 느릿하게 스튜디오로 들어왔다.

박준성(20세) : 저는 앞이 잘 보이지 않아요. 시각장애 1급이거든요. 이 가운데 제가 막내 같네요? 하하.

김수진(21세) : 저도 시각장애 1급인데 아예 앞을 못 보는 건 아니고요. 점점 시력을 잃어 가는 중이죠. 제가 다니는 학교 재학생 가운데 유일한 시각장애인이 바로 접니다.

김준호(23세) : 저도 시각장애 1급이죠. 시각장애인 대학생회 회장을 역임했습니다.

류창수(25세) : 시각장애 1급이에요.

김선희(27세) : 지방에서 대학을 다녔어요. 사회복지학을 전공했고요. 졸업하고 취업 관문에서 장애가 있는 신체는 그야말로 장애물입니다. 일반 청년 실업률이 9%인데 반해 장애인 청년 실업률은 13.5%에 달합니다. 이 수치는 '장애 청춘'에 대한 우리 사회의 편견을 그대로 드러냅니다. 청춘리포트는 장애 청춘 6명을 만났습니다. 취업 문턱에서 장애인이기 때문에 겪어야 하는 험난한 장애물에 대해 이야기했습니다. 취업난은 장애 청춘들에겐 더 가혹한 현실이었습니다.

취직 원서를 수없이 넣어봤지만 결국 실패하고 현재 백수 신세예요.

정선혜(23세) : 저는 사회복지학을 전공했어요. 선천성 안면 기형과 언어 · 청각 장애가 있어서 말하고 듣는 게 조금 불편하죠. 취업이 어려워 고민이 많았는데, 공부를 더 하는 게 좋을 것 같아 행정대학원에 진학하기로 했어요.

그래, 그런 이유가 있었던 게다. 스튜디오에 들어설 때부터 어딘가 조심스러워 보였던 것은. 이날 중앙일보 스튜디오를 찾은 6명의 청춘 남녀는 시각 · 청각 · 지체 장애가 있는, 남들과 조금은 다른 청춘의 삶을 살아내고 있는 이들이었다. 청춘리포트는 이들의 솔직하고 생생한 이야기를 듣고 싶었다. '장애 청춘'으로 대학 생활을 하는 것에 대해. 그리고 비장애인도 넘기 힘들다는 취업 장벽 앞에서 장애가 있는 취준생(취업준비생)들은 얼마나 더 큰 좌절을 겪고 있는지….

전공들도 다양한데 어떤 직업을 가지고 싶으세요?

준성 : 교사가 아니더라도 교육 관련 일에 종사하고 싶어요.

선혜 : 사회복지학을 전공하고 아동복지와 관련된 일을 하고 싶었어요. 하지만 장애 탓인지 취업이 쉽지 않았어요.

수진 : 지금 전공(경제금융)을 좋아하는 만큼 금융권 쪽으로 가려고 합니다.

선혜 : 사회복지사가 되고 싶지만 취업이 쉽지 않으니…. 우선 대학원에 진학해 더 배워보려고요.(※청각 장애가 있는 선혜 씨는 기자가 노트북 화면에 띄운 글을 보면서 더듬더듬 대화를 이었다.)

준호 : 저는 전공이 많아요. 주전공 경영학에 부전공은 행정학, 사회복지학과와 신학은 복수전공입니다. 공부에 욕심이 있어 그렇기도 하지만 취업에 대한 불안함 때문이기도 해요. 비정부기구(NGO) 활동가를 목표로 삼고 있어요.

창수 : 대학 생활 8년 차(08학번)지만 여전히 직업을 찾는 과정입니다. 장애인들이 특정 직업을 가지려면 비장애인들에 비해 몇 배 이상 많은 노력이 필요해요.

교사, 사회복지사, 시민운동가, 금융직…. 예상보다 다양한 직업군이다. 하긴 미래를 꿈꾸는 데 장애와 비장애의 구분이 있을 리 없다. 하지만 꿈과 현실은 명백히 다르다. 장애가 있는 취준생이 마주해야 하는 장벽은 비장애인들이 상상할 수 없을 정도로 강고하고 높은 듯했다.

중증일수록 일자리 혜택 필요, 장애인 고용, 경증 장애 골라 뽑아

취업 준비를 할 때 가장 답답한 건 뭔가요?

준호 : 간접적으로 차별을 하는 경우가 많아요. 장애인을 뽑겠다고 해놓고 '심신

이 건강한 사람'이란 조건이 모집 공고에 버젓이 올라와 있는 식이죠. 면접 도중에 한 번 걸어보라면서 수치심을 주는 경우도 있고요. 많은 기업이 장애인 의무고용 제도를 시행하고 있긴 해요. 하지만 중증 장애인보다 경증 장애인이 주된 대상이죠. 장애인 의무 채용 제도가 실제론 경증 장애인을 선발하는 제도처럼 운영되고 있어요.

선희 : 지난해 졸업 후 지역 아동센터 40여 곳에 원서를 넣었는데 다 실패했습니다. 면접관이 "몸이 불편한데 네가 뭘 할 수 있겠느냐"는 식으로 질문해요. 심지어 "운전면허도 안 따고 뭘 했느냐"며 타박하기도 했죠.

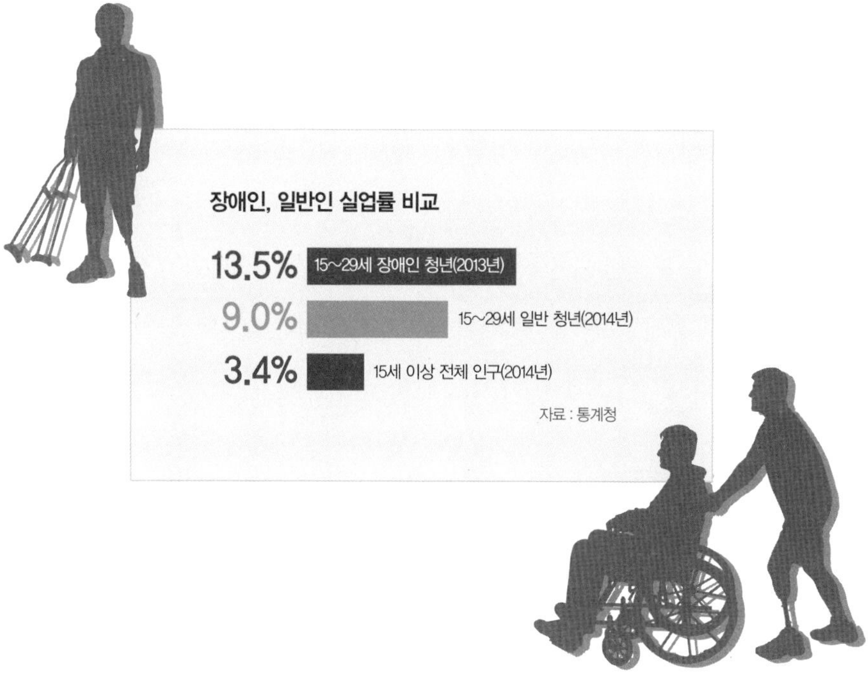

어학연수 등 스펙 쌓는 것도 많이 힘들죠?

수진 : 영어나 중국어 학원을 다니려 해도 칠판 수업으로만 진행되니 저 같은 시각장애인은 할 수가 없어요. 인터넷 강의로 소리를 들으며 겨우 뒤따라가는 정도예요.

준성 : 국가직 시험을 보려면 교재를 점자로 일일이 바꿔야 해요. 준비 시간이 많이 걸리죠. 비장애 학생들은 모집 공고가 뜨면 바로 공부하기 시작하는데 출발선부터가 다른 거죠.

청년장애인 실업률 13% 벽 높지만 실력으로 겨룬다면 경쟁 자신 있어

어떤 해법이 있을까요?

창수 : 몇 년 전 한국사 검정시험을 치르기 위해 국사편찬위원회에 전화를 걸었어요. 시각장애인이 시험 볼 수 있느냐고 물어보니 전례가 없다고 하더군요. 그래서 직접 국사편찬위 사무실에 가서 담당 직원을 만났습니다. 그분에게 컴퓨터를 사용하는 모습을 직접 보여드리고 답안 대리 마킹이 필요하다고 요청했어요. '그렇게 해봅시다' 해서 시험을 치렀더니 1급을 받았습니다. 그 이후로는 시각장애인을 위한 시험 양식이 계속 제공된다고 하더군요. 변화를 위해선 부딪쳐야 한다고 생각합니다.

선혜 : 장애가 있든 없든 취업난은 청춘들에게 똑같은 문제 아닌가요. 서로 연대감을 가지고 함께 고민했으면 좋겠어요.

한밤 뒤풀이서 사랑 얘기로 하얗게 밤새우는 그들도 청춘

인터뷰 3시간째. 어느덧 밤 11시를 넘어가고 있었다. 슬슬 허기가 찾아들었다. 인근 순댓국집으로 옮겨 이야기를 이어갔다. 비장애인 기자와 장애 청춘들이 순댓국을 놓고 마주 앉았다. 늦은 저녁을 먹는 동안 장애와 비장애의 경계는 흐릿해졌다. 겨울이 깊어 가는 늦은 밤. 머리 아픈 취업 얘기 대신 각자의 연애담으로 우리는 내내 유쾌했다.

정종훈 기자의 취재 수첩

푸릇푸릇한 20대 장애 청춘 남녀 6명과의 만남. 이들은 '장애'라는 두 글자가 더 붙어 있을 뿐이었다. 하지만 취업 문턱에서 이들이 가진 장애는 '아픔', '분노', '절망' 등 여러 가지 단어를 안겨줬다. 누군가는 눈이 좋지 않아서, 누군가는 다리가 불편해서, 또 다른 누군가는 언어구사와 청각이 남들과 다르다는 이유에서였다. 평소 무심코 넘겼던 '심신이 건강한 사람' 공고에 상처를 받는다는 사실도 처음 알게 됐다. '장애는 다 똑같은 장애'라는 막연한 생각도 마찬가지. 장애별로 일할 수 있는 영역이 다르고 중증 · 경증 등 장애급수에 따라 기업의 태도가 달라진다는 말에 충격을 받았다.

그래서일까. 섭외 과정은 쉽지 않았다. 무작정 장애인 단체에 연락해 장애 청춘들을 찾아보려고 했지만 진행이 더뎠다. 어렵게 장애 대학생 모임을 찾거나 지인의 도움을 받아 연락했지만 대부분 조심스러워했다. '취직도 어려운데 장애가 알려지면 어떡하나'란 고민이었다. 하지만 여섯 청춘이 한자리에 모이자 분위기는 달라졌다.

자기소개를 하면서 어색함을 조금씩 풀었다. 교사, 금융직, 사회복지사…. 가슴속에 품었던 꿈도 하나씩 풀어냈고 취업 준비 과정에서 경험하는 생생한 고충을 공유했다. 취업난은 장애 · 비장애 상관없이 겪는 일인만큼 청춘들이 연대감을 갖고 고민하자는 속 깊은 대화도 이어졌다. 인터뷰 후에 이어진 사진 촬영에선 모두가 '얼굴 공개'에 동의했다. 당초 몇몇은 '글'만 싣는 데 동의했었다. 하지만 "저희 이야기와 사진이 꼭 나가서 현실이 조금이라도 바뀌었으면 좋겠다"는 바람으로 마음을 바꿨다. 유쾌하지만 가볍지 않은 기사가 그렇게 완성됐다.

편하게 하고 싶은 얘기는 취재 후 '뒷풀이'에서 쏟아져 나왔다. 당초 1시간 정도로 예상했던 인터뷰가 2시간을 훌쩍 넘긴 덕분이다. "배고파요"라는 볼멘소리에 순댓국과 소주를 함께 하게 됐다. 그들은 장애가 있을 뿐 연애에 있어서는 또래들과 다를 게 없었다. 여자친구와 왜 다투는지, 어떻게 데이트를 하는지 등등 시시콜콜한 경험담이 쏟아졌다. 내가 직접 '연애 선배'로서 가벼운 조언을 해주기도 했다.

장애 청춘들은 붉어진 얼굴로 소주가 찰랑거리는 술잔을 곧잘 받아마셨다. 새벽까지 술을 '퍼마시다' 집에 늦게 들어가는 경우가 흔하다고 했다. 시각장애 대학생들끼리 모여서 MT도 간다고 했다. '장애인 청년들은 뭔가 크게 다를 것'이라는 선입견은 웃음과 함께 사라졌다. 그들도 똑같은 청춘이었다.

두 달 급여 79만원 '열정페이' … 내 열정이 아깝네요

4장

취업에 골인했다 그런데 이러다간 골로 가겠어

정강현 팀장의 청춘레터

'미생'과 '송곳' 사이

직장은 참 묘한 곳입니다. 들어가기는 힘든데 나오는 건 초간단입니다. 예컨대 우리는 이런 이야기에 익숙합니다.

서울의 한 명문대를 졸업한 B씨는 최악의 취업난을 뚫고 중견기업 A사에 들어갔습니다. 그는 처음 3년간 죽을힘을 다해 일한 끝에 우수사원으로 선정됐습니다. 직장 상사의 괴롭힘과 지저분한 거래처 접대를 견뎌낸 결과이기도 합니다. 그런데 어느 날 회사가 구조조정을 단행한다는 소문이 들렸습니다. B씨는 설마 우수사원인 자기를 자르겠느냐 싶었습니다. 하지만 며칠 뒤 B씨는 정리해고자 명단에서 자신의 이름 석 자를 발견했습니다. 우수사원인 자신은 해고됐지만 실적은 좀 떨어져도 사내 정치에는 밝았던 동료 C씨는 살아남았습니다. 노동조합에 기대보려 했지만 그마저도 여의치 않았습니다. B씨는 결국 한줌의 퇴직금을 받아들고 회사를 나와 다른 직장을 알아보는데….

문학 이론 쪽에선 사회의 핵심적인 문제를 드러내는 사례를 전형적이라고 하는데, 그런 의미에서 이 이야기는 청춘 세대의 한 전형에 해당됩니다. 2030세대라면 누구나 B씨와 같은 선후배, 동료가 한 명쯤은 있습니다. 밥벌이 기회조차 획득하기 힘들지만, 밥벌이를 시작한다 해도 그 밥벌이로부터 추방당할까 두려워하며 살아야 하는 게 요즘 청춘들입니다.

따지고 보면 역사상 요즘 청춘 세대처럼 우수한 인력은 없었습니다. 뛰어난 어학 능력에 각종 자격증, 연수 · 인턴 경험 등. 하지만 이토록 뛰어난 능력을 갖추고도 직장에서 잘려나갈까 염려해야 하는 게 지금의 한국 사회입니다. 한 대기업이 신입사원들까지 정리해고 명단에 올렸다는 소식에 온 사회가 공분했지만, 그런 일쯤 아무렇게나 해내는 게 요즘의 한국 기업입니다.

김기택 시인은 〈사무원〉이라는 시에서 회사원의 삶을 '의자 고행'이란 말로 표현합니다. 시에는 하루 종일 의자에 앉아 일을 하는 한 회사원의 따분한 일상이 수도승의 고행처럼 묘사되는데, 특히 지금의 청춘 세대와 공명하는 대목이 있어 옮겨봅니다.

> 그리 부르든 말든 그는 전혀 상관치 않고 묵언으로 일관했으며/다만 혹독하다면 혹독할 이 수행을/외부압력에 의해 끝까지 마치지 못할까 두려워했다고 한다/그나마 지금껏 매달릴 수 있다는 것을 큰 행운으로 여겼다고 한다.

요즘 청춘들은 직장 생활을 갑자기 그만둘까 두려워하며 매달릴 직장이 있다는 걸 행운으로 여깁니다. 힘들게 취업해 손쉽게 잘려나가는 게 일상이 될까 염려합니다. 나라 경제가 기울어가는 상황에서 청춘 세대의 설 자리가 더 좁아지고 있기 때문입니다. 실제로 청춘리포트가 관찰한 세상에선 최저임금도 채 되지 않는 돈을 쥐어주며 고학력 인턴을 착취하고, 인턴사원에게 빨래 같은 사적인 일까지 떠맡기는 일들이 심심찮게 벌어졌습니다. 갓 직장에 들어간 청춘들 역시 직장 상사의 괴롭힘을 견디며 저마다 '의자 고행'을 수행 중이었습니다. 상사에게 잘못 보였다가 혹 잘리기라도 한다면 또다시 밥벌이가 막막해질 수밖에 없으니까요.

드라마 〈미생〉은 불안한 직장생활을 견뎌야 하는 청춘의 삶을 잘 보여줬습니다. 2030세대는 드라마 속 장그래나 안영이에 감정을 포개가며 마치 자신의 이야기처럼 받아들였습니다. 이 드라마를 보는 청춘들 사이에는 감정의 공유라는 사건이 벌어졌는데, 아쉽게도 그 사건이 부조리한 현실에 분노하고 행동하는 데까지 이어지진 못했습니다.

직장생활을 다룬 비슷한 드라마로 〈송곳〉도 화제였습니다. 이 드라마는 직장 생활의 불합리함을 노동조합을 통해 문제 제기하는 청춘들을 다루고 있습니다. 그러나 〈송곳〉은 〈미생〉에 비교하자면 흥행에 참패한 드라마가 되고 말았습니다.

〈미생〉의 흥행과 〈송곳〉의 참패. 저는 이 엇갈린 결과에 요즘 청춘들이 직장생활을 대하는 복잡한 심리가 투영돼있다고 보는 편입니다. 〈미생〉이 보여준 불합리한 직장생활에 공감하고 불편해하면서도 〈송곳〉처럼 그 현실을 개선하는 데 앞장서고 싶지는 않은 복잡한 마음 말입니다. 취업난을 뚫고 가까스로 취업한 청춘들은 '미생'과 '송곳' 사이에서 불안한 직장생활을 견디는 중입니다.

두 달 급여 79만 원 '열정페이' 내 열정이 아깝네요

요즘 노동시장에는 이상한 계산법이 떠돕니다. '청춘의 열정=저임금 노동.' 기업들이 취업난을 겪는 청춘들의 열정을 빌미 삼아 헐값으로 노동력을 착취하는 걸 비꼬는 등식입니다. 최저임금(시급 5,580원)에도 못 미치거나 아예 무급으로 일하는 청춘이 많습니다. 더 나은 미래를 위해 '열정페이'를 견디고 있는 청춘 3명을 심층 인터뷰했습니다. 다음은 인터뷰 내용을 토대로 1인칭 시점으로 재구성한 기사입니다.

이모(28세, 남) 씨, 방송국 시사 프로그램 제작 보조 아르바이트

덮어 놓고 "오케이(OK)"했다. PD 지망생에게 그건 선택의 대상이 아니었다. 건너 건너 알게 된 PD님에게 연락이 왔다.

"일 거들면서 방송이 어떻게 돌아가는지 구경이나 해라."

벅차올랐다. 열정이 아니라 영혼이라도 바칠 기세였다.

내가 일한 곳은 '열정페이' 문제를 다루는 방송 프로그램 제작 현장이었다. 취업

이 다급한 청년들의 열정을 이용해 저임금으로 노동력을 착취하는 현장을 고발하는 내용. 하지만 나는 몰랐다. '열정페이'를 고발한다는 그 프로그램이 '열정페이'를 악용하는 바로 그 현장이었다는 것을.

방송국에선 근로계약서 한 장 없이 일부터 시켰다. 일정 기간이 끝나야 임금을 통보받았다. '우린 아쉬울 게 없지만 네가 원하니까 일할 기회를 준다'는 식. 일은 무작위였다. 제보 전화를 받다가 출연자가 도착하면 마중을 나갔다. 틈틈이 세트와 촬영장비도 챙겼다. 오전 9시에 나가 늦게는 오후 11시까지 일했다. 무명 배우들의 사연을 받는 날엔 하루 100명도 넘는 이와 통화했다. 주로 방송국에서 임금을 착취당했다는 제보였다. "계약서 한 장 안 쓰고 굴리더니 말도 안 되는 액수를 던져주더라" 등등. 구구절절 내 얘기처럼 들려 가슴이 떨렸다.

방송국에선 제작이 끝나야 돈을 준다고 했다. 어쩔 수 없이 아르바이트를 하나 더 구했다. 방송국 일 마치자마자 마라톤 행사업체에서 일하고 집에 오면 자정이었다.

방송국에서 두 달간 일한 대가는 79만 원. 시간당 1,681원을 받은 셈이다. 최저임금(5,580원)보다 약 4,000원이나 적은 액수. 두 달간 매주 5일씩 빠짐없이 나갔는데 일한 날로 쳐 준 건 열흘 정도였다. 제작국 안에서 한 일은 모두 봉사로 쳤단다. 서러웠다. 말로만 듣던 열정페이 현장에서 제대로 이용당했구나 싶었다.

취업 면접관들은 습관처럼 묻는다.

"졸업하고 뭘 했나요?"

이 질문에 답하려면 저임금이든 무급이든 경력을 쌓아야 하는 게 요즘 청춘들의 현실이다. 이제 다큐 프로그램을 보면 피고름내가 난다. 수많은 청춘의 열정을 착취해 만든 한 컷 한 컷을 보면.

정모(26세, 여) 씨, 영화 홍보사 인턴

영화 홍보 회사에 인턴으로 입사한 지 4개월이 지났다. 계약서상으론 인턴 기간 동안 오전 10시부터 오후 7시까지만 근무해야 하지만 실제로는 밤 10시 전에 사무실을 나서본 적이 없다. 12시가 넘어 퇴근하는 날도 부지기수. 한 달에 서너 차례는 홍보하는 영화 시사회를 진행하기 위해 토요일도 회사에 나온다. 그렇게 죽어라 일해 주어지는 월급은 90만 원. 이 돈은 점심값 12만 원, 하숙비 45만 원, 용산 자취방과 강남구 회사를 오가는 왕복 지하철비 4만 6,000원. 매달 61만 6,000원이 고정비용으로 빠진다. 커피값 등 나를 위해 허락된 사치비용은 한 달에 28만 4,000원 정도다.

하루 중 가장 큰 즐거움은 집에 돌아와 오전 1시까지 〈라디오스타〉 같은 예능 프로그램이나 인기 드라마를 다운로드 받아 보는 것. 하지만 화장품을 사거나 주말에 친구를 만나 맛집에 가는 것처럼 드라마 속 직장인들의 흔한 소비도 나에겐 그림의 떡이다.

매일 점심, 회사 동료와 회사 근처에서 가장 저렴한 백반집을 찾아 6,000원짜리 김치찌개와 불고기백반을 시켜 나눠 먹으면서도 '혹시나 오늘 저 친구가 쏘지는 않을까' 기대를 하는 게 현재 나의 처지다.

하지만 영화에 대한 열정 때문에 열악한 근무조건에도 다른 곳으로 가지 못하는 사람들이 모인 게 이 바닥이다. 누군가 그만둬도 영화 관련 일을 하고 싶어 하는 청춘 수백 명이 해외대학 졸업장 등 각종 스펙으로 무장한 지원서를 들고 차례를 기다리고 있다.

나도 드라마 PD나 영화 관련 일을 하고 싶어 이곳에 왔다. 지금 하는 일 자체는 좋다. 개봉 영화가 나오자마자 스토리를 체크하고, 선배들과 감독에 대해 얘기하고, 홍보 기획을 짜는 게 좋다. 영화 생각을 이렇게 많이 할 수 있는 회사는 여기뿐이다. 이곳은 나 같은 인턴 두 명과 입사 1~2년차 선배 두 명의 '열정'으로 굴러간다.

요즘 내 통장에는 매달 90만 원이 찍힌다. 내 열정과 노력의 대가가 고작 저 정도라고 생각하면 조금 억울해진다. 경력이 쌓이면 좋아하는 일 하면서도 괜찮은 급여를 받을 수 있을까. 한 달에 딱 200만 원만 받을 수 있다면 평생 이 영화 일에 매달릴 텐데….

임모(30세, 여) 씨, 유엔 산하 여성지위위원회(CSW: The Commission on the Status of Women) 뉴욕 현지 인턴

'유엔 인턴은 원칙적으로 무급. 정규직은 석사 이상.'

10년에 한 번씩 공석이 나고 전 세계 수천 명과 경쟁하는 자리. 박봉이지만 내가 가장 하고 싶은 일, 유엔난민기구(UNHCR)나 유엔환경프로그램(UNEP)에서 정규직으로 일하는 거다. 그곳에서 일하며 시리아 · 아프가니스탄 등 학교가 부실한 나라에서 태권도도 가르치고 싶다.

꿈이 자리 잡은 건 열일곱 살 때다. 형편이 어려워 화장실과 세면대도 없는 집에서 끓인 물을 찬물과 반반 섞어 씻고 먹었다. 그러다 나와 마찬가지로 난민처럼 살면서 버려진 아이들에게 눈이 갔다. '세상에서 제일 힘들고 도움이 필요한 사람들에게 가겠다' 몇 번이고 다짐했다.

혼자 힘으로 고교에 입학해 영어 · 프랑스어를 공부했다. 악착같이 준비해 2012년 1월 유엔 여성지위위원회 인턴이 됐다. 뉴욕에서 꿈에 그리던 일을 하게 됐다는 기쁨도 잠시, 이곳은 또 다른 착취의 현장이었다. 뉴욕행 비행기표, 집세, 식비 모두 자기 부담이었다. 하루 8시간 동안 각종 잡무를 처리했고 통 · 번역을 했다. 급여는 0원. 많은 친구가 인턴을 마치지 못하고 그만두는 이유를 깨달았다.

뉴욕에선 도시락을 싸고 궁상을 떨며 생활비를 아껴도 한 달에 500달러(당시 59만 원) 정도 들었다. 싸게 구했다고 좋아한 집은 바퀴벌레 소굴이었다. 일을 하면 할수록 통장 잔액이 줄어 퇴근 후에는 한인 식당에서 아르바이트를 했다. 나는 그렇게 '국제 열정노예'가 됐다.

내 스펙은 모두 무급 노동의 결과다. 2009년부터 2013년까지 케냐 몸바사 등에서 에이즈에 걸린 아이들에게 태권도를 가르치고, 네팔의 학교에서 컴퓨터를 가르치는 등 봉사활동을 지속했다. 이 과정에서 두 차례 말라리아에 걸리기도 했다.

나는 지금 뒤늦게 대학에 다시 입학해 공공정책을 공부 중이다. '국제 열정노예'라고? 내 열정이든 몸이든 마음대로 착취하시라. 나는 꼭 하고 싶은 일을 할 거니까.

채윤경 기자의 취재 수첩

내 첫 노동의 대가는 시간당 4,000원이었다. 2005년 수능을 막 마치고 한 아르바이트니 지금 생각해봐도 굉장한 금액이었다. 폐점을 앞둔 점포만 골라서 찾아다니며 일주일 정도만 장사하고 다른 지역으로 옮기는 이른바 '깔새'에서 전단지를 돌리는 일이었다. 묵은 화장품 재고를 판매하는 업체 주인은 '재고정리'라는 현수막을 내걸고 마지막인 것처럼 아줌마 손님들을 끌어 모았다. 실은 그 자리에서 장사를 한 적이 없었으면서 말이다. 나는 그 앞을 오가며 전단지를 돌리고 손님을 안으로 끌어들이는 역할을 했다. 추위가 절정에 달했던 12월 말과 1월 초 열흘간이었다.

그렇게 해서 하루 2만 7,000원을 벌었다. 8시간 노동에 3만 2,000원을 받았는데 그중 5,000원을 떼어 소개비, 밥값과 차비로 썼다. 좀체 돈이 모이지 않았다. 내가 몸값보다 많은 돈을 쓰는 인간이었다는 걸 그때 처음 깨달았다.

그 뒤로도 내 몸값은 크게 오르지 않았다. 취업이 뜻대로 안 됐고 미래가 불투명해지면서 불안이 커졌다. '지금 중요한 것은 시급이 5,000원이냐 6,000원이냐가 아니다'라는 생각이 들었고 아르바이트보다 낮은 시급으로 일하더라도 '인턴' 자리라면 어디든 달려갔다. 돈의 공백보다 경력의 공백이 더 두려웠다. 영원히 시급 5,000원으로 살 수는 없었으니까.

한 언론사에서 인턴을 했다. 정말 많이 배우는 시간이었다. 오전 9시에 출근해서 늦은 밤 10~11시까지 일하는 것이 일상이었다. 한 달에 50만 원을 받았다. 차비와 밥값,

휴대폰비는 낼 수 있었다. 다만 그 밖의 생활비는 도무지 해결이 안됐다. 지나가는 말로 부장에게 물었다.

"저희 월급이 너무 적은 거 아닌가요? 하하."

답은 단호했다.

"돈을 주는 걸 다행으로 여겨. 전에 인턴들은 그런 것 없었어. 인턴 받으면 얼마나 고생인 줄 아냐. 우리가 왜 너네에게 돈을 줘가며 가르쳐야 하는지 모르겠다."

나는 저 발언이 인턴에 대한 기성세대의 인식을 명확히 드러내 보이는 말이었다고 생각한다. 젊음은 돈으로 살 수 없어도 젊은이는 헐값에 살 수 있다고 생각하는 것이 한국사회이다. 열정페이를 고발하는 프로그램을 만드는 방송국에서도 열정페이로 사람을 부리는 게 현실이다. 일자리를 구하는 사람은 늘 줄을 서 있으니까.

여러분에게는 더 웃지 못할 경험들이 있을 거라고 생각한다. 기사에서 보는 세 가지 사례는 그중 나은 편이라고 느끼는 분들도 많을 것이다.

나는 계속해서 고발하고 시정을 요구하겠다. 여러분은 단호히 거부하고 맞서시길 바란다. 그리고 여러분이 취업을 해 선배가 되거든 이 잘못된 노동착취의 현장을 남의 일인 것처럼 보아 넘기지 말길 부탁한다. 그것이 우리가 후배들에게 또 다른 '갑'이 되지 않는 거의 유일한 방법일 것이다.

부장 딸 숙제에 사장 빨래까지. 왜 참느냐고요? 인턴이니까

"명희씨 영어 잘하잖아, 내 딸 과제 좀…"

"아침에 출근할 때 김밥, 샌드위치 부탁해."

최악의 취업난 속에서 이력서에 한 줄이라도 더 적어야 하는 청춘들이 인턴 모집에 몰려드는 시기입니다. 요즘은 인턴 채용 역시 바늘구멍이어서 많게는 100대 1의 경쟁률을 훌쩍 넘어서기도 합니다. 사정이 이렇다 보니 대학생 인턴사원은 우리 사회에서 을(乙) 중의 을로 여겨지고, 일부 기업은 그들에게 갑(甲)의 횡포를 마구 휘두르곤 하죠. 상사에게 아무렇게나 휘둘리는 인턴들을 일컬어 '인턴 셔틀'이라고 부르는 자조적인 표현도 등장했을 정도죠. 청춘리포트는 요즘 인턴사원들의 눈물겨운 적응기를 취재했습니다.

"위원장님 출근 전에 커피 준비는 필수야."

"공사 감독하느라 옷이 더러워졌네. 빨래 좀 해줘."

일러스트 : 김회룡 기자

말은 한 시대를 담아내는 그릇이다. 예컨대 '셔틀(Shuttle)'이라는 영어 단어의 뜻이 휘어져 사용되는 세태는 어떠한가. 셔틀이란 본디 특정 지점을 오가는 탈것(버스 · 기차 등)을 뜻하는 말이다. 하지만 한국 사회에선 학교 폭력의 한 양태로 이 말이 사용됐다. 우리 사회에서 '셔틀'이란 말이 재정의된 것은 다음과 같다.

> 셔틀(Shuttle) : 학교 폭력의 일종으로, 가해 학생들의 강요에 의해 심부름을 하는 학생들을 총칭하는 신조어.

이처럼 셔틀은 이른바 '일진 학생'들로부터 심부름을 강요당하는 힘이 약한 학

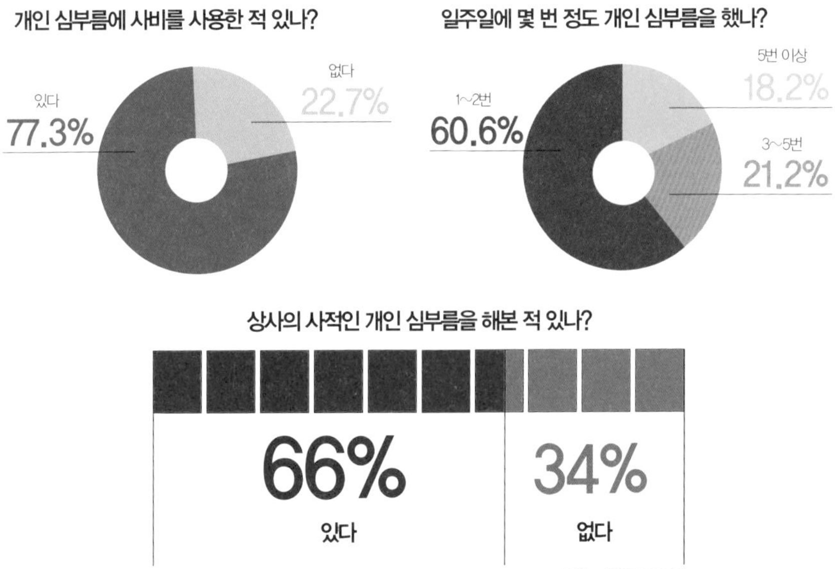

조사 : 청춘리포트 팀
인턴 활동 경험 있는 20대 남녀 100명 대상

생들을 일컫는 말로 그 뜻이 바뀌었다. 빵 셔틀, 가방 셔틀, 숙제 셔틀 등 종류도 다양하다.

그런데 여기 '우리도 셔틀이다'고 외치는 또 다른 청춘들이 있다. 다름 아닌 기업 · 공기업 등에서 일하는 인턴사원들이다. '중 · 고등학교도 아니고, 알 만한 사람들이 모인 집단에서 웬 셔틀?' 얼핏 고개가 갸우뚱해질 법하다. 하지만 "우리는 취업에 저당 잡힌 약자"라고 자조하는 인턴들에게 셔틀은 그리 멀지만은 않은 단어다. 청년실업자 44만 명 시대(2015년 상반기 기준), 직장 구하기가 바늘구멍 통과하기보다 어렵다는 취업 전쟁 속에서 인턴은 취업준비생과 대학생들이 거쳐야 할 필수코스처럼 인식되고 있다. 자기소개서에 한 줄이라도 더 쓸 수 있는 귀한 경험인 셈이다.

인턴활동은 이런 그들이 설렘 반 두려움 반으로 취업시장에 첫발을 내딛는 순간이다. 친구, 대학 선후배들과는 전혀 다른 직장 선배들을 처음 대면하는 순간이기도 하다. 모든 게 얼떨떨하고 조심스러운 인턴들에겐 부당한 상사의 개인적 심부름 따위는 문제 삼을 여유조차 없는 게 현실이다. 지난 여름방학에 한 대기업에서 인턴활동을 했던 강모(24) 씨는 "내가 왜 이틀에 한 번꼴로 상사의 개인 심부름을 하고 있나 하면서도 회사 사람들에게 밉보이기 싫어 내색할 수 없었다"고 말했다.

실제 청춘리포트 팀이 최근 1년 내에 인턴활동 경험이 있는 20대 100명을 상대로 설문조사를 했더니 응답자의 66%가 "업무와 상관없는 상사의 개인 심부름을 해 본 적이 있다"고 답했다. 심부름을 한 경험이 있는 응답자 중 '주 3일 이상 했다'고 응답한 비율은 39%였고, '사비로 심부름한 적 있다'고 답한 비율도 23%에

'셔틀은 싫어요' 인턴 사원 말! 말! 말!

"매일 팀장님 mp3 음원 다운로드 받느라 지쳐요."

"부서원 생일파티 후 뒤처리는 언제나 제 몫…."

"부장님 출퇴근 기록을 왜 제가 할까요?"

"커피 심부름 시키고 돈 안 주시면 가슴 철렁해요."

"취업에 불이익 있을까 어디에 말도 못해요."

달했다.

청춘리포트 팀은 설문에 응답한 청춘 4명을 직접 만나 심층 인터뷰를 진행했다. 사회생활의 사각지대에서 앳된 얼굴로 고군분투하는 그들에게 물었다.

'당신은 어떤 셔틀이었나요?'

상사 자녀 자소서 셔틀

서명희(25세) 씨는 6개월 동안 한 공기업에서 인턴으로 일했다. 처음 해 보는 인턴활동이라 '열심히 해서 인정받자'는 의욕도 충만했다. 며칠 뒤 부서 A부장이 서 씨를 불렀다.

"명희씨 영어 잘한다며?"

A부장은 한글로 된 발표문 뭉치를 서 씨에게 건네며 영어 작문을 시켰다. 업무

와 관련된 일인 줄 알고 열심히 작문했지만 알고 보니 대학생인 부장의 딸이 광고 공모전에 낼 과제였다. 온몸에 힘이 빠졌다.

"명희 씨는 PPT도 잘 만들잖아."

부장은 발표문 영작도 모자라 PPT까지 만들라고 지시했다. 서 씨는 얼굴도 본 적 없는 부장 딸의 과제를 하느라 그로부터 2주 동안 매일 오후 9시를 넘어 퇴근했다.

'과제 셔틀'의 악몽은 끝이 아니었다. 부장은 이후에도 딸이 대학생 기자단, 기업 서포터스 등을 지원할 때마다 자기소개서와 발표문 작성을 서 씨에게 맡겼다. "발표문 양식을 좀 더 깔끔하게 바꿔보지?", "분량이나 주제가 좀 안 맞는 것 같은데…." 부장의 요구는 점점 까다로워졌다. 서 씨는 "공기업 특성상 위계가 엄격해 불만을 표출하는 것은 생각지도 못했다"며 "'인턴한테 맡겨 점수 못 받았다'는 얘기가 나올까 봐 근무시간을 넘겨가며 매달리면서도 하소연할 곳도 없었다"고 말했다.

밥 셔틀

두 달간 한 유명 외국계 은행에서 회계 사무직 인턴으로 일했던 김진아(21세) 씨는 "내가 인턴인지 음식점 배달 직원인지 헷갈린 적이 많았다"고 했다. 떨리는 첫 출근을 하고 난 다음 날 아침, 김 씨의 휴대전화에 B팀장의 카카오톡 메시지가 떴다.

'회사 옆 분식집에서 김밥 좀 부탁.'

김 씨는 오늘 팀장님이 바쁜가 보다 싶어 군말 없이 김밥을 사서 팀장에게 전해줬다. 하지만 이는 시작에 불과했다. B팀장은 다음 날 아침엔 샌드위치를, 그다음 날엔 도시락을 주문했다. 팀장의 카톡엔 부탁이란 말은 사라지고 메뉴 이름만 남았다. 아침뿐 아니라 점심, 심지어 저녁 식사를 사오는 일까지 있었다. 팀장이 먹고 남긴 음식이나 쓰레기 등의 뒤처리도 김 씨의 몫이었다.

더욱 힘들었던 건 '밥 셔틀'을 할수록 김 씨의 주머니도 가벼워졌다는 점이다. 팀장이 바쁘다는 핑계로 종종 밥값을 주지 않으면서다. 김 씨가 인턴활동을 하면서 받은 돈은 한 달 120만 원, 이 중 25만 원 정도가 팀장의 식비로 나갔다. '밥 셔틀'은 한 임원이 음식을 싸 들고 뛰어가는 김 씨를 우연히 발견한 뒤 B팀장에게 불호령을 내린 뒤에야 끝났다. 김 씨는 "지방에서 올라와 고시텔에서 살면서 밥을 못 챙겨 먹는 일이 많았다. 일은 배우지도 못하고 팀장님의 음식 심부름꾼이 된 것 같아 너무 비참했다"고 말했다.

주차장 대기 셔틀, 빨래 셔틀까지

3개월간 한 공기업의 청년인턴으로 일했던 강하나(25세) 씨. 강 씨의 일과는 매일 아침 건물 주차장에서 C위원장의 차를 기다리는 것으로 시작됐다. 위원장이 차에서 내리면 강 씨는 미리 준비한 녹차나 커피를 건넸다. 하루는 지각을 했더니 부장이 "왜 위원장님 커피를 준비해 놓지 않았느냐"고 나무랐다. 다음 날부터 강 씨는 출근 시간보다 10~20분 먼저 와 주차장 근처에서 대기했다. 강 씨는 "부당하다고 느끼면서도 혹시라도 취업에 불이익이 생길까 봐 항의하지 못했다"고 말했다. 3개월의 인턴생활 동안 강 씨가 가장 듣기 싫었던 것은 "여기만큼 일하기 좋은 데도 없다"는 부장의 입버릇 같은 말이었다.

한 외국계 기업에서 3개월간 인턴으로 근무했던 최영현(24세) 씨도 '평생 잊지 못할 경험'을 했다. 이 기업의 D사장이 사무실 내부 공사를 감독하던 중 더러워진 바지와 셔츠를 건네며 "빨래 좀 하라"고 지시했기 때문이다. 세탁 용품도 갖춰지지 않은 회사 화장실에서 최 씨는 비누와 찬물로 사장의 옷을 빨았다. 이런 '빨래 지시'는 이후 세 번이나 계속됐다. 빨래의 충격이 겨우 가실 때쯤 사장은 최 씨에게 아들 자취방에 있는 짐을 사무실로 옮기라고 지시했다. 결국 참다못한 최 씨는 퇴사를 했다. 최 씨는 "힘없는 인턴이라 이런 대우를 받는 건가 하는 자괴감을 견딜 수 없었다"고 말했다.

전문가들은 '교육생'인 동시에 '근로자'라는 이중적 시선을 받는 인턴의 처우 개선이 필요하다고 지적한다. 한상희 건국대 법학전문대학원 교수는 "선진국들은 인턴의 성격을 교육생과 실무노동자로 나누어 법적으로 다르게 취급한다"며 "교육 목적이 분명한 인턴의 경우 확실한 교육 기준을 명문화하고, 실무노동형 인턴의 경우 근로기준법에 합당한 처우를 해야 한다"고 말했다.

손국희 기자의 취재 수첩

바둑에선 독립된 집이 최소 2개 있어야 돌이 살 수 있다. 미생(未生)은 이런 최소 조건을 갖추지 못한 상태를 말한다. 아직 살아있지 않은, 그렇다고 죽은 돌이라고 단정할 순 없는. 돌을 어떻게 배치하고 이어 나가느냐에 따라 바둑판에서 살아남을 수도, 죽을 수도 있는 거다.

어느 만화 제목처럼 미생은 인턴과 많이 닮았다. 대기업이나 공기업, 심지어 국회나 정부기관까지 수많은 청춘들이 인턴이란 명함을 달고 미생에서 완생으로의 변신을 꿈꾼다. 청춘리포트 '인턴 셔틀' 기획은 그런 미생들에 대한 이야기다. 이 기사의 취재엔 중앙일보 대학생 인턴기자들이 함께했다. 처음 인턴의 처우에 대한 아이디어를 낸 것도 인턴기자였다.

취재 전엔 인턴에 '셔틀'이란 단어를 붙일 수 있을지 고민스러웠다. 셔틀은 '일진'들이 심부름을 강요당하는, 학교폭력에 희생된 학생들을 뜻하는 신조어다. 그래도 알 만한 사람들이 모인 회사나 기관인데 상식 이하의 행동들을 일반화할 수 있는 걸까. 하지만 실제 취재 과정에서 마주한 인턴들의 하소연은 상상 이상이었다. 무엇보다 심각한 건 인턴을 셔틀 취급하는 일부 기성세대의 행동이 철저히 계획된 것이라는 데 있었다. 과도한 업무에 치여서 혹은 자신도 모르는 사이에 나오는 행동이 아니었다.

공기업 인턴으로 일했던 명희 씨의 사례만 해도 그렇다. A부장은 대학생 딸의 공모전 과제, 대기업 서포터스 지원 등을 위해 명희 씨에게 영어 작문과 발표문 작성을 시켰다. A부장이 실수로 그런 '디테일한' 심부름을 시켰을 리가 없다. 한 달 가량 외국계 은행 부장의 '밥 셔틀'을 했던 진아 씨의 사례는 말할 것도 없다.

아직 대학생이거나 갓 대학을 졸업한 청춘들은 인턴을 통해 미지의 사회와 처음 마주한다. 취재 도중 만난 한 인턴의 말을 빌리면 "모든 게 새롭고, 기대되고, 두렵고, 불확실하다."

여기서 '불확실하다'는 말은 누군가에겐 가능성일 수도, 다른 이에겐 약점일 수도 있다. 가능성을 키워주는 선배의 역할까진 기대하기 힘들더라도, 기성세대가 청춘의 불확실함을 약점 삼아 자신들의 잇속을 챙기진 않았으면 좋겠다. 미생에서 완생이 되는 건 오롯이 청춘들의 몫이다. 그런 청춘들을 '셔틀'로 만드는 건 아직 승부가 나지 않는 바둑판을 뒤엎어버리는 것과 다를 바가 없다.

외국 바이어와 식사. 영어 대신 진땀만 나왔다

영어가 안보여요

2030 직장인 200명 "나에게 영어는…" ※조사 : 청춘리포트 팀

스스로 평가한 내 영어 실력은?

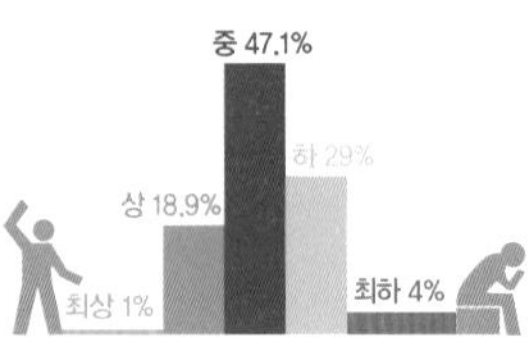

현재 영어 공부에 투자한 비용은?

3%	100만 원 이상
7%	50만 원 이상~100만 원 미만
40%	10만 원 이상~50만 원 미만
23.3%	1만 원 이상~10만 원 미만
26.7%	없음

직장에서 하루에 쓰는 영어는?

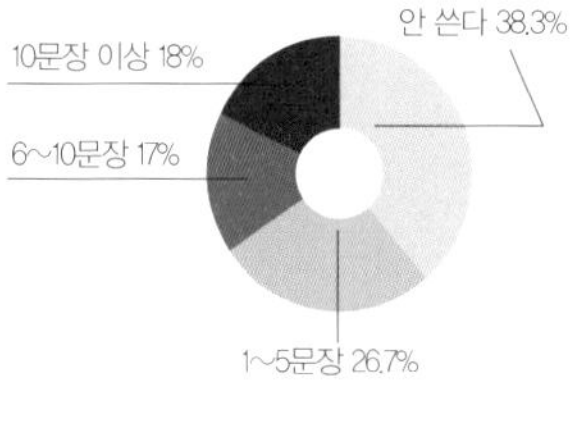

한국인에게 영어는 영원히 끝나지 않는 숙제와 같습니다. 학교를 졸업하고 취직을 해도 영어 공부에 대한 압박감이 사라지지 않습니다. 영어로 미팅을 하거나 전화통화라도 하려면 일단 겁부터 납니다. 승진, 이직을 대비해 토익 등 영어 시험 점수를 관리해야 한다는 중압감도 큽니다. 청춘리포트는 전문가들의 도움을 받아 영어 스트레스 지수(ESI, English Stress Index)를 개발했습니다. 2030 직장인의 ESI는 어느 정도일까요. 스트레스를 넘어 영어 공포에 시달리는 직장인들의 이야기를 취재했습니다.

영문으로 빼곡한 e메일을 받고 머리를 쥐어뜯거나 외국인 파트너를 상대로 더듬더듬 미팅을 진행했던 경험…. 20~30대 직장인이라면 누구나 한 번은 겪어 봤을 일들이다. 초 · 중 · 고를 거쳐 대학에서까지 누구보다도 열심히 영어를 공부했는데 왜 영어만 마주치면 진땀을 흘리는 걸까.

청춘리포트가 2030 남녀 직장인 200명을 상대로 ESI를 측정해 봤다. ESI는 직장에서 느끼는 영어 스트레스의 정도를 0점부터 100점까지 점수화한 지표다. ESI 항목은 이병민 서울대 영어교육과 교수와 이근철 이근철영어문화연구소 소장 등 전문가의 검토 과정을 거쳐 완성됐다. 영어 스트레스가 높을수록 1단계에서 4단계까지 올라간다. 보통 3단계의 기준점인 50점 이상부터 영어에 대한 스트레스가 상당한 것으로 풀이된다.

조사 결과 직장인 200명의 평균 ESI는 56.2점이었다. 대다수가 회사 생활에서 느끼는 영어 부담감이 상당하다는 뜻이다. 특히 조사 대상자 가운데 55%가 평균 이상의 영어 스트레스를 겪는 3단계에 해당됐다. 최고 수준의 영어 스트레스인 4단계에 속한 비율도 11%에 달했다.

2030 직장인들의 영어 스트레스는 어떤 형태로 표출될까. 자칭 '영어 공포증'

환자라고 주장하는 직장인들의 경험담을 토대로 그 유형을 나눠 봤다.

회피형

대기업 건설사에 근무 중인 K(32세)는 지난해 9월 외국 바이어들과 미팅을 했다. 평소 철두철미한 K답게 미리 준비해 놓은 자료를 읽어 가며 순조롭게 일이 진행됐다. 미팅이 끝난 뒤 상사가 K를 불렀다.

"저녁 예약해 놓은 레스토랑에 이분들 먼저 모시고 가."

그때부터 악몽이 시작됐다. 업무 관련 대화가 끝나자 더 이상 할 얘기가 없었다. 상대방이 영어로 질문을 하면 제대로 답하지 못하고 버벅댔다. 얼굴이 새하얘진 K를 본 동료가 "어디 아프냐"고 물었다.

"사실 속이 안 좋아. 많이 힘드네."

사정을 전해들은 상사가 자비롭게도 K의 귀가를 허락했다. 도망치듯 자리를 빠져나온 K는 자괴감에 휩싸였다. K는 "그날 이후 영어 관련 업무가 떨어지면 각종 핑계를 대며 피해 다닌다"고 말했다.

벼락치기형

잡지사 기자인 L(29세)은 한 영화제 관계자로부터 외국에서 온 유명 영화감독을 인터뷰해 보면 어떻겠느냐는 제안을 받았다. '단독 인터뷰'라는 생각에 솔깃한 L은 바로 인터뷰를 진행하기로 했다. 영화제 관계자가 먼저 제안했으니 통역도 따라 나올 거라고 생각했다. 하지만 인터뷰 하루 전 통역이 없다는 사실을 알게 됐다.

"기자님, 영어 잘하시죠? 혹시 통역 필요하시면 말씀하세요."

"못하겠다"는 말은 차마 나오지 않았다.

그때부터 L의 영어 벼락치기가 시작됐다. 밤새 번역기를 돌리고 사전을 찾아가며 질문지를 만들었다. 그리고 달달 외웠다. 인터뷰 시간이 다가올수록 걱정이 밀려왔다. '질문을 하면 뭐해, 한 번에 알아듣지도 못할 텐데. 녹음해 놓고 나중에 들어보면서 써도 되지만 시간이 꽤 걸릴 텐데….' 결국 L은 영화 관계자에게 말했다. 최대한 도도한 척하며 이렇게.

"제가 웬만한 건 알아서 할 텐데, 혹시라도 막히는 게 있으면 조금만 도와주세요."

노예형

국내 굴지의 대기업 직원 Y(33세)는 오늘도 '열공' 중이다. '대리'로 진급을 앞두고 있는데 영어가 걸림돌이었다. 그의 회사에선 회사가 만든 자체 영어 시험 점수가 승진에 가산점이 된다. 동료들은 스터디그룹까지 만들어 영어 공부에 매진했다. 일도 많은데 끝나고 영어 공부까지 하려니 생전 안 흘리던 코피까지 흘렸다.

또 다른 직장인 S(30세)는 매년 빠지지 않고 토익스피킹 시험을 본다. 감을 잃게 될까 봐 습관적으로 하는 행동이다. 토익스피킹이 '6' 이상은 나와야 승진 요건에 부합된다. 멈추면 그만큼 뒤처진다는 생각에 1년째 '전화영어' 수업도 듣고 있다. 남들 눈에는 자기 계발을 위한 유익한 시간처럼 보일지 모르지만 S에게는 '생존 본능'에 가깝다. '그놈의' 영어 때문에 신경쇠약까지 걸릴 지경이다.

영어 스트레스에서 벗어나려면?

이병민 교수는 "영어를 일상적으로 구사하는 직종은 일부임에도 대부분의 사람이 '영어를 원어민처럼 잘해야 한다'는 강박을 갖고 있다"고 진단했다. 실제 청춘리포트 조사에 따르면 하루에 영어를 한마디도 쓰지 않는다는 응답이 38.3%로 가장 많았다. 이근철 소장은 "자신의 영어 수준을 정확히 인식하고 정답으로 말해야 한다는 부담을 버려야 영어 스트레스에서 벗어날 수 있다"고 말했다.

ESI(English Stress Index) 지수 측정법

1. 직장 생활에서 영어 실력은 필수다.
   a ☐ b ☐ c ☐ d ☐
2. 동료들은 나보다 더 영어를 잘하는 것 같다.
   a ☐ b ☐ c ☐ d ☐
3. 외국인이 내 영어를 들으면 비웃을 것 같다.
   a ☐ b ☐ c ☐ d ☐
4. 내 영어 실력이 스스로도 마음에 들지 않는다.
   a ☐ b ☐ c ☐ d ☐
5. 영어권 국가로 출장이 잡히면 걱정부터 된다.
   a ☐ b ☐ c ☐ d ☐
6. 남들 앞에서 영어를 잘해야 한다는 압박이 있다.
   a ☐ b ☐ c ☐ d ☐
7. 영어학원만 등록해 놓고 가지 않은 적이 많다.
   a ☐ b ☐ c ☐ d ☐
8. 영어로 된 서류를 보면 일단 멈칫하게 된다.
   a ☐ b ☐ c ☐ d ☐
9. 직장에서는 내 영어 실력에 대한 기대치가 높다.
   a ☐ b ☐ c ☐ d ☐
10. 영어 실력이 내 평판을 좌우한다고 본다.
   a ☐ b ☐ c ☐ d ☐

a.매우 그렇다 b.그렇다 c.다소 그렇지 않다 d.그렇지 않다.
a=10점 b=7점 c=3점 d=0점(각 항목 점수 합산)

도움=이병민 서울대 영어교육과 교수,
이근철 이근철영어문화연구소 소장

영어지수 측정법 해설

1단계 0~19점 / "영어공포증이 뭐에요?"

영어에 부담감을 느끼지 않는 당신. 굉장한 영어 실력을 가졌거나, 아니면 영어에 큰 미련이 없거나. '발음 · 문법 좀 틀리면 어때? 말만 통하면 되지!' 이런 사람일수록 배움의 자세도 열려 있다. '살짝 나태한 거 아니야?' 혹자는 말할지도 모른다. 그래도 당신의 그 멘탈, 모두가 부러워하리.

2단계 20~49점 / "그 정도 스트레스야 늘 있지."

영어에 대한 스트레스는 있지만 그걸 받

아들일 줄 아는 당신. 외국인과 일적으로 맞닥뜨리는 상황, 뭐 크게 반갑지 않은 것이 사실이다. 그래도 뭐, 이것 또한 수많은 업무 스트레스 중 하나일 뿐이라며 담담하게 받아들이는 당신. 베테랑 직장인 다 됐다.

3단계 50~79점 / **"다들 나보다 잘하네."**

영어에 대한 스트레스가 제법 큰 당신. 뭐, 몇 마디 하긴 하겠는데 주위 사람들 눈치가 좀 신경 쓰여야지. 발음이며 문법이며 다들 내 입만 쳐다보는 것 같잖아. 늘 남들 사이에서 열등감에 시달리는 당신. 위로 한마디 건네자면 다들 나보다 영어를 잘할 것 같아도 정말 특출 난 사람이 아니라면 '거기서 거기'인 경우가 대부분이라는 거. 영어 전문가들이 그러더라.

4단계 80점 이상 / **"영어만 생각하면 아파요."**

외국인과의 미팅, 영어 프레젠테이션만 앞두면 자꾸 화장실에 가고 싶고 손에 땀이 나는 당신. 일단 피할 수 있으면 피하고 본다. 그러면서 '난 이래서 안 돼' 하며 머리를 쥐어박는다. 영어가 당신의 평판에 엄청난 영향을 줄 거라고 생각한다. 그럴수록 '현재 업무에서 영어가 얼마나 필요한지' 냉정히 따져봐라. 당신 생각보다 중요한 부분이 아닐지도 모른다.

홍상지 기자의 취재 수첩

초등학교 1학년 때 눈높이 선생님을 통해 영어를 처음 배우기 시작했다.

"하이 제인, 하우 아 유?(Hi Jane, How are you?)"

"아임 파인 땡큐, 앤드 유?(I'm fine, thank you, and you?)"

항상 괜찮다(fine)고 대답하던 제인 때문에 나도 "하우 아 유?"라는 질문엔 자동적으로 "파인(fine)"이 먼저 떠오른다. 언젠가 외국인이 이런 말을 하는 걸 들었던 것 같다.

"왜 한국 사람들은 항상 좋다, 괜찮다고만 답하는 거죠? 되게 불편해 보이던데."

이 지긋지긋한 제인의 망령은 날 20년 넘게 괴롭히고 있다. 초등학생 때부터 영어를 공부해 왔는데 난 왜 아직도 '영어 인터뷰'에 진땀을 빼는가. 인터뷰 자리에서 왜 통역해 주는 분의 얼굴만 보고 있는가. 툭 터놓고 이야기해 보고 싶었다.

'나만 그런 건가요? 진짜?'

이 기사의 발상은 그렇게 시작됐다(참고로 기자는 ESI 3단계에 해당했다).

"영어 원어민처럼 하는 법이요? 지금이라도 김연아가 현역 시절 스케이트 연습하던 것만큼 매일매일 영어 공부 해봐요. 몇 십 년 뒤면 가능할지도 몰라요."

인터뷰 도중 서울대 영어교육과 이병민 교수가 말했다. 그 말은 묘한 위로가 됐다. 그가 덧붙였다.

"우리나라에 영어 완벽하게 해야 하는 직업 별로 없어요. 너무 잘하려고 애쓰지 마요. 발음부터 문법까지 완벽한 문장을 만들어서 말하려고 하니까 안 되는 거예요."

이근철 소장도 비슷한 말을 했다.

"정답으로 말해야 한다는 부담을 버리고 그냥 한마디 던져 봐요. 아무도 안 비웃어요."

'저 사람은 지금 'to 부정사'가 들어갈 자리에 'ing'를 썼네? 정말 바보 같군.' 당신과 영어로 대화를 나누는 그 어떤 사람도 이렇게 생각하진 않을 거다. 혹시 속으로 비웃는 사람이 있을지라도 우물쭈물 말 못하는 모습보다는 나을 것 같다. 결국 남들 앞에 보이는 모습에 너무 신경 쓸 것 없다는 얘기다. 한 가지 더 위로의 말씀 건네자면 취재를 하면서 영어와 관련된 청춘들의 에피소드를 상당히 많이 들었는데 느낀 건 '다 비슷비슷하게 살고 있구나'였다. 그러니 이 시대 청춘들이여, 너무 스트레스 받지 말고 당당해지시길. '외로워도 슬퍼도' 항상 괜찮은 제인만은 되지 말지어다.

미생들이 부딪쳤다

직장인 100명이 말하는 미생으로 살기 힘든 이유 ※조사 : 청춘리포트 팀

직장 생활 초기 자신을 가장 힘들게 했던 것은?

- 낯선 업무 · 회사 시스템 22%
- 많은 업무량과 야근 · 휴일 근무 19%
- 미래에 대한 불안 17%
- 상사의 질책 16%
- 적은 급여 11%
- 기타(강압적인 분위기, 업무 메시지 스트레스 등) 15%

가장 최악이라고 생각했던 상사 유형은?

- 인격 모독 · 욕설을 섞어 질책하는 상사 28%
- 업무를 미루고 무리하게 일 시키는 상사 17%
- 퇴근 시간 · 휴일을 보장해주지 않는 상사 16%
- 후배의 노력을 무시하고 자신이 공을 독차지하는 상사 13%
- 사사건건 간섭하는 상사 9%
- 기타(신경질적인 상사, 뒤에서 욕하는 상사 등) 17%

스트레스를 준 상사의 발언은?

요즘 뭐하고 다니냐?

이 정도도 못하면서 주말 다 쉬고 퇴근 다 해?

필참 혹은 내일 나오지?

너에 대한 업무평가가 엇갈린다.

나라면 너 안 뽑는다, ㅇㅇ는 잘한다던데.(다른 팀 동기와 비교)

××야!(내 이름 부를 때)

드라마 〈미생〉에는 이런 대사가 나옵니다.
"직장은 버티는 게 이기는 곳이다."
청춘리포트는 버티면 이길 수 있다는 믿음으로 직장 생활을 견디고 있는 5명의 평범한 회사원들을 만났습니다. 이들은 대폿집에서 술잔을 부딪치며 묵은 스트레스를 털어냈습니다.
더할 나위 없이 속 시원했던 '미생 토크'를 전해드립니다. YES!

미세먼지로 하늘이 온통 뿌옇던 어느 밤. 막 퇴근한 직장인들이 지친 몸을 이끌고 육교 아래 대폿집으로 모여든다. 드라마 〈미생〉의 오상식 차장이 찾던 단골 대폿집이다. 인터뷰가 시작되기도 전 "갈매기살 5인분에 소주 2병이요!"부터 외치는 직장인 5인. 살아 있지 않은 상태이지만 완생할 여지가 있는 바둑돌을 뜻하는 미생. 이들이야말로 이 땅의 평범한 미생들이 아닐까. 부딪치는 술잔 속에 수위를 넘나드는 솔직담백한 미생들의 이야기가 오간다. 우선 이들의 정체부터 밝혀둔다.

장 사원(30세) : 입사 3년 차 사원. 패기 넘치는 물류회사 총무팀의 막내. 여전히 회사 생활이 낯설 때가 많다.

안 대리(30세) : 입사 6년 차 대리. 3개 국어에 능통한 유학파다. 입사 당시 팀 내 유일한 여자 사원이었다.

김 대리(36세) : 입사 8년 차 대리. 과장 승진을 앞두고 말 못할 압박감을 느끼고 있다.

최 과장(36세) : 입사 11년 차 과장. 후배들 가르치랴 상사 눈치 보랴 바쁜 나날을 보내고 있다.

오 부장(44세) : 입사 18년 차 부장. 칼 같은 업무 지시와 추진력으로 '일 잘하는 부장'으로 통한다. 간부급 사원을 대표해 나왔다.

술잔이 제법 돈 것 같은데. 직장에서 받는 스트레스가 엄청나죠?

장 사원 : 윗분들 의전을 막내인 제가 도맡고 있어요. 얼마 전 한 본부장님 휴대전화에 금이 갔는데 왜 교체를 안 해놨느냐고 질책을 받았죠. 명함 글씨체가 마음에 안 든다고 내일까지 바꿔놓으라는 분도 계세요. 식은땀 나는 순간이 정말 많아요.

최 과장 : 저는 군대로 치면 상병이죠. 후배들을 챙겨야 하고 상사들 심기도 살펴야 해요. 잦은 회식도 스트레스죠. 며칠 전 역류성 식도염 판정을 받고 일주일간 끙끙 앓았는데 몸무게를 재보니 6kg이나 빠졌더라고요.

직장에서 받는 스트레스를 열거하자면 밤을 새워도 끝이 없을 것이다. 해묵은 이야기를 꺼내놓는 미생들의 얼굴이 점점 붉어진다. '스트레스는 일 때문이 아니라 결국 사람 때문'이라고 입을 모으는 그들. 직장 상사 이야기가 시작되자 얼른 소주잔부터 털어 넣는다.

직장 상사에 대해 할 말들 많죠?

최 과장 : 앞뒤 안 가리고 언성부터 높이는 상사가 있어요. 명확한 지시도 없이 "이번 프로젝트 근사하게 좀 마무리해봐. 근사하게"라고 닦달하다가 보고서를 가져오면 "이게 보고서냐 고등학생 과제물이냐"고 소리를 지르죠. 프로젝트가 잘 마

무리되면 무조건 자기 공이요, 어긋나면 무조건 후배들 탓으로 돌려서 발끈할 때가 많아요.

김 대리 : 이해할 수 없는 히스테리를 부리는 분도 있어요. 10미터 넘게 떨어진 자리에 있는 부하 직원을 부를 때 모기만 한 목소리로 "김 대리"라고 짧게 읊조려요. 바로 옆에 있는 직원들이 메신저로 "A부장이 부른다"고 알려줘서 허겁지겁 뛰어가면 "부른 지가 언젠데 지금 오느냐"고 호통을 치시죠.

장 사원 : 얼마 전 미숙하다고 질책을 들었어요. 솔직히 막내 혼자 처리하기에 업무량도 너무 많고 버거웠죠. 4일 동안 밤을 새우다시피 하며 일을 마무리했더니 "거봐. 이렇게 쉽게 되는 걸 지금까지 왜 뭉그적거린 거야"라는 대답이 돌아왔어요.

안 대리 : 요즘엔 뒷담화도 실시간으로 오가요. 회의 때 부장이 짜증을 내거나 화를 내면 카카오톡 채팅방에 'A부장 또 시작한다', '제발 삿대질 좀 하지 마라' 등 카톡 대화가 수십 개씩 쌓이죠.

소주잔을 기울이며 묵묵히 후배들의 대화를 듣고 있던 오 부장. 상사에 대한 뒷담화가 무르익는 가운데 드디어 입을 열었다.

오 부장 : 상사들도 다 고충이 있어요. 일단 부장이나 차장쯤 되면 윗선에서 들어오는 압박감이 엄청나죠. 부장들도 하루에도 몇 번씩 불려가서 윗분들한테 엄청 깨져요. 챙겨야 할 직원들도 너무 많죠. 너무 바쁠 때는 알아서 척척 일 처리를 하는 부하 직원들이 제일 예뻐 보이죠.

어떻게 스트레스를 해소하는지도 궁금해요.

장 사원 : 운동으로 풀어요. 주말마다 사회인 야구 동호회 회원들과 운동을 하죠.

최 과장 : 페이스북에 제 심경을 적어요. 저는 그걸 '페북에 징징댄다'고 표현하죠. 공감하는 지인들의 댓글도 꼭 챙겨 봐요.

김 대리 : 역시 술이죠! 술 마시며 떠들다 보면 스트레스도 날아가죠.

미생의 굴레에서 벗어나는 날이 올까요?

오 부장 : 요즘 반퇴 시대라고들 하잖아요. 직장에서 은퇴해도 자식들 결혼시키고 내 몸 하나 건사하려면 무슨 일이라도 해야 하지 않을까요. 대박이나 인생역전을 바라기보다 지금 상황에서 나만의 즐거움, 나만의 보람을 찾아가는 게 중요하다고 봐요.

장 사원 : 영원히 미생으로 살아야 할지도 모르죠. 큰 기대는 없어요. 하지만 먼 훗날 후회는 없도록 지금 직장에서 최선을 다해 열정을 불태워 보고 싶어요.

술자리가 끝나갈 무렵 옆 테이블에서 "우리는 회사의 부속품에 불과하다"는 어떤 직장인의 푸념이 들렸다. 누군가 "인터뷰와 상관없이 우리끼리 한잔만 더 하자"며 술을 더 주문했다. 밤늦도록 술잔은 돌았고, 미생들의 이야기는 끝이 없었다.

미생, 이런 게 버티기 힘들다

인격 모독과 욕설을 섞어 후배 직원들을 질책하는 40대 남자 부장. 청춘리포트 팀이 20~30대 직장인 100명을 대상으로 '자신을 가장 힘들게 하는 상사 유형'에 대해 온라인 설문조사를 한 결과다.

설문에 답한 직장인 100명 중 79명(79%)이 입사 초기 퇴사를 고민한 적이 있다고 했고, 2명(2%)은 실제 사직서를 제출하는 등 퇴사 의사를 밝힌 적이 있다고 했다.

'가장 사표를 내고 싶었던 순간'은 '업무 강도 · 스트레스가 심각할 때'(42%), '상사로부터 모욕적인 발언을 들었을 때'(22%) 순이었다. '가장 최악이라고 생각하는 상사 유형'은 1위가 '인격 모독 · 욕설을 섞어 질책하는 상사'(28%)였고, '자신의 업무를 미루고 무리하게 일을 시키는 상사'(17%)도 '나쁜 상사'로 꼽혔다.

실제 '가장 스트레스를 주는 상사의 발언'을 묻는 질문에 "깡통, XX새끼" 같은 욕설을 꼽은 사람도 있었다. "그럴 거면 시집이나 가", "상식이 없느냐", "왜 사느냐", "나라면 너 안 뽑는다" 같은 인격 모독 발언을 들었다는 응답도 많았다.

직장 생활을 힘들게 하는 상사의 직급은 부장(29%), 차장(21%), 과장(20%) 순이었다. 연령대는 40대(47%)가 가장 많았고, 성별은 남자 상사가 70%로 여자 상사보다 압도적으로 많았다. 이처럼 힘든 직장 생활을 버티게 한 힘으로는 '매달 나오는 급여'(28%), '취업난 때문에 다른 회사로 옮기기 어렵다는 점'(21%) 등 현실적인 이유를 꼽은 사람이 많았다.

손국희 기자의 취재 수첩

직장인들이 경험하는 사회생활의 고충은 늘어놓자면 끝이 없을 것이다. 단순한 인터뷰론 그 모든 고충들을 담아내기 어렵다. 그래서 생각한 게 '취중토크'였다. 실제 직장인들과 소주잔을 기울이며 이야기를 나누다보면 조금이라도 더 생생한 이야기가 나올 수 있지 않을까. 청춘리포트 '미생토크' 기획은 이렇게 시작됐다.

개인적으로 취재원과 술을 마신 적은 있지만, 술자리 자체가 콘셉트인 기사는 이번이 처음이었다. 취재 중에 술이 취하면 기사를 어떻게 쓸까 걱정했지만 실제로 취하진 않았다. 취중토크는 드라마 〈미생〉에서 오상식 차장이 즐겨 찾던 육교 아래 대폿집에서 진행됐다.

대폿집에 모인 건 신입사원, 대리, 과장, 부장 등 다양한 직급의 회사원들이었다. 일반 사원뿐 아니라 부장 등 관리자 입장의 직장인들이 겪는 고충도 담아내기 위해서였다.

처음 자리에 모였을 땐 모두들 이야기를 꺼내기 주저했다. 하지만 한 잔 두 잔 술잔을 부딪칠수록 진한 이야기가 쏟아졌다. 직장 상사에 대한 뒷담화부터 업무에 대한 스트레스까지, 결국 모든 건 일이 아닌 '사람 문제'로 귀결됐다. 그들 모두 사람 때문에 웃고 사람 때문에 울었다.

가장 감정이입이 됐던 건 입사 3년차 장 사원이었다. 물류회사 총무팀의 막내이다 보니 직장상사의 히스테리와 부당한 업무지시 등, 온몸으로 모든 걸 막아내는 중이었다.

한 직장 상사와 있었던 에피소드를 이야기할 땐 입술 한쪽이 바르르 떨렸다.

"해외 출장 때 나름 신경 써서 비행기 좌석을 창가 쪽으로 예약해드렸어요. 출발 전 표를 확인하시곤 전화하셔서 '내가 통로 쪽 자리를 좋아하는 걸 몰랐느냐'며 고함을 치시더라고요. 앞으로 그 항공사와 계약을 하지 말라고 엄포까지 놓으셨어요. 정말 황당했죠."

취중토크는 정말 밤늦도록 이어졌다. 이윽고 술자리가 끝나고 누군가 건배사를 제안했다. 술잔을 부딪치며 모두가 외쳤다.

"미생들의 밥벌이를 위하여!"

'시집 좀 가라', '회사 싫어'
남몰래 쓴 진심, 낙서

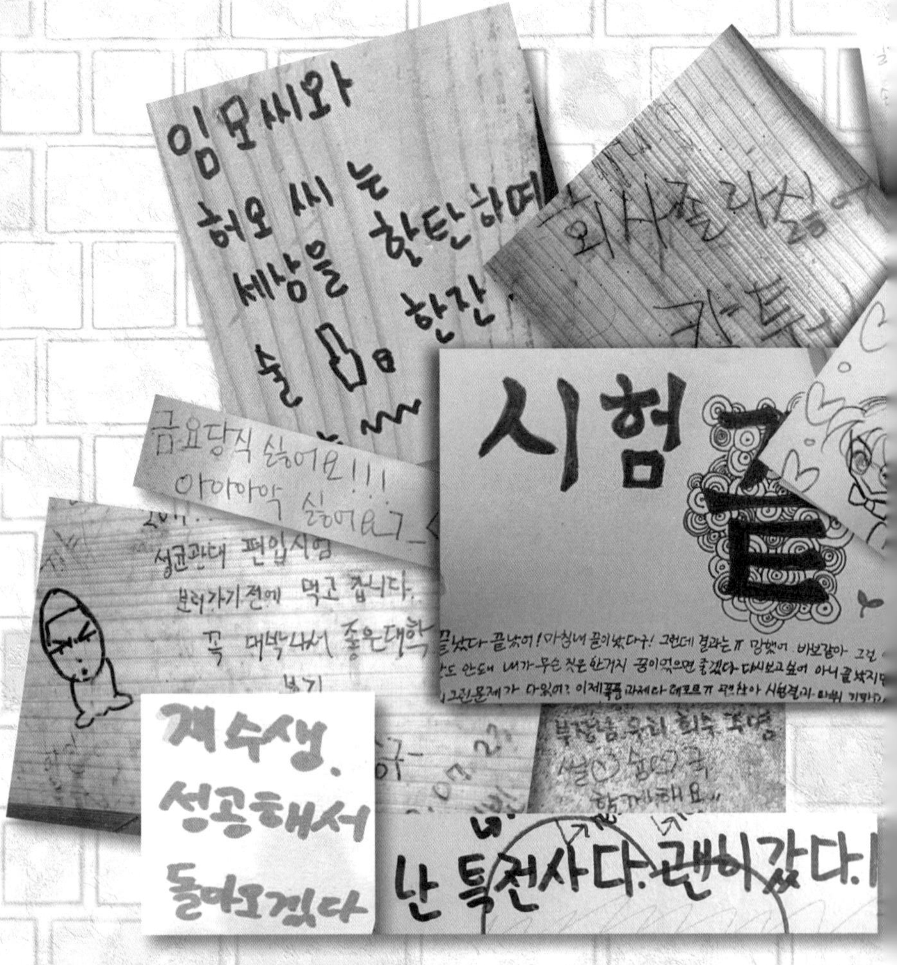

카톡 메신저를 통해서만 하루 평균 80억 건의 메시지가 오간다고 합니다. '메시지 쓰나미'가 일상이 된 시대. 무슨 더 할 말이 남았을까요.

펜을 들고 은밀한 곳에 자신만의 생각을 적는 청춘들이 적지 않습니다. 카페나 술집 등 청춘들이 모이는 곳엔 각양각색의 낙서가 가득합니다. 청춘리포트가 저 어지러운 낙서에 담긴 이 시대 청춘들의 고민을 읽어봤습니다. 삶이 고통스럽다는 비명이, 꿈이 멀어진다는 절망이 청춘의 낙서 속에 은밀히 담겨 있었습니다.

"커다랗게만 느껴졌던 이 세상/피곤하기만 하고 싫증이 난다/소중한 내 꿈이/년(연)기가 되어 사라지는 건 아닐까…."

서울 종로구의 한 카페 벽면에 적힌 낙서다. '커피소년'이란 말로 사행시를 풀었다. 커피를 마시다 문득 제 초라한 처지를 돌아보게 됐을까. 꿈이 사라지고 있는 현실을 한탄하는 목소리. 모르긴 몰라도 20대 혹은 30대 청춘이 남긴 낙서일 것이다.

모바일로 실시간 채팅이 가능한 시대다. 그런데 청춘들은 왜 굳이 펜을 들고 낙서를 하는 걸까. 청춘리포트 팀이 온라인 설문을 통해 20~30대 남녀 100명에게 '왜 낙서를 하느냐'고 물었다.

설문 결과 가장 많은 42명이 '화면이 아닌 현실 공간에 생각과 추억을 새길 수 있어서'라고 답했다. 이어 '나를 드러내지 않고 더 솔직해질 수 있다'는 응답(36명)이 뒤를 이었다. 공개적으로 드러내기엔 부끄럽지만 누군가와 공유하고 싶은 '진심'을 낙서에 남긴다는 얘기다. 말하자면 낙서란 청춘의 '공개된 일기장' 같은 것일까.

청춘리포트 팀은 3일 동안 서울 신촌과 종로, 노량진 등의 식당 · 카페 · 술집 등을 돌며 '청춘의 낙서'를 살펴봤다. 그 속엔 청춘들의 팍팍한 현실이 여과 없이 담겨 있었다.

서울 노량진의 B카페는 문제집을 풀거나 동영상 강의를 듣는 재수생들로 붐볐다. 가게 벽면과 포스트잇엔 이들이 꾹꾹 눌러 담은 낙서들이 가득했다. 잠시 짬을 내 공부하던 필기구로 낙서를 하는 학생들이 곳곳에서 눈에 띄었다.

'연세대 언론홍보영상학부 17학번, 재수 성공하게 해주세요.'

'오늘 놀러 왔지만 마음은 무겁네요. 노력하면 된다는 그 말, 실감하기를….'

'아 XX. 두고 봐라. 내가 좋은 대학 꼭 간다.'

낙서들은 대부분 좋은 대학에 입학하고 싶은 희망과 올해 치러질 수능에 초점이 맞춰져 있었다. 자신의 처지와 고달픈 재수 생활에 대한 분노를 표출한 낙서도 있었다. 일부 재수생들은 현실에서 도피하고 싶은 소망을 드러내기도 했다.

'나는 지금 시대의 중심에 있는데. 이 행렬에 가담하고 싶지 않지만, 나중에 후회할 것 같다….'

재수생 김정현(20세) 씨는 "페이스북이나 카카오톡은 글을 쓴 사람이 누군지 공개되기 때문에 속내를 드러내기 힘들다"며 "재수 생활이 힘들 땐 낙서가 허용된 카페나 식당 벽면에 괴로운 마음을 글로 적곤 한다"고 했다.

재수생 강하은(20세) 씨도 "남들에겐 차마 말하지 못하는 희망사항을 낙서로 남기면 마음이 안정되고 스스로를 다독이는 주문 같이 느껴질 때가 많다"고 말했다.

"주머니도 가벼운데 취업은 멀기만 하네."

'○○이는 오늘 돈을 왕창 썼다. 엄청 썼다. 알바비(아르바이트비)를 벌면 뭐하니. 하루 먹고 하루 벌고, 인생☆.'

서울 신촌의 한 카페 벽면에 붙어 있는 빛바랜 '포스트잇'엔 이런 낙서가 적혀 있었다. 20대가 많이 찾는 신촌엔 대학생들의 경제적인 어려움을 반영하는 낙서가 제일 먼저 눈에 띄었다.

'돈 좀 보내줘. (나) 거지야. 하늘에서 돈벼락 맞고 싶다.'

'등록금 낼 돈도 없는데 오늘도 후배는 술 달라 하네.'

취업의 어려움을 토로하는 낙서도 있었다. 짧게는 10자, 길게는 100자에 이르는 낙서 속엔 극심한 취업난을 겪고 있는 청춘들의 불안한 심리와 소박한 소망이 담겨 있었다.

'올해엔 제발 취업 좀 하게 해주세요.'

'○○기업 공채! 면접 남았습니다. 합격을 기원하며~.'

'한 방에 취업하고 싶었는데, 어렵습니다.'

과거 대학가 낙서의 단골손님이었던 연인 간의 '사랑 낙서'는 예상 외로 찾아보기 쉽지 않았다. 삼포세대(연애 · 결혼 · 출산을 포기하는 세대)의 현실을 반영하듯 사랑의 속삭임 대신 연애와 사랑을 갈구하는 '솔로'들의 애환이 녹아났다.

'저는 올해 스무 살이 된 새내기 대학생입니다. 여의도와 엄청 엄청 가까운 곳(선유도)에

20년 살았지만 벚꽃 축제를 가본 적이 없어요. 이렇게 불쌍한 저에게 커피 한 잔의 자비 좀 베풀어 주세여. 올해도 저의 봄은 갔습니다.'

대학생 임도영(23세) 씨는 "지인들이 실시간으로 확인하는 소셜네트워크서비스(SNS)엔 혼자만의 신세 한탄으로 비칠 것 같은 글들을 올리기 쉽지 않다"며 "남들에겐 유치할지 몰라도 내 절실한 심정을 담은 짧은 글은 낙서를 통해서만 의미를 찾을 수 있는 것 같다"고 말했다.

올해 대학 졸업반인 홍지영(25세) 씨의 생각도 비슷했다. "친한 사람들, 속 얘기를 털어놓을 수 있는 지인들과 함께 적는 낙서는 '우리만의 비밀'이라는 느낌을 공유할 수 있어 좋은 것 같아요. 취업에 실패하거나 면접에서 떨어졌을 때처럼 남들에겐 차마 말 못할 이야기를 낙서를 통해 풀어낼 때가 많죠."

서울시청 인근 먹자골목. 주변 식당 10여 군데를 돌며 곳곳에 적힌 낙서들을 관찰했다. 식당 벽면과 화장실 문 등엔 30대 직장인들이 적은 낙서가 많았다.

직장인의 낙서는 '밥벌이의 애환'으로 요약됐다. 야근에 지친 일상, 업무에 대한 부담감이 짧은 낙서 속에 압축돼 있었다.

'회사 생활 고충은 분식과 함께 와구와구.'

'회사 싫어, 캭 퉤.'

'금요 당직 싫어요. 아아아악 싫어요!'

'세상을 한탄하며 오늘도 술 한 잔. 캬~.'

직장 생활에 대한 한탄은 결혼에 대한 압박감을 드러낸 낙서로도 옮겨갔다.

‘청계천이 흐르고, 하늘은 높고 근데 참 외롭다. 결혼해야 할까봐.’

‘이번 년도엔 꼭 만나자, 내 짝아.’

‘○○야 시집 좀 가라. 나도 가게.’

회사원 임영환(34세) 씨는 “하루만 지나도 잊히는 술자리 푸념이나 뒷담화와 달리 낙서는 ‘기록’을 한다는 면에서 언제든 특정 장소에서 다시 찾아볼 수 있는 매력이 있다”고 말했다. 고대 동굴벽화에서도 확인되듯 낙서는 오래된 인간의 습성이다. 다만 시대에 따라 낙서에 담기는 인간의 생각은 조금씩 달라진다.

2016년 ‘청춘의 낙서’는 절규와 불안, 애환으로 요약됐다. 서울대 곽금주 심리학과 교수는 “2030세대의 낙서엔 수험생, 대학생, 직장인 등으로 이어지는 생애 과정에서 직면하는 근원적 불안이 녹아 있다”고 진단했다.

거듭, 청춘의 낙서는 이 시대 청춘들이 내지르는 비명 소리다. 이 비명은 서울 도처에서 들린다. 식당 벽면에서, 술집 테이블에서…. 사실을 말하자면 청춘리포트팀도 서울 시내 어딘가에 은밀하게 낙서를 남겨뒀다. 이런 내용이다.

‘지리멸렬한 정치인들! 청춘의 낙서만이라도 꼼꼼히 읽어보시길. 취업난부터 저출산까지 복잡한 난제를 풀 실마리를 발견할 수도 있을 테니….’

역사 속 낙서

“문교부 당국자 ‘불순세력 편승 우려 일부 대학서 불온 낙서 발견’.”

1984년 4월 13일 한 일간지 사회면에 실린 기사 일부다. 70~80년대 대학가의 벽면은 이처럼 시국을 걱정하는 대학생들의 낙서로 가득 찼다. 정권을 규탄하거나 암울한 사회상을 개탄하는 낙서는 ‘불온 낙서’로 낙인찍혔다. 같은 시기 서울대 중앙도서관 벽면엔 ‘민주주의는 피를 먹고 자라난다’, ‘반제국주의 타도’ 같은 낙서가 발견되기도 했다. 전북대 3학년에 재학 중이던 유오근 씨는 76년 교내 화장실에 불온 낙서를 남긴 혐의로 1심에서 징역 3년을 선고받았다. 이후 필적 감정 과정에서 구타 등을 당한 사실이 밝혀져 혐의를 벗을 수 있었다. 국가기록원 홈페이지엔 80년 5 · 18 민주화운동 당시 정부가 광주시장에게 ‘불온 전단 및 낙서 제거 지시’ 공문을 보낸 흔적이 남아 있다.

하지만 이제 낙서는 더 이상 정치의 영역이 아니다. 감시나 처벌의 대상도 물론 되지 않는다. 청춘들의 낙서엔 사회상을 비판하거나 정치 현실을 걱정하는 내용은 찾아보기 힘들게 됐다. 학업이나 직장 문제 등 개인적 고민이 그 자리를 대신하고 있다. 서강대 전상진 사회학과 교수는 “최근 청춘들의 낙서에 사회가 아닌 개인의 문제가 많이 담긴다는 건 청년의 삶을 떠받치는 사회구조가 허술하다는 방증”이라고 지적했다.

손국희 기자의 취재 수첩

2년 전부터 나름 열심히 이용하던 페이스북을 끊었다. 고민도 있었다. 주변엔 SNS 활동을 적절하게 즐기며 사는 지인들이 많다. 올해부턴 프란치스코 교황까지 인스타그램을 시작하지 않았나. 자기 PR의 시대라는데 흐름에 뒤처지는 건 아닐까. 시간에 쫓겨 만나지 못하는 사람들과 소통할 수 있다는 장점도 무시할 수 없었다.

하지만 나는 늘 다 읽지도 못하는데 수시로 쏟아지기만 하는 메시지들이 뭔가 버거웠다. 온라인 공간에 매몰돼 정작 내 현실에서의 소중한 시간이 줄어든다는 생각도 지울 수 없었다.

"딱 일주일만 페이스북 끊어봐. 사는 데 아무런 지장 없어."

결국 한때 SNS '헤비 유저'였던 가까운 지인의 말이 나를 움직였다. 그렇다고 SNS와 완전히 '결별'하는 건 불가능했다. 개인 페이스북은 휴면상태로 바꿔놨지만 기자 업무 특성상 다른 사람의 페이스북이나 인터넷 커뮤니티의 글과 댓글을 확인하는 데만도 꽤 오랜 시간을 들여야 했다. SNS뿐만 아니라 카카오톡 등 메신저에서 오고가는 메시지도 엄청나다. 하루는 예비군 훈련 때문에 휴대전화를 5시간 꺼뒀는데 800건이 넘는 카카오톡 메시지가 도착해 있었다.

정말이지 메시지가 넘쳐나는 세상이다. SNS와 온라인 공간엔 무수히 많은 메시지가 오고간다. 페이스북부터 인스타그램까지 수많은 글들이 올라오고, 주목받고, 잊힌다. 카카오톡 메신저를 통해 오가는 메시지만 하루 평균 80억 건이라나. 현실에서 사람을 만나 대화하는 것보다 카카오톡에서 문자로 대화하는 게 더 많다면 과장일까.

청춘리포트 '낙서 기획'은 이런 지점에서 출발했다. 손만 까딱여도 수많은 사람들에게 메시지를 전할 수 있는 세상인데 하물며 낙서라니. 청춘들이 굳이 펜을 들고 적을 공간을 찾아가며 카페, 술집, 도서관 등 곳곳에 새겨놓는 낙서엔 분명 어떤 의미가 있을 거란 생각이 들었다. 실제로 청춘들의 낙서 속엔 그들이 처한 현실, 사회적인 문제가 고스란히 담겨 있었다. 시험부터 취업, 결혼, 직장생활까지 분야도 다양했다.

낙서의 생명은 익명성이다. 자신을 드러내고 다른 사람을 의식해야 하는 SNS와 달리 낙서는 마음속 깊은 속내를 꺼내놓을 수 있다. 오늘도 청춘이 새긴 낙서는 하나둘 늘어간다. 소통을 중시하는 사람이라면, 무의미한 메시지는 잠시 치워두고 세상을 향한 청춘의 외침에 잠시 귀 기울여보는 건 어떨지.

새벽 6시 축사 가는 길, 귀에는 블루투스 이어폰

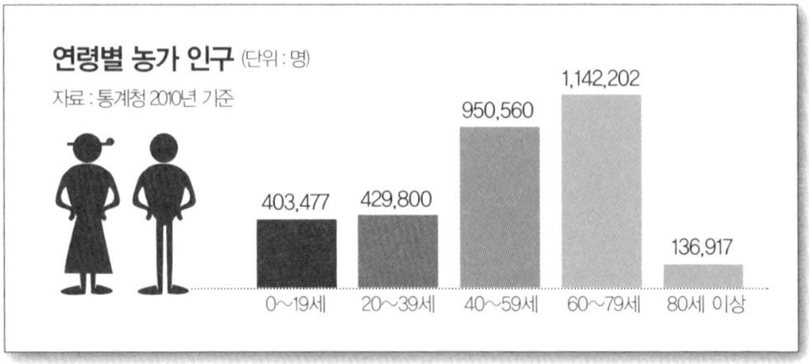

주하늬 씨

최준호 씨

서홍덕 씨

다산 정약용의 둘째 아들 정학유(1786~1855)가 지은 〈농가월령가(農家月令歌)〉에는 이런 대목이 나옵니다. '젊은이 하는 일이/김매기뿐이로다….' 이 노래를 요즘 청춘의 버전으로 바꿔 부르면 어떨까요. 아마도 김매기 대신 토익, 학자금 대출, 이력서 작성 등이 들어가지 않을까요. 그러나 170여 년이 지난 지금도 김매기를 하면서 농촌을 지키는 청춘은 건재합니다. 통계청에 따르면 약 43만 명의 청춘(20~39세)이 농사일을 하고 있습니다. 전체 청춘 인구(약 1,430만 명)의 3%. 비록 미미한 숫자이지만 이들은 우리 농업의 유일하고 소중한 미래입니다.

서울에서 자동차로 2시간쯤 달리자 그 마을이 나타났다. 동그랗게 휘어진 산길을 얼마나 돌고 돌았을까. 하늘과 맞닿은 지점에 논밭이 펼쳐졌다. 충남 홍성군 홍동면과 장곡면. 이 두 면의 전체 인구(6,900여 명) 가운데 15%를 넘는 1,000여 명이 20~30대 청춘이다. 도시에서라면 취업 공부나 회사 격무에 시달리고 있을 청춘들. 그러나 이 소박한 시골 마을에선 농사일을 천직으로 여기는 '청춘 농부'들이 흙에서 땀을 흘리고 있었다. 홍성군 일대를 찾아 청춘 농부들 곁에서 농사일을 거들면서 1박 2일을 보냈다. 그들은 "논밭이 일터이니 취직 걱정은 없다"며 새까맣게 그을린 얼굴로 웃었다.

AM 06 : 00~PM 02 : 00

홍동면에 사는 주하늬(31세) 씨는 오전 6시쯤 일어나 축사부터 찾았다. 축사 울타리 밖으로 소 30마리가 씩씩 콧김을 내뿜었다. 여물을 주는 하늬 씨 목에 '블루투스 이어폰'이 걸려 있었다. 최신 아이돌 음악이 쿵쾅쿵쾅 새어 나왔다.

"농사일 하려면 두 손이 자유로워야 하니까 무선으로 연결되는 블루투스 이어폰은 필수 아이템이에요."

구릿빛 얼굴의 하늬 씨가 소 배설물을 축사 한쪽에 쌓아 올리며 말했다. 고약한 냄새가 코를 찔렀다.

"냄새 나죠? 이놈이 제겐 큰 재산이에요. 소똥만큼 좋은 비료도 없다니까요."

하늬 씨는 홍동면에서 태어나 아버지에게서 농사일을 배웠다. 인근 풀무농업기술고등학교에 진학했고, 대학(경북대)에서도 원예학을 전공했다. 대구에서 대학을 다닐 때, 그도 편리한 도시 생활에 마음을 빼앗긴 적이 있었다. 그러나 흙을 지켜야 한다는 확고한 신념은 끝내 흔들리지 않았다.

"마을을 떠나 큰 회사에 취직한 친구들도 많지만 지금은 저를 부러워해요. 도시에선 연봉이 많아도 씀씀이가 크잖아요. 시골에선 적당히 맞춰 살기 때문에 수입이 모자란다는 생각은 안 해요. 농사일에는 출퇴근이나 야근도 따로 없죠. 그저 하늘이 정해 준 대로 일하고 쉬면 정당한 대가가 주어집니다."

하늬 씨가 본격적으로 농사를 짓기 시작한 것은 2009년이다. 대학 졸업 후 도시 생활을 완전 청산했다. 그는 '유기농 재배'를 기초로 조금씩 농사일을 늘려 갔다. 지금은 벼농사 논이 3만 9,669㎡(약 1만 2,000평)로 연간 쌀 생산량만 250가마니에 이른다. 게다가 채소를 키우는 하우스가 3동, 깨 · 콩 · 호박 등을 재배하는 밭도 3,305㎡(약 1,000평)다. 연간 농사로 얻는 순이익만 4,000~5,000만 원. 도시의 신입사원에 비해서도 빠지지 않는 축에 속한다.

"어릴 때부터 논밭이 제 놀이터였어요. 농부셨던 아버지도 제가 농부가 되길 원하셨죠. 땀 흘려 짓는 농사가 제 천직이라고 생각합니다. 도시의 빽빽한 삶이 체질에 안 맞기도 하고요."

축사 일을 마친 하늬 씨가 마당 한쪽의 창고에서 쌀 · 호박 · 고추 등을 주섬주섬 꺼냈다. 온라인으로 직거래하는 고객들에게 직접 배송하는 상품들이다. "온라인 직거래는 젊은 농부들의 주요 마케팅 방식"이라며 하늬 씨가 상품을 하나씩 포장하며 말했다.

아내 양윤정(33세) 씨가 "식사 준비가 됐다"며 방앗간을 찾았다. 윤정 씨와는 대학 선후배 사이로 만나 2010년 결혼했다. '도시 아가씨'였던 아내도 농사일을 곧잘 거든다. 세 살배기 아들 산들이는 오렌지색 트랙터 주변을 뛰어다녔다. 트랙터에는 도시 청춘의 자동차처럼 하늬 씨와 윤정 씨 이름을 딴 장식품이 부착돼 있었다. 트랙터 옆면에 'HANY', 'YG'라고 새긴 검은색 스티커가 도드라졌다.

오전 10시. 쌈채소와 마늘종 · 가지조림 등 직접 키운 음식들로 늦은 아침을 먹었다. 하늬 씨는 1톤 트럭을 타고 다니며 논의 물을 점검했다. 그가 "잠시 쉬자"며 논 옆에 트럭을 세우면서 말을 이었다.

"농촌의 미래가 밝지만은 않아요. 도시처럼 편의시설이 발달돼 있는 것도 아니고 불편한 게 한두 가지가 아니죠. 그래도 전 농촌을 지킬 생각입니다. 청춘세대 가운데 누군가는 농사일을 해야 해요. 아무도 농사를 짓지 않으면 몇 세대가 흐른 뒤엔 식량 종속국이 될지도 모릅니다. 땀 흘려 일하고 몸에 좋은 먹거리를 기르면서 내 가족의 삶을 일궈 내는 것. 그게 제가 선택한 삶의 행복입니다. 제 아들도 저처럼 농사일을 했으면 좋겠어요."

PM 02 : 00~07 : 00 

해가 산 중턱을 아슬하게 넘어가는 늦은 점심. 인근 장곡면의 최준호(32세) 씨가 트랙터용 쟁기를 가지러 하니 씨 집에 왔다. 농촌에선 고가의 농기계를 공동으로 구매해 쓰는 일이 흔하다. 오후부터는 준호 씨의 '농촌 생활'을 따라 나서기로 했다. 준호 씨가 "목부터 축이자"며 기자를 불러 세웠다. 구멍가게 앞에서 캔맥주를 마시며 이야기가 이어졌다.

"하루 일과가 어때요?"

"해가 뜨면 스트레칭부터 해요. 농사를 짓다 보면 허리에 무리가 가거든요. 아침 먹고 해 질 때까지 계속 농사일이죠, 뭐. 소여물도 주고 밭에서 고추도 따고…."

"도시 생활을 동경한 적은 없나요?"

"7년 전 농사지으러 들어오기 전까진 건축 일을 했어요. 전국 각지를 돌아다녀도 도시에 살고 싶은 마음은 들지 않았어요. 중학교 때 서울에 처음 갔는데 공기가 나빠 두통이 났던 기억이 있어요. 도시 환경이 주는 스트레스가 엄청나더라고요."

해가 기울 무렵 준호 씨 집으로 갔다. 논밭 사이로 난 길을 걷는데 메뚜기와 개구리가 튀어 올랐다. 준호 씨는 비닐하우스에서 대파를 뽑아 다듬기 시작했다. 읍내 매장에 보낼 파를 다듬으면서 "시골 인심"이라며 기자에게도 몇 뿌리 건넸다. 인근 축사에서 갓 태어난 송아지의 울음소리가 들려왔다.

"도시에 살면 좀 더 편할 텐데 굳이 농촌에 남기로 한 이유가 있나요?"

"농업은 천한 직업이 아니에요. 아무나 쉽게 할 수 있는 것도 아니고요. 저도 도시 친구들이 돈 잘 버는 것 보면서 부러웠던 적도 있어요. 그런데 야근이다 뭐다 일하는 시간을 따져 보니까 도시 생활은 꼭 노예 같더군요. 저는 1년에 3,000만 원 남짓 벌지만 시골에선 부족함이 없어요. 시간 여유를 가지면서도 퇴직 걱정이 없죠. 일한 만큼 정당하게 누리는 농촌 생활이 제겐 더 가치 있는 삶입니다."

PM 07 : 00~11 : 30

홍동면으로 돌아오는 길에 서홍덕(28세) 씨를 만났다. 트랙터를 고치고 있는 그의 목에도 블루투스 이어폰이 걸려 있었다. 홍덕 씨 역시 고향을 지키는 청춘 농부다. 어릴 때부터 부모님의 젖소목장 일을 도왔고, 그게 직업이 됐다. 최근엔 한우 축사로 개조하느라 일손이 바빠졌다. '부모님이 돌아가셔도 젖은 짜야 한다'는 말이 있을 정도로 힘들지만 시간에 쫓기진 않는다고 했다.

"농부에겐 휴일이 따로 없어요. 그래도 마음에 여유는 넘치죠. 도시처럼 서로 짓밟으며 경쟁하지 않으니까요."

홍동면과 장곡면 일대의 청춘 농부들은 최근 별도 모임을 조직해 면사무소 옆에 '뜰'이라는 호프집을 열었다. 오후 9시를 넘어서자 자전거나 스쿠터, 1톤 트럭을 타고 청춘 농부들이 모여들었다. 마을에서 기른 채소와 돼지고기를 안주 삼아 술잔을 부딪쳤다. 쌀값이며 채소값 등이 주요 화제였다. 밤늦도록 술잔이 돌았고, 청춘 농부들은 사람 좋은 웃음으로 내내 경쾌했다.

윤정민 기자의 취재 수첩

취재를 위해 기사에 등장하는 '청춘 농부'들을 1박 2일 동안 따라다녔다. 도움 되는 것 하나 없이 귀찮기만 했을 기자를 농촌 인심으로 품어주고 기사를 쓸 수 있게 도와줬지만, 1년 반이 지나도록 안부 한번 묻지를 못했다. 죄송한 마음과 취재하며 느낀 것들을 함께 담아, 감히 편지를 써본다.

청춘 농부 형님들께

안녕하세요. 저 재작년에 갑자기 내려가 귀찮게 했던 중앙일보 기자입니다. 기억하시나요? 가식적이고 복잡한 도시를 떠나 농촌에 정착한 형님들에게 이것저것 사진 포즈를 시키고 질문을 해댔던 게 너무 죄송했는데, 기사 쓰고 난 뒤 연락 한번 못 드려 더욱 면목이 없습니다. 더군다나 만난 지 몇 시간 만에 넉살 좋은 척 '형님, 형님' 해 놓고선 말입니다. 너무 궁색하지만, 팍팍한 도시생활을 핑계 삼을 수밖에 없겠습니다.

그래도 가끔 형님들을 떠올렸습니다. 요즘도 친구들과 술을 마실 때면 "회사고 일이고 다 때려치우고 시골 가서 농사나 지을까" 하는 말을 들을 때가 있거든요. 그때마다 전 으레 "농사라고 쉽겠냐. 땅도 있어야 되고, 기계도 비싸고. 내가 취재 가보니까 만만치가 않더라"라고 답하곤 합니다.

하지만 그렇게 말해 놓고도, 또 술에 취해 집으로 향할 때면 '진짜 가서 농사 지어보면 어떨까' 혼자 상상해보기도 합니다. 아마도 형님들이 '힘들지만 보람 있고 행복한 모습'들을 많이 보여줘서 그런 게 아닐까 싶습니다.

아, 물론 전 그때보다 잘 지내고 있고 기자로서의 보람도 많이 느끼고 있습니다. 기자가 된 지 1년을 갓 넘겼던 그때보다 많은 걸 배우기도 했고요. 하지만 형님들이 때때로 부러운 것도 사실입니다. 특히 비가 많이 오는 날 그렇습니다. 꼭 "비가 와서 논에 못 나갈 때는 그냥 쉰다"고 했던 형님들 말이 떠올라서 그런 건 아닙니다. 자연이 정해준 흐름에 맞춰 일하고, 주어진 환경을 애써 거스르지 않는 농촌의 삶이 화려하고 치열한 도시의 삶만큼 행복할 수 있다는 걸 직접 봐서 그렇겠지요.

아무튼 저희 도시 청춘들도, 그리고 청춘 농부들도 모두 땀 흘려 일한 만큼 보람과 행복을 찾을 수 있었으면 하는 기대를 가져봅니다.

더 자세한 얘기는 전화로 이어가겠습니다. 아, 놀러 가면 홍성한우와 형님들이 키운 채소들을 함께 맛보며 얘기할 수 있겠네요. 꼭 한번 가겠습니다.

청춘은 아픔 - 그래도 남친 앞에선 창피해요
극한 알바, 젊음이 휘발되는
2030은 정치를
Yes
82.9%
요즘 누가 순결이란 말 쓰나요

5장
장가갈 수 있을까, 시집갈 수 있을까

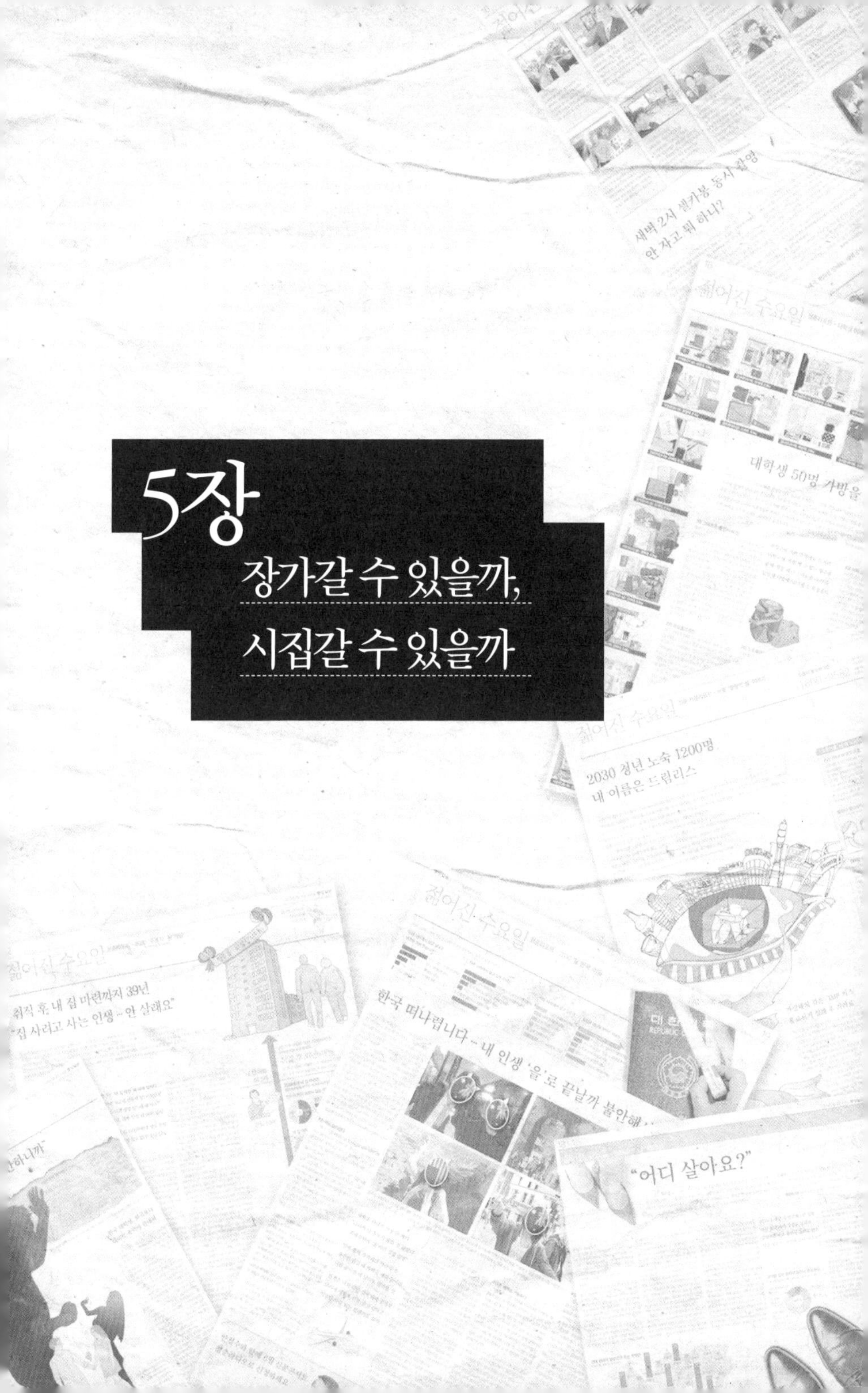

정강현 팀장의 청춘레터

사랑이라는 눈사태

사랑한다는 것과 완전히 무너진다는 것이 같은 말이었을 때….

심보선 시인은 〈청춘〉이라는 시에서 청춘의 시기를 이렇게 정의합니다. 뭐니 뭐니 해도 청춘은 아프게 사랑하고 아프게 이별하는 때입니다. 청춘의 때에 우리는 사랑하는 만큼 이별합니다. 사랑한다는 것과 이별하는 것이 같은 말인 듯 일상처럼 되풀이되는 게 청춘의 시기죠. 그러니 특정 시기에 사랑과 이별이 교차하여 반복되는 현상을 '청춘의 법칙'이라 불러도 좋을 것입니다.

그러나 이 법칙은 요즘 들어 위협받고 있습니다. 사랑하기를 주저하는 청춘들이 늘어나고 있기 때문입니다. 최악의 취업난과 맞서 싸우고 있는 청춘들은 어느새 '사랑=능력'이라는 등식에 익숙해지기 시작했습니다. 그들은 말합니다.

"비싼 등록금을 충당하려면 아르바이트 2~3개는 기본이다. 연애할 시간도 능력도 없다. 그럴듯한 대기업에라도 들어가야 괜찮은 소개팅 자리라도 들어올 게 아닌가. 일정한 경제적 능력을 갖추기 전에는 연애는 꿈도 꾸지 못한다."

연애 단계부터 능력을 따지는 통에 결혼은 더 요원하기만 합니다. 청춘 세대에겐 결혼이야말로 좀 더 노골적으로 경제 여건을 따지는 일종의 계약 아니던가요. 미래가 불안하니 계약하듯 꼼꼼히 조건을 따져 결혼하려는 것이겠죠. 더구나 결혼 시장에선 넉넉한 현금 보유가 필수 조건으로 여겨지고 있어 취직 후 웬만큼 저축을 해도 결혼 과정이 녹록지만은 않습니다.

그러니 남녀 공히 결혼 시기가 자꾸만 늦어집니다. 2015년 기준으로 신부의 평균 나이가 30세에 달했습니다. 신랑의 평균 나이는 32.6세. 하지만 뒤늦게 결혼을 해도 출산은 당장 계획하지 못합니다.

내 집 한 칸도 없는데 아이부터 낳으면 그 비싼 사교육비는 어떻게 감당하나…. 이런저런 걱정이 밀려오는 탓입니다.

연애부터 결혼까지 이런 복잡한 과정을 거쳐야 하는 청춘 세대는 결국 3포세대로 굳어집니다. 취업문부터 닫혀버린 청춘들이 연애 · 결혼 · 출산을 모두 포기해버리는 사태. 그러나 문제는 이 사태가 단순한 포기에 그치지 않는다는 겁니다. 사랑을 경제적 능력과 동일시하는 청춘들은 상대에 대한 인격적 배려가 부족한 상태로 연애를 시작해버리는 경우가 종종 있습니다. 말하자면 왜곡된 연애관을 가진 미성숙한 청춘들이 더러 있다는 이야기입니다.

청춘리포트 팀이 청춘의 연애 문제를 취재하면서 마주쳤던 당혹감이 그런 것입니다. 우리는 데이트 폭력을 일삼는 청춘들을 목격했고, 연애 상대를 속이고 몰래 성매매를 하는 이들도 만났습니다. 이처럼 미성숙한 연애관에 대한 자기반성일까요. 어떤 청춘들은 학원에서 과외를 받듯 연애를 전문적으로 배우려는 모습을 보이기도 했습니다.

하지만 그 어떤 사회적 여건에도 불구하고 청춘의 본질은 변함이 없는 것 같기도 합니다. 청춘이란 원래 온통 없는 것들뿐인 시기 아니던가요. 돈도 없고 시간도 부족하지만 청춘이 사랑의 계절이라는 사실은 여전히 건재합니다. 요즘의 2030세대는 앞선 세대에 비해 더 솔직하고 발랄한 사랑을 하는 것 같습니다. 부모의 허락 하에 커플 해외여행을 떠나고, 연애 상대와 성적인 대화도 자유롭게 하는 세대가 바로 지금의 2030세대입니다.

지금 대한민국을 살아가는 청춘 세대에게 사랑이란 일종의 눈사태 같은 게 아닌가 싶습니다. 이것은 이중적인 의미에서 그러합니다. 경제적 여건이 충분치 않은 청춘들은 거대한 눈사태를 피하듯 일단 연애나 결혼을 포기하고 봅니다. 그런 이들에게 연애나 결혼은 피하고 싶은 존재의 붕괴처럼 여겨집니다. 그러나 다른 한 켠에선 자신의 여건과 상관없이 발랄하고 자유롭게 사랑이라는 눈사태를 받아들이려는 당당한 청춘들도 건재합니다. 그들에게 사랑이란 기꺼이 받아들이고 발랄하게 즐겨야 할 행복한 붕괴이기도 합니다.

그러니 심보선 시인이 옳았습니다. 시대가 아무리 변하더라도 청춘에겐 사랑한다는 것과 완전히 무너진다는 것은 언제나 같은 말입니다.

그녀는 “때릴 때만 빼면”
그는 “맞을만하니까”

사랑하는 남자친구가 폭군으로 변한다면 어떻게 하시겠습니까? 데이트를 하며 꼭 잡고 다니던 그 손으로 당신의 뺨을 때린다면? 대다수 여성은 "뒤돌아볼 것도 없이 헤어지겠다"고 답합니다. 그러나 현실은 달랐습니다. 남자친구에게 맞으면서도 관계를 유지 중인 여성이 적지 않습니다. 해마다 7,000건이 넘는 '데이트 폭력'이 벌어지지만 매 맞는 여자친구가 단칼에 헤어지는 경우는 드물다고 합니다. 데이트 폭력은 왜 반복되는 걸까요? 남자친구에게 맞으면서도 꾹 참아 가며 관계를 지키려는 여성들의 심리는 어떤 걸까요? 청춘리포트가 데이트 폭력의 가해자와 피해자 4명의 사연을 들어봤습니다.

2014 데이트 폭력 현황

※자료 : 박남춘 새누리당 의원실

2667명 폭행

1108명 폭력 등 처벌법 위반

678명 강간 · 강제추행

2257명 상해

64명 살인미수

어떤 폭력 행사했나? (신체적 폭력에 국한, 복수응답)

	한국	필리핀	러시아
상대를 향해 물건 던짐	14.1%	13.1%	33%
떠밀거나 잡거나 찔렀다	21.2%	20.2%	54.5%
손바닥으로 때렸다	19%	16%	55.5%
발로 차거나 물거나 주먹으로 쳤다	11.3%	16%	22%
몽둥이 같은 도구로 때렸다	12.6%	6.7%	3%
칼이나 무기로 위협했다	4.3%	3.2%	1%
성적 행동을 위해 힘을 사용했다	5.5%	1.9%	6.5%
거절하는데도 폭력을 사용해 성행위를 했다	4.3%	2.6%	3%

자료 : 서경현 삼육대 상담심리학과 교수 논문 '데이트 폭력과 가정 폭력 경험에 대한 국가 간 비교 연구'(2011년)

일러스트 : 송혜영 기자

그녀가 털어놨다

대학 4학년 때 만나 4년을 연애했어요. 남자친구는 밖에서 보면 엘리트이고 매너 좋은 남자입니다. 남자친구의 폭력적 성향을 발견한 것은 사귄 지 6개월이 지나면서부터였습니다. 잠자리에서나 스킨십을 할 때 전에 만난 남자들과는 어땠는지 묻더군요. "기억이 나지 않는다"고 말했더니 "거짓말하지 말라"며 욕을 했습니다. "뭘 숨기는 거냐. 이 걸레 같은 XX"고 소리를 지르더니 휴대전화를 집어던졌습니다. 그러고도 화가 풀리지 않았는지 제 머리를 때리더군요.

맞는 순간 헤어져야겠다고 생각했습니다. 그런데 다음 날 화가 풀린 남자친구가 눈물을 흘리면서 "다시는 안 그러겠다"며 싹싹 빌더군요. "너를 너무 사랑해서 나도 모르게 욱했다"고 말하는 남자친구를 보고 마음이 누그러졌습니다.

그러나 한번 시작된 폭력은 점점 심해졌습니다. 길거리에서도, 차 안에서도 자기를 인정하지 않는다고 느끼면 바로 주먹이 날아옵니다. 그러고는 "네가 날 짜증나게 하지만 않으면 싸울 일이 없다"고 폭력을 합리화했습니다. 한번은 저 모르게 섹스 동영상을 찍어놓고 제가 지우라고 하자 "사랑하는데 뭐가 문제냐. 그럼 내가 야동을 보며 자위 했으면 좋겠느냐"고 오히려 더 화를 내기도 했습니다.

그런데도 저는 그 사람을 쉽게 떠나지 못했습니다. 상처가 많은 사람이라는 걸 알았으니까요. 그의 아버지는 어머니와 그에게 자주 손찌검을 했다고 합니다. 제가 그 상처를 품어주면 그도 콤플렉스나 폭력적 성향에서 해방될 수 있을 거라고 믿었습니다. 때릴 때만 빼면 참 좋은 사람이라는 것도 제 발목을 잡았습니다. 남사친구는 때린 뒤엔 미안하다며 싹싹 빌고, 때렸다는 사실을 후회했고 더 잘하겠다고 다짐하곤 했습니다. 요즘엔 때리는 횟수가 줄어든 것 같기도 한데…. 이 사람과 관계를 정리해야 할까요?

그가 대답했다

폭력이라는 말을 그렇게 쉽게 쓰는 게 이해가 안 됩니다. 저는 화가 나도 소리를 지르거나 벽을 치는 게 전부입니다. 정말 분노가 제어 안 될 때 몇 번 때리긴 했지만 주로 머리를 쥐어박거나 가볍게 허리를 쿡쿡 찌르는 정도였습니다.

우리가 주로 다퉜던 때는 여자친구가 종종 제 제안을 거절하고 피곤하다며 짜증을 낼 때로 기억합니다. 한번은 "걷기도 싫고 쉬고 싶다"고 하길래 모텔에 들어갔습니다. 저는 자연스럽게 스킨십을 했고 성관계를 가지려 했는데 자꾸 칭얼대며 빼더라고요. "피곤하다고 했잖아"라고 소리를 빽 지르더군요. 사람을 갖고 노는 것도 아니고 어이가 없었습니다. 결국 본인도 좋아할 거면서요. 그녀는 "싫은데 강요하는 건 성폭행"이라고 했지만 성폭행이라는 말은 가당치도 않습니다. 우리는 평소에 성에 대한 대화를 많이 나누고 속궁합도 잘 맞습니다.

여자친구가 저를 화나게 하지 않았다면 그렇게 때릴 일도 없었을 겁니다. 앞으로도 여자친구가 자극만 하지 않는다면 제가 폭력을 쓰는 일은 절대 없을 겁니다. 예쁘고 애교 많은 여자친구를 정말 사랑하니까요.

전문가들은 말한다

지난 5년간 데이트 폭력으로 사망한 사람은 290명입니다. 연인 관계에서 발생하는 폭행이나 상해, 강간 횟수는 매년 7,000여 건으로 하루 평균 20건씩 데이트 폭력이 발생하는 셈이죠. 데이트 폭력의 가장 큰 원인은 성차별적 사고입니다. 남성은 적극적이고 주도적이어야 하고 여성은 순종적이고 이해심이 많아야 한다는 생각을 가진 경우 가해자가 될 확률이 높습니다. '사랑의 매' 같이 폭력이 만연한 사회 분위기도 원인입니다. 피해자조차도 "사랑하는 관계에서 생긴 다툼" 정도로 생각하기 쉽죠. 폭력 사실을 털어놓으면 주변의 손가락질을 받을 것이라는 걱정, 가해자가 복수할 것이라는 두려움도 영향을 줍니다.

또 정서적 · 심리적 · 신체적 친밀감을 쌓아온 연인 관계이기 때문에 피해자들은 한두 번의 폭력으로 가해자를 쉽게 떠나지 않습니다. 또 많은 피해자가 "상대가 나를 때리긴 해도 평소에는 이렇게 좋은 사람이 없다"고 착각합니다. 그의 치부를 건들지만 않으면, 내가 좀 더 잘하면 관계가 회복될 수 있다고 생각하는 거죠.

한국 대학생, 외국보다 데이트 폭력에 관대해

일본 드라마 〈라스트 프렌즈〉(2008)는 남자친구 소스케에게 상습적으로 폭력을 당하는 여성 미치루의 얘기를 담고 있다. 구청 공무원인 소스케는 어릴 때 가정폭력을 당하며 자랐고, 성인이 된 이후 여자친구를 끊임없이 의심하고 폭력을 휘두른다. 미용실 보조로 일하는 미치루는 계속해서 구타와 언어폭력, 감시를 당하면서도 소스케를 떠나지 못한다.

데이트 폭력은 각국에서 일어나고 있다. 사생활 감시, 욕설 같은 무형의 폭력뿐만 아니라 상대를 직접 구타하거나 몽둥이로 때리고, 칼 같은 흉기를 사용해 가해한 경우도 적지 않다. 삼육대 서경현(상담심리학과) 교수가 한국(326명), 몽골(200명), 필리핀(312명), 러시아(200명) 대학생 1,038명을 대상으로 조사한 결과 한국 대학생의 35.9%, 몽골 30.5%, 필리핀 48.5%, 러시아 77.0%가 데이트 폭력을 가한 경험이 있다고 답했다.

데이트 폭력에 대한 태도는 한국 대학생이 가장 관대했다. 상대가 헤어지자고 할 때, 술 취해 정신 나간 짓을 할 때, 논쟁하다가 상대방이 먼저 때릴 때, 거짓말을 했을 때, 욕을 섞어 자신을 불렀을 때 등 8가지 분쟁 상황을 주고 이성 친구에게 폭력을 행사하는 것이 정당한지에 대해 답한 결과다. '1-절대 안 된다/2-심하지 않으면 괜찮다/3-그럴 수도 있다/4-맞을 짓을 했으니 당연하다(8~32점, 낮을수록 폭력에 반대)'로 점수를 낸 결과 한국 학생은 평균 13.06점으로 폭력에 대해 관대했고, 몽골은 12.52, 필리핀은 10.44, 러시아는 10.81이었다.

한편 한국은 남학생의 가해 빈도가 높게 조사된 데 반해 몽골과 필리핀은 여학생의 가해 빈도가 높았다. 응답자 중 한국 여학생의 31%가 데이트 폭력을 가한 경험이 있다고 답했고, 남학생은 42.5%가 가해자가 된 적이 있다고 말했다. 반면 몽골과 필리핀의 여학생들은 각각 38.8%, 55.8%가 가해 경험이 있다고 답해 남학생(19.0%, 40.3%)보다 많았다. 러시아는 남녀 70%로 비슷한 수준이었다.

채윤경 기자의 취재 수첩

"그렇긴 해도 저는 그렇게 많이 맞은 편은 아니에요. 그 뒤에 사귄 여자애는 정말 절절맸대요. 맞으면서도 찍소리 못하고."

이게 다짜고짜 무슨 소리냐고? 연애란 온통 장밋빛인 줄로만 알았던 대학생 시절 여후배에게 들은 얘기다. 그것도 평소 페미니스트를 자처하는 친구였다.

후배는 아주 당찬 여학생이었다. 자신보다 나이 많은 남자에게 '오빠'라고 부르는 대신 '선배'라는 호칭을 썼고, 여성학 공부에도 열심이었다. 게다가 겉으로 보기에 아주 매력 있는 남학생과 연애했다. 선남선녀에 둘 다 애교도 많아 선배들에게 사랑받는 캠퍼스 커플이었다. 그런데 이 후배의 입에서 '사실은 남자친구에게 맞아왔다'는 얘기가 나온 것이다.

귀를 의심했지만 후배는 명백한 데이트 폭력의 피해자였다. 그 뒤로 나는 상당히 많은 여성이 연애 관계에서 남성에게 맞고 있다는 걸 알게 됐다.

'데이트 폭력의 심리' 기사 역시 진보논객 한윤형 씨의 전 여자친구가 자신이 한 씨에게 물리적 폭력을 당했다고 주장한 데서 출발했다. 이후 계속해서 자신도 데이트 폭력의 피해자라고 주장하는 여성들이 나와서 데이트 폭력은 큰 화두로 떠올랐다.

좀 더 깊이 있게 들여다보고 싶었다. 여자친구를 때리는 남자의 심리는 어떤 걸까. 맞으면서도 헤어지지 못하는 여자들의 마음은 어떻게 이해해야 할까. 문제 해결이 가능하긴 한 걸까.

인터뷰 결과 가해자들은 자신은 때린 것이 아니라 위협만 했다고 생각하고 있었다. 여성을 위에서 누르거나 구석으로 밀어붙이는 것들은 폭력이 아니라는 주장이었다. 손이나 발로 때린 건 순간의 화나 분노를 주체하지 못했기 때문이라고 설명했다. 잘못했다고 생각하지 않거나 순간의 실수는 누구나 하는 것 아니냐는 생각을 갖고 있었다.

피해자의 생각은 더 황당하다. "이 남자가 화가 나면 돌변하긴 하지만 평소에는 나를 정말 아껴준다", "남자친구가 어릴 때 부모님께 맞고 자라서" 혹은 "학교폭력의 피해자인데 제대로 치료받지 못해서", "스트레스를 많이 받으면 분노조절을 못해서" 등등. 뿐만 아니라 자신을 때리지만 내가 잘 보듬어주면 나아지지 않겠냐는 얘기도 했다. 가해자가 폭력을 합리화 하려고 하는 말에 마음 약한 일부 여성들은 본인도 모르게 동조하는 것이었다. 헤어지자고 했다가는 더 큰 폭력을 당할까봐 겁나서 도망가지 못하는 경우도 있었다. 심하게는 섹스동영상을 찍고 협박하는 사례도 있었다.

주제넘지만 비슷한 경험이 있는 분들께 말하고 싶다. 한 번이라도 남자가 손찌검을 하거든 단호하게 관계를 정리해라. 피해자가 막을 수 있는 폭력은 없다. 이른바 '때리는 남자'를 보듬고 치유할 수 있다고 믿는 것은 일종의 정서적 오만이고 착각이라고 나는 생각한다. 매우 단정적인 말이라 조심스럽지만 그렇다.

폭력이 아닌 대화로 문제를 풀어나갈 수 있는 상대를 만나기를 바란다. 그것이 성숙한 관계다. 자신의 화를 다스릴 줄 아는 사람과 연애하길 바란다. 내 얘기를 들어주고 함께 아파할 수 있는 사람과 마음을 나누길. 나는 젊은 우리가 그렇게 사랑해야 한다고 생각한다.

요즘누가 순결이란 말 쓰나요?

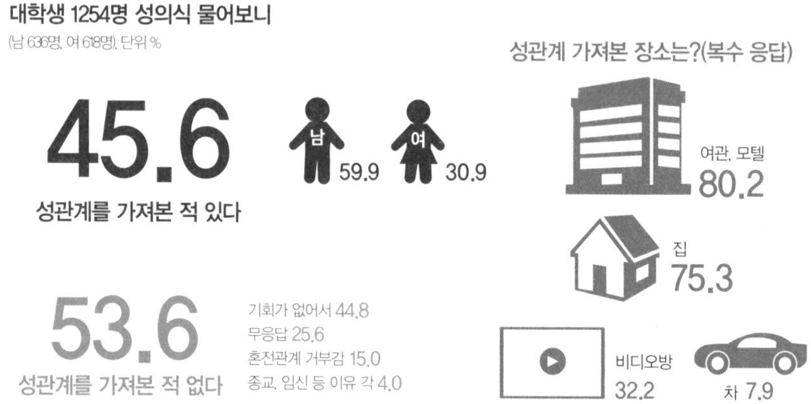

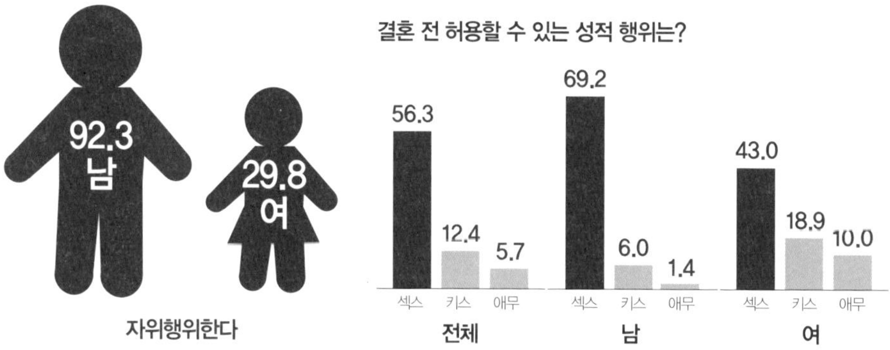

섹스는 살과 살의 속삭임입니다. 이 내밀한 살들의 이야기는 은밀하면서도 짜릿합니다. 기성세대에게 이것은 부끄러워서 감춰야 할 이야기였습니다. 하지만 요즘 20~30대는 다릅니다. 이들에게 섹스는 엄숙한 의식이 아니라 당당하고 즐거운 유희입니다. 청춘리포트는 청춘 세대의 내밀한 사랑이 궁금했습니다.

서울 시내 12개 대학교 학생과 네티즌 등 1,254명을 대상으로 성의식 조사를 실시했습니다. 성의식은 인간에 대한 가장 근원적인 인식과 통합니다. 여기, '대학생 성의식 리포트'를 내놓습니다. 요즘 20대가 생각하는 인간에 대한 근본 자세로 읽어도 무방할 것입니다.

어떤 피임법을 사용하나?

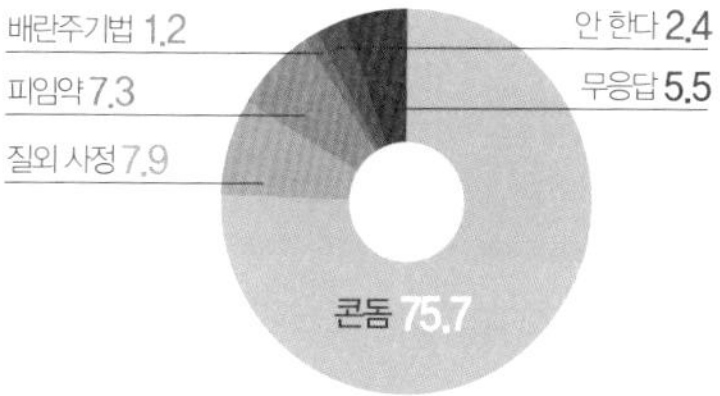

상대방 성 경험 적을수록 좋은가?

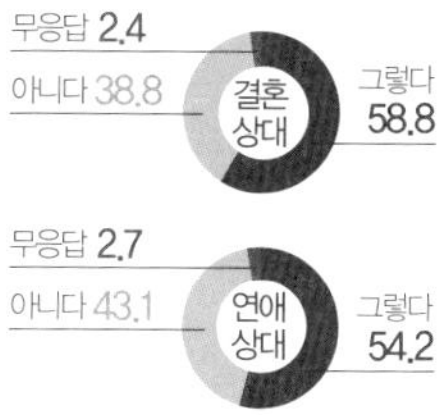

성기능 문제를 경험한 적이 있나?

동성의 몸을 보고 성적인 생각을 한 적이 있나?

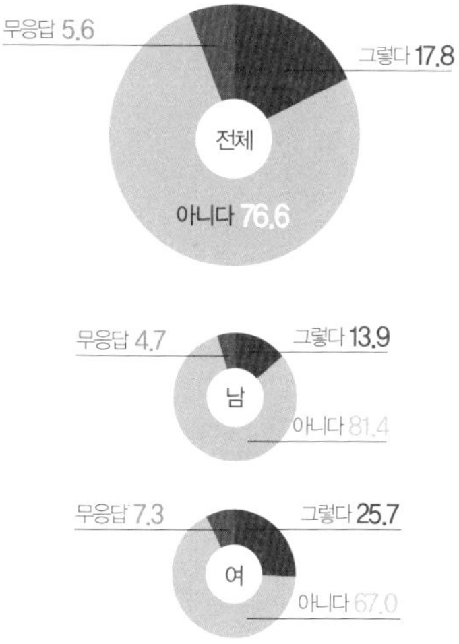

서울 소재 대학가 3곳에서 남녀 대학생 16명과 '취중토크'를 했다. 이들이 들려준 이야기는 상상 그 이상으로 솔직했다. 이들의 원활한 연애 생활을 위해 익명 처리했음을 양해 바란다. 남자 1~8호, 여자 1~8호가 들려주는 솔직 담백한 성 이야기다.

설문조사를 해보니 요즘 대학생들이 섹스가 나의 삶에서 중요하다고 응답한 비율이 82.9%나 되더라. 정말 그런가?

여자 1호 : 그것밖에 안 된다고? 중요하지 않다고 생각하는 사람이 20%나 된다는 게 놀라운데. (섹스를) 해본 사람이라면 누구나 중요하단 걸 알게 될 텐데. 건강에도 좋고.

남자 1호 : JTBC 〈마녀사냥〉 같은 프로그램이 등장하면서 성에 관한 이야기도 더 쉽게 할 수 있게 된 것 같다. 야한 얘기를 센스 있게 하면 더 쿨한 사람으로 받아들여지니까.

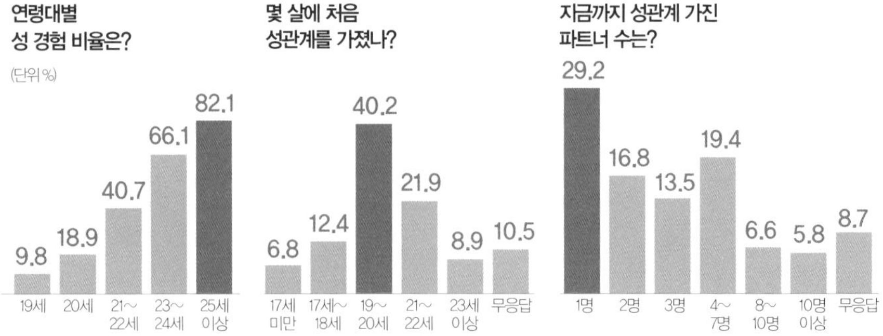

여자 2호 : MT를 가도 야한 이야기를 최고로 쳐준다. '나만 해본 (섹스) 경험'을 말하는데 뜬금없이 세계여행 같은 걸 말하면 욕먹는다.

남자 2호 : 나는 미팅에서 진실게임을 하다가 한 여자가 '가장 좋아하는 체위'를 물어봐서 깜짝 놀랐다.

여자 3호 : 내 친구들은 같은 야동을 보면서 카카오톡 그룹 채팅을 하더라.

그래도 성 경험이 있다고 답한 사람은 열 명 중 네 명꼴로 생각보다 낮던데.

여자 4호 : 그 통계치는 좀 이상하다. 나는 대학 입학하고 나서 첫경험을 빨리 해야겠다는 생각부터 했는데.

남자 3호 : 요즘은 그냥 자연스럽게 (첫경험을) 하지 않나. "볼 영화가 없네. DVD 라도 볼까" 하며 모텔로 들어갈 수 있는 시대잖아.

혼전순결은 중요하지 않은 건가?

남자 4호 : 요즘 누가 그런 단어를 쓰나. 상대가 혼전순결을 꼭 지키고 싶다면 헤어져야지 뭐.

여자 5호 : 나도 처음에야 엄마한테 미안한 생각이 들어서 많이 울었지만 지금은 밥 먹고 수다 떠는 것처럼 (섹스는) 그냥 즐거운 일 중 하나가 됐다.

남자 5호 : 내가 첫 섹스 파트너였으면 좋겠다고 생각해 본 적도 없다. 그걸 물어보는 게 오히려 더 이상하지 않나.

사랑 없는 성관계 가능한가? (단위%)

원나잇 경험 163명
파트너 수는?

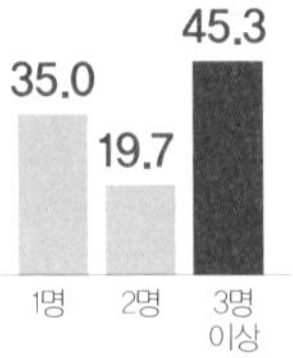

성매매 경험 23명
횟수는?

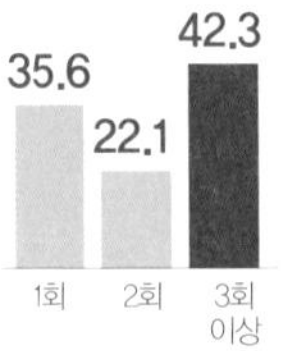

성적 욕구 크기에 차이가 있다고 답한 비율은 여자가 남자보다 높던데.

남자 6호 : 남자가 성욕이 더 크다는 건 오해다. 생물학적으로도 여자가 남자보다 6배 높은 오르가슴을 느낄 수 있다던데. 여자친구랑 여행을 가도 체력을 따라갈 수가 없다. 나는 다리가 후들거리는데 여친은 원기 회복한 것마냥 쌩쌩하더라.

사랑 없는 성관계도 가능한가?

남자 7호 : 원나잇도 얼마든지 가능하다. 서로 원하면 문제 될 건 없지 않나? 모텔비도 나눠 내면 경제적인 거고.

여자 6호 : 솔직히 아무나와 성관계를 가지면 성병이 옮으면 어떡하나 걱정이 된다. 굳이 그걸 감수하면서까지 할 만큼 절박하지도 않고.

전문가 분석

기존의 학술 연구의 경우 동성애적 성향을 보이는 남성이 여성보다 4% 정도 높게 나오는 게 일반적이다. 하지만 이번 조사에서는 남학생이 여학생에 비해 응답률이 훨씬 떨어졌다. 남성이 여성보다 사회규범에서 이탈되는 것에 대한 거부감이 더 크다는 뜻으로 이해할 수 있다.

– 김혜숙 아주대 심리학과 교수

40~50대 가운데 성기능 장애를 호소하는 비율은 표본에 따라 남성 15~35%, 여성 15~45%로 나오는데 20대 초반의 남녀들도 중년과 크게 다르지 않다는 점이 흥미롭다. 하지만 중년과 달리 병원을 찾는 20대는 거의 볼 수 없다. 문제를 겪으면서도 해결 방법을 모르는 것이다. 20대 성생활에 관한 연구를 늘리고 정보를 제공할 필요가 있다.

– 윤하나 이대목동병원 비뇨기과 교수

민경원 기자의 취재 수첩

2014년 4월 16일. 이 날은 여러모로 잊기 힘든 날이다. 제주로 향하던 여객선 세월호가 침몰해 300여 명의 사망 · 실종자를 낸, 그야말로 참사라는 말을 대신할 말이 없는 사고가 발생한 날이었다. 한데 사회부 기자였던 나는 속보 발생 당시 민속주점에 있었다. 얼마 못 가 회사로 소환당하긴 했지만, 그때 내게 가장 중요한 화두는 '대학생의 성의식'이었기 때문이다. 그러니까 나는 땡땡이를 치고 있는 게 아니라 좀 더 심도 깊은 이야기를 나누기 위해 대학생 인턴들과 함께 낮술을 마시는 중이었다.

연일 이루 말도 못할 참담함 속에서 세월호 취재를 하면서도 우리 팀은 또 하나의 고민에 휩싸였다. 마침 중장년층을 위한 콘텐츠만 가득한 늙은 신문에서 탈피하고자 야심차게 한 달 넘는 시간을 투자해 '젊어진 수요일-청춘 리포트'를 시작한 시점이었기 때문이다. 더구나 4월 16일자에는 대대적인 예고편까지 내보낸 터였다. 킨제이 리포트를 기반으로 만든 설문지를 통해 청춘은 사랑을 하고 싶다고, 원나잇이 도덕적으로 나쁜 건 아니라고 생각한다고 외치려던 참이었는데. 하지만 국가 재난 상태에서 우리가 어떻게 감히 되바라진 소리를 할 수 있겠는가. 논의 끝에 기사 게재 시점을 한 달 뒤로 미뤘다.

이처럼 대학생 성 리포트를 쓴다는 것은 시작부터 끝까지 결코 쉬운 일은 아니었다. 남들은 경찰서 한 구석에서 구속과 불구속 입건을 이야기할 때 나는 구혜진 기자와 함께 둑하년 체위, 야동 같은 단어를 입에 올렸다. 타사 기자들이 들었다면 참 어이없어 했을 것이다. 바이라인에 올린 이유정 · 이서준 기자 외에도 숱한 대학생 후배들과 인턴

기자들의 도움이 있었다. 고시반 책상에 둘러앉아 피맥을 먹으며 성매매 경험을 읊었고, 모두가 "제 친구 얘기로는"이란 말로 타인을 빙자하여 자신의 경험담을 털어놓았다.

사실 일면일식도 없는 사람들은 더한 거부반응을 보였다. 꽤 적나라한 설문지를 받아들고는 얼굴이 붉으락푸르락 변하는 사람도 있었고, 기자 얼굴에 대고 설문지를 던지며 "넌 내게 모욕감을 줬어"류의 대사를 외치는 이들도 있었다. 특히 여대 학생들은 "왜 하필 우리 학교에 와서 이 조사를 하느냐"며 의도를 묻기도 했다.

하지만 결단코 어떤 의도 따위는 없었다. 목적이 하나 있었다면 청춘이란 단어를 가장 빨리 와 닿게 전하고 싶었고, 2030과 4050의 생각은 이만큼 다를 수 있다는 것을 가장 효과적으로 보여줄 수 있을 만한 소재를 찾은 것뿐이다. 그리고 실은 조금 억울한 측면도 있다. 노천이나 잔디밭에서 놀고 있던 저학년 학생들이 많이 참여해 설문 결과가 우리 기대보다는 조금 순수했다는 것?

원하던 만큼의 파격적인 결과를 얻진 못했지만 그래도 우리는 꽤 만족했다. 우리가 우리 손으로 우리 또래가 궁금해 할 법한 이야기들을 할 수 있는 공간이 생겼기 때문이다. 첫 발을 세게 내딛은 덕분에 지금도 별다른 성역 없이 다룰 수 있다는 게 청춘 리포트의 매력이 아닐까.

"성매매 한 번 갖고 뭘…"
"실망이야, 그만 끝내"

돈을 주고 성관계를 맺은 경험이 있나?

Yes **No**

있다 54.7% 없다 45.3%

'2030 성매매' 남자들의 인식

자료 : 청춘리포트 팀 온라인 설문조사

※총 75명 응답. 공통 질문은 75명 대상,
공통이 아닌 질문은 '있다'고 응답한 41명 대상

첫 계기가 있다면 다음 중 어떤 것입니까?

술을 마시다 친구 또는 선후배와 : **68.2%**

군 입대, 생일 등을 기념하고자 : 9.8%

직장생활에 필요해서 동료들과 함께 : 9.8%

호기심에 혼자 : 12.2%

주로 찾는 성매매 업소 유형은?

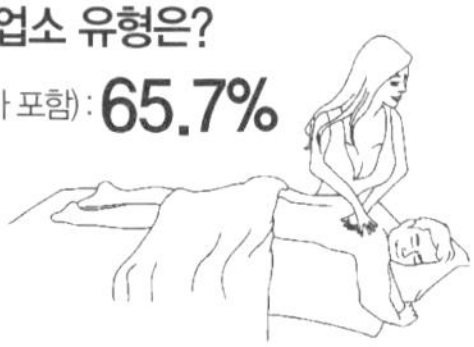

오피스텔 성매매업소(안마 포함) : **65.7%**

집창촌 : 17.1%

룸살롱 : 8.6%

변종 : 5.8%

기타 : 2.9%

얼마나 자주 돈을 주고 성관계를 맺습니까?

59.2%

일 년에 한두 번

22.7% 두세 달에 한 번

9.1% 한 달에 한두 번

4.5% 일주일에 한 번

4.5% 기타

성매매 특별법에 관한 의견은?

33.3%

폐지해야 한다

30.7% 관심 없다

20% 기타

16% 현행법 유지

이것은 몹시 예민한 이야기입니다. 분명히 존재하지만 대놓고 말하기 힘든, 그런 낯 뜨거운 이야기. 바로 2030세대의 성매매 실태입니다. 성매매는 현행법상 불법이지만 암암리에 횡행하고 있는 게 사실입니다. 청춘리포트는 성매매에 대한 청춘 세대의 인식을 알아봤습니다. 조사 결과 남성의 절반 이상이 성매매를 경험했다고 답했습니다. 물론 여성들 대다수는 그런 남성들을 이해할 수 없다고 했습니다. 성매매 문제로 다퉜다는 연인들도 적지 않았습니다. 청춘들은 왜 성을 사고파는 걸까? 2030 세대의 솔직한 이야기를 담았습니다.

'2030 성매매' 여자들의 생각 *총 70명 응답

남성들이 돈을 주고 성관계를 맺는 것에 대해 어떻게 생각합니까?

이해할 수 없다 : 45.7%
이해하지만 주변사람이면 받아들이기 어렵다 : 32.9%
여자친구나 부인이 없다면 이해할 수 있다 : 7.1%
여자친구나 부인이 있어도 이해할 수 있다 : 1.4%
기타 : 12.9%

남자친구 혹은 남편의 성매매 중 용인할 수 있는 형태가 있다면?

어떤 경우에도 용인할 수 없음 : 55.7%
과거에 호기심으로 딱 한 번 했다고 할 경우 : 24.3%
직장 생활 중 영업 · 접대 등의 이유 : 10%
나랑 만나던 중이 아니라면 상관없음 : 5.7%
술에 취해 남의 손에 이끌려 갔다고 할 경우 : 2.9%
기타 : 1.4%

남자친구 혹은 남편의 성매매 사실을 알게 된다면 어떻게 대처하겠습니까?

60% 관계를 끝낸다

28.6% 차분히 왜 그랬는지 이유를 묻는다
11.4% 상대방에게 화를 낸다
0% 알고도 모르는 척 덮어둔다

성매매 특별법에 관한 의견은?

42.9% 처벌해야 하나 법 개선 필요하다

28.6% 현행법을 유지해야 한다
11.4% 관심 없다
0% 폐지해야 한다

'VIP 고객님 안녕하십니까. 저희 강남 OO안마방에 새로 온 관리사 A양을 소개합니다. 인기 아이돌 가수 OO를 닮은 얼굴과 몸매. 홈페이지에서 사진과 동영상 확인 후 예약전화 주세요.'

직장인 이민경(28세, 여) 씨는 지난 4월 하늘이 무너지는 경험을 했다. 화장실에 간 남자친구의 스마트폰에 홀연히 뜬 저 문자 한 통을 보고서다. 세 살 많은 그를 친구의 소개로 만나 사귄 기간은 3개월. 서로에 대해 잘 안다고 하기엔 짧다면 짧은 시간이었다. '그럴 사람이 아닌데. 혹시 잘못 온 문자가 아닐까.' 하지만 구글로 남자친구의 포털 아이디를 검색한 이 씨는 결국 눈물을 터뜨렸다. 남자친구가 같은 아이디로 오피스텔 성매매 업소 홈페이지에 올린 '안마 시간 예약', '등업 요청' 등 글들이 떠 있었기 때문이다.

그에게 터놓고 물어보긴 두려웠다. 말없이 귀가한 이 씨는 그날 저녁 평소 막역하게 지내던 일명 '남사친(남자 사람 친구)'들에게 조언을 구했다. 다섯 살 어린 동생부터 열 살 많은 오빠에게까지 돌아온 대답은 비슷했다.

"사실 네가 생각하는 것보다 훨씬 많은 남자가 성매매 경험이 있을 걸?"

'청춘의 성매매'는 현실이다. 본지가 20~30대 남성 75명을 대상으로 설문조사한 결과 절반이 넘는 남성(41명)이 "성매매 경험이 있다"고 답했다. 이들 중 절반가량은 20대 초반(25세 이전)에 처음 돈을 주고 성관계를 맺었다.

계기는 '단체생활'이다. 돈을 주고 성관계를 맺은 적이 있다고 응답한 남성들 중 60% 이상이 첫 계기로 '술을 마시다 친구 또는 선후배와 방문했다' 혹은 '직장생활에 필요해 동료들과 방문했다'를 꼽았다. '호기심에 혼자 찾아갔다'고 답한 인원은 10%에 그쳤다. 직장인 임모(30세) 씨는 "대학이나 직장이라는 조직생활을 하다 보면 남성들끼리 '성매매는 일종의 사회경험'이라고 여기는 측면이 있다. 친한 사람들이 권유하다 보면 혼자서만 '절대 안 간다'고 하기가 어렵다"고 말했다. 주로 찾는 곳은 오피스텔 성매매 업소다. 경험이 있다고 응답한 남성 41명 중 23명이 안마시술소가 포함된 오피스텔이나 휴게텔을 찾는다고 했다. 반면에 '집창촌'을 찾는다고 답한 사람은 전체의 17%가량에 그쳤다. 소위 '룸살롱' 같은 주점에서 2차로 성매매를 한다고 답한 비율은 8% 정도였다.

"죄책감은 없다."

성매매 경험이 있다고 한 남성들 중 약 53%가 이렇게 답했다. 이들 대부분은 "연애나 결혼과 성매매는 별개"라는 이유를 댔다.

'남사친'들의 만류에도 이 씨는 결국 남자친구와 헤어지기로 했다. "성매매 사실을 알고 나선 도저히 만나기 힘들다"며 이별을 통보했다고 한다. 본지가 조사한 20~30대 여성 70명 중 다수의 의견과도 같다. 남자친구 혹은 남편의 성매매 사실을 알게 된다면 '관계를 끝내겠다'고 응답한 비율이 60%에 달했다.

남자들은 이렇게 얘기한다. '딱 한 번 봐줄 수도 있지 않을까.' 하지만 '어떤 경우에도 용인할 수 없다'는 여성이 응답자의 절반 이상을 차지했다. "성매매는 일종의 바람인데, 언제든 나 몰래 갈 수 있다고 생각하면 관계를 지속할 수 없다"는 게 이유다. 대학생 장모(22세, 여) 씨는 "성매매를 하려면 어쨌든 그 시간에 다른 걸 했다고 둘러대야 하는데, 신뢰에 금이 가는 문제"라고 말했다.

청춘리포트가 알아본 성매매에 대한 청춘 남녀의 인식 차이는 뚜렷했다. 다수의 남성은 "한 번쯤은 괜찮다"는 입장인 반면, 대부분의 여성은 "남친이나 남편이 성매매를 했다면 헤어지겠다"는 의견이었다.

배은경(사회학) 서울대 교수는 "성구매 남성 연구 결과 학력이나 소득과는 상관없이 유일한 변수는 주위에 함께 성매매하는 사람이 있느냐 여부"라며 "20~30대 젊은 남성들에게 성매매는 네트워킹의 일종처럼 왜곡된 형태로 받아들여지고 있는 것으로 보인다"고 말했다.

왜 성을 사는 걸까

A씨(27세, 대기업 회사원)

솔직히 말할게. 습관이야. 몸에 안 좋은 걸 알면서도 담배도 피우고 술도 마시잖아. 그만큼 성을 사는 걸 가볍게 생각해. 물론 문제의식이 없다거나 사고가 글러 먹었다고 비난받을 만한 말인 걸 알아. 그런데 사실 그런 교육을 받아 본 적도 없고 뭐가 문제인지도 잘 모르겠달까. 시작은 어려웠어. 솔직히 좀 무섭기도 했던 것 같다. 중고교를 같이 다녔던 친한 친구들끼리 학생 때부터 얘기했었거든.

"야, 수능만 끝나면 한번 가 보자."

실제로 성매매 업소에 간 건 수능 끝난 지 8개월이나 지난 스무 살 여름이었지만. 당시 좋아하던 여자애가 있었어. 걔랑 사귀게 된다면 서툰 모습을 보여주고 싶진 않더라고. 물론 사람마다 생각은 다를 것 같아.

'미아리 텍사스' 같은 집창촌은 주로 50대 이상 아저씨들이 가는 데야. 보통은 아는 형이나 선배한테 물어서 '오피(오피스텔 성매매)'로 가. '실장'이라 불리는 남자들과 카톡으로 먼저 예약을 하고, 일반 오피스텔로 들어가는 거니까 얼굴 팔릴 일이 없지.

성매매는 개인의 취향이 아니라 문화에 가까워. 왜냐하면 마약처럼 '범죄'라고 인식하고 하는 사람이 거의 없거든. 또 주위에서 다들 안 한다면 굳이 성매매를 하겠다고 고집하는 남자들은 극히 드물걸. 남들 다 하니까 하는 거지. 사회가 변한다면 나도 변하지 않을까.

왜 성을 파는 걸까

B씨(31세, 오피스텔 성매매 업소 근무)

나는 서울 역삼동 오피스텔 업소(오피방)에서 3년째 일하고 있어. 나이는 올해 서른하나. 왜 성매매 일을 하게 됐느냐고? 물론 돈 때문이야. 난 가방끈도 짧고 집안도 별 볼일 없어. 남들처럼 하고 싶은 일이 있었지만 꿈을 펼칠 수 있는 환경이 아니었지.

난 소규모 회사에서 가죽제품 영업을 하다가 이 일을 시작했어. 소위 질 좋은 가죽제품을 사려다 보니 어느새 빚이 몇 천만 원 되더라. 그 돈을 메우려고 성매매를 시작했는데 두 달 만에 2,000만 원을 벌었어. 몸은 축이 났지만 그래도 돈을 버는 재미는 쏠쏠했지. 지금은 예전만큼은 아니지만 돈도 적당히 벌고 내 일도 하고 있어. 낮에는 가죽 가방 파는 온라인 쇼핑몰 사업을 하고 밤에는 오피방에 나오지. 처음엔 어색했어. 그래도 일을 본격적으로 시작하기 전에 소위 '교관'이라 불리는 사람들과 실제 관계를 맺으면서 어떻게 하는지 배워. 방학 때면 대학생도 많이 와. 우리 업소에만 매일 대기 인원이 40명씩은 있는데, 방학 땐 주간이랑 야간 팀을 나눠 돌려도 손님을 다 못 받는 날이 많아.

정말 싫은 건 남들이 너무 쉽게 나를 '죄인'으로 낙인찍는다는 거야. 당신이 나처럼 돈 한 푼이 절박했다면, 그래도 다른 선택을 했겠어?

※성매매 경험이 있는 남성 A씨와 성매매 업소에서 일하는 여성 B씨의 고백은 두 사람을 실제 인터뷰한 내용을 토대로 1인칭 시점으로 재구성한 것입니다.

조혜경 기자의 취재 수첩

퇴근 무렵, 친한 친구로부터 다급한 카톡이 날아왔다.

'혜경아 통화돼? 나 지금 심각해.'

여자인 친구들이 다급한 콜을 요청할 땐 십중팔구 '다급한 연애상담'이다. 대부분은 '판도라의 상자'라 불리는 남자친구의 휴대전화나 메일함에서 '옛 연인의 흔적', '다른 여자와 연락한 정황', '19금 동영상' 등을 발견하고 아득해진다(동영상 중엔 가끔 자신이 등장하는 경우도 있다. 친구한테 전화하지 말고 가까운 경찰서를 찾길 바란다).

이번 경우는 심각했다. 친구는 문자 메시지를 통해 남자친구가 불법 성매매업소 단골이라는 사실을 알고 심리적 중태에 빠졌다. "차라리 술자리에서 친구들이 끌고 가 마지못해 갔다고 했으면 그게 나았을 텐데"라며 한참을 흐느꼈다.

기사가 나간 뒤 많은 사람들이 친구의 후일담을 물어왔다. 친구는 사실 바로 헤어지진 않았다. 남자친구를 계속 만날 수도 있다고 생각한 그는 우선 남친의 성매매 사실을 잊으려고 했다. 하지만 그의 정신적 충격은 꽤 오래 지속됐다. 한동안 주위 사람들에게 "결혼하고 바람 안 피거나 성매매 안 하는 남자가 어딨냐"는 부정적인 말들을 뜬금없이 쏟아냈고, 남자친구와의 잠자리는 의도적으로 피했다. 스스로 이상해져간다고 판단한 친구는 결국 이별을 통보했다. 그 뒤에도 한동안 산부인과에서 성 관련 종합검진을 받느라 100만 원을 넘게 썼다고 한다.

취재를 하다 보니 성매매에 대한 젊은 남녀의 시각차는 너무나 뚜렷했다. 여자들은 남자의 성매매를 '인격', '신뢰', '자존감' 등의 문제와 묶어서 생각했다. 성매매를 한다는 것 자체가 여성 비하적인 가치관을 가지고 있다는 방증이며, 자신의 열등감을 돈을 주고 해소하려는 것이라는 의견도 나왔다.

남자들의 의견은 기사에 나온 배은경 교수의 논문과 정확하게 일치했다. '첫째도 둘째도 친구 혹은 주위 환경 때문'이라는 거다. 배 교수는 논문에서 "오랜 시간 성매매 행태를 연구했지만, 여느 사회적 현상과는 달리 성매매는 행위자들 간의 어떠한 사회 · 경제적 공통점을 찾아볼 수가 없었다"고 했다. 즉, 여성들의 생각처럼 '인성 교육의 부재', '여성 비하적인 가치관'의 문제는 아니라는 거다.

그렇다면 남성들의 성매매는 단순히 친구끼리 당구 한 게임, 스타크래프트 한 판 하는 정도의 의미인 걸까? 물론 성접대를 강요하는 일부 직종의 분위기, 집단에서의 무언적 압박 등 나름의 이유가 있을 거다. 하지만 당신의 성매매 사실을 알고 애써 모른 척하며 몸져누울 여자친구(아내)를 떠올려보라. 가치관과 도덕관념을 운운하지 않아도, 성매매를 통해서만 얻을 수 있는 자극(?)에 중독된 수준이 아니라면 굳이 고집하지 않아도 된다는 데 대부분의 남성들이 동의할 거라 믿는다. '알아도 상관없다'거나 '들키지만 않으면 되는 거 아니냐'고 하는 분들에겐, 그 관계의 붕괴는 굳이 성매매 때문이 아니라도 이미 시작됐다고 말해주고 싶다.

20만 원 냈는데 돌아온 건 5만 원, 잠이 안 왔다

축의금 때문에 인간관계가 바뀐 적 있나?

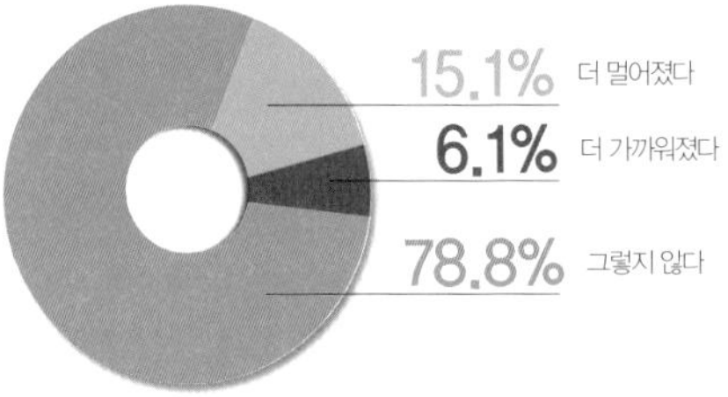

한 달 평균 축의금 지출액은 얼마인가?

5만 원 이하	14.8%
6만~10만 원	24.4%
11만~15만 원	28.8%
16만~20만 원	14.8%
21만~25만 원	5.2%
26만~30만 원	3.6%
31만~35만 원	2.8%
36만~40만 원	2.8%
41만~45만 원	0.4%
46만~50만 원	1.2%
51만~60만 원	0.4%
61만~70만 원	0.4%
100만 원 이상	0.4%

축의금(祝儀金)은 본래 '축하하는 뜻을 나타내기 위해 내는 돈'이란 뜻입니다. 하지만 이런 본래 뜻은 이미 상실된 것 같습니다. 특히 결혼 적령기인 청춘 세대에게 축의금은 일종의 재테크 수단으로 여겨집니다. 상대에 따라 얼마를 내야 할지 결정하는 것부터 쉽지 않습니다. 내가 낸 만큼 돌려받을 수 있을지 철저히 따져 봐야 하기 때문입니다. 설문조사와 사례 취재를 통해 2030세대의 '축테크(축의금 재테크)' 고민을 들어봤습니다.

새신랑 김모(30세) 씨는 결혼식 축의금을 정리하다가 깜짝 놀랐다. 친하다고 생각했던 입사 동기 A가 축의금을 5만 원을 냈기 때문이다. '분명히 두 달 전 A의 결혼식에 20만 원을 냈는데⋯' 김 씨는 부인과 함께 결혼식에 참석해 "축하한다"며 해맑게 손을 흔들던 동기의 얼굴이 떠올라 억울해서 잠을 잘 수가 없었다.

직장인 장모(29세) 씨는 2년 전 참석한 결혼식을 생각하면 아직도 후회가 된다. 평소에 전혀 연락하지 않던 친구가 처음으로 전화를 해 "나 결혼하는데 네가 꼭 와줬으면 좋겠어"라고 말해 얼떨결에 결혼식에 갔다. 호텔 결혼식이라 부담이 돼 10만 원을 축의금으로 냈는데 결혼 후 그 친구에게 고맙다는 인사도 없었다. 장 씨는 "언제 결혼할지 기약도 없는 데다 내가 결혼할 때쯤 과연 이 친구가 내 얼굴이나 기억할까 싶어 후회가 됐다"고 했다.

20~30대 청춘들에게 결혼식 축의금은 말 못할 고민이다. 친하지 않은 직장 동료나 오랜만에 연락해 온 친구에게 청첩장을 받았을 때는 어떻게 해야 할지, 사내 커플의 청첩장을 받았을 때 축의금을 양쪽에 다 해야 하는 건지, 교수님의 자녀가 결혼할 때는 얼마나 해야 하는지 무엇 하나 확실한 게 없기 때문이다.

청춘리포트 팀이 20~30대 남녀 250명을 상대로 결혼 축의금에 대해 조사한 결과 청춘들이 결혼식에 내는 축의금은 평균 5만 5,000원인 것으로 조사됐다. 친한 친구에게는 15만 7,000원을, 가까운 직장 동료에게는 평균 8만 1,000원을 냈다. 얼굴만 알고 지내는 직장 동료에게는 평균 3만 5,000원을, 친하지 않은 친구에게 내는 축의금은 3만 1,000원으로 조사됐다('안 낸다'는 응답자 수를 포함한 평균치). 응답자 250명의 한 달 평균 축의금 지출액은 '11~15만 원'이 28.8%(72명)로 가장 많았고, '6~10만 원'이 24.4%(61명), '16~20만 원'과 '5만 원 이하'가 각 14.8%(37명)로 뒤를 이었다.

특히 4~5월이나 10~11월 같은 '결혼 성수기'엔 축의금이 적잖은 부담으로 다가온다. 축의금이 가계에 부담이 되느냐는 질문에 10명 중 약 4명(38.4%)이 '부담된다'고 답했다. 부담되지 않는다는 응답이 8.8%였다.

축의금 액수를 결정할 때 고려하는 것(복수응답)으로는 '상대와 나의 친소관계'라는 응답이 86.4%(216명)로 가장 많았다. 이어▶상대가 내게 낸 축의금 42.4%(106명)▶내 경제 상황 18.8%(47명)▶예식자의 청첩 태도 18.4%(46명)▶결혼식장 유형 16.8%(42명) 순이었다.

'진상' 청첩자 vs '민폐' 하객

축의금은 20~30대 청춘 세대에게 몹시 예민한 문제다. 경제적으로 부담이 될 뿐만 아니라 상대에 따라 얼마를 내야 할지 판단을 내리기가 쉽지 않아서다. 이 때문에 축의금 문제로 갈등을 빚는 청춘들이 많다.

대표적인 '진상' 청첩자는 오랜만에 연락해 결혼한다고 알리는 '철판족'이다. 설문조사에 참여한 한 20대 여성은 "평소에 연락 한 번 안 하던 대학 동기가 결혼 직전 단체 카톡방을 만들어 모바일 청첩장을 돌렸다. 밉상이지만 그래도 축하해 주려고 다들 축의금을 들고 갔는데 결혼 후엔 다시 연락을 끊어버렸다"고 했다. "갑자기 연락이 와서 만나자는 둥, 밥 먹자는 둥 얘기하길래 '결혼하느냐'고 물었더니 아니라고 펄쩍 뛰던 친구가 결국 대화 끝에 문자로 청첩장을 보내더라"고 답한 응답자도 있었다.

갑을관계를 이용한 '강압족'도 있다. 홍보대행사에 다니는 A씨(40세)는 "거래처의 어린 직원이 말도 없이 40여 명의 다른 홍보대행사 직원을 단체 카톡방에 모아 모바일 청첩장만 올려놓고 말이 없었다. 우린 만년 을이니까 하는 수 없이 축의금을 보냈다"고 말했다. 대학원생 신모(30세) 씨는 "교수님 아들 결혼식에 제자들 대부분이 5만 원을 준비했는데 다른 친구 한 명이 10만 원을 내겠다고 말해 급하게 우르르 내려가 5만 원씩 더 출금해 왔다"고 말했다.

민폐 하객도 많다. 대표적인 유형이 상대에게 축의금을 받고도 모른 척하는 '시치미족'이다. 2년 전 결혼한 장모(30세) 씨는 "선배 결혼식에 나와 후배들이 5만 원씩 모아 예쁜 봉투에 편지까지 써서 축의금과 함께 냈는데 내 결혼식에는 선배가 참석하지도, 축의금을 보내지도 않아 분노했다"고 했다. 한 30대 남성은 설문조사에서 "회사 선배들이 축의금 봉투에 '○○ 외 6명'이라고 쓰고 10만 원을 냈더라. 7명이 10만 원이면 선배 한 사람당 1만 4,285원씩 낸 걸까. 봉투에 쓰인 이름 '외 6명'은 누구일까. 어처구니가 없었다"고 답하기도 했다.

실수로 빈 봉투를 내거나 돈을 잘못 내는 '건망증족'도 있다. 지난해 결혼한 이모(31세) 씨는 "40여 년간 집안 간 친분이 두터워 가족같이 생각하는 부모님의 친구가 이름 석 자를 또박또박 쓴 빈 봉투를 냈더라"며 "엄마가 얼굴이 벌겋게 돼 어쩔 줄 몰라 했다"고 회상했다. 직장인 이모(34세) 씨는 "한 친구가 축의금 5,000원을 냈더라. 평소에 워낙 덜렁대던 친구였던지라 5만 원 권으로 착각했다고 생각하고 그냥 5만 원 받은 셈 쳤다"고 말했다.

결혼식을 빙자한 '외식족'도 있다. 주부 이모(34세) 씨는 "다른 회사 동료의 축의금 봉투를 여러 개 배달하면서 본인은 축의금도 안 내고 네 가족을 모두 데리고 와 밥을 먹고 간 동료가 잊히지 않는다"고 했다. "3만 원 내고 아이 둘을 데려와 밥 먹인 사람이 인상적이었다"는 응답자도 있었다. 철저한 계산족도 있다. 한 설문 참여자는 "동기가 먼저 결혼하면서 저렴한 식탁을 사달라고 해서 동기들이 돈을 모아 식탁을 선물했는데 식탁을 받은 동기가 내 결혼식에 딱 그 금액인 3만 4,000원을 축의금으로 냈다"고 했다.

지금은 '축테크' 시대

축의금을 둘러싸고 이런저런 갈등에 휩싸이면서 요즘 청춘 세대 가운데 '축테크(축의금 재테크)'를 생활화한 이들이 적지 않다. 축의금 지출을 꼼꼼히 관리해 경제적으로 손해를 보지 않겠다는 심리가 반영된 현상이다. 최근에는 축의금을 관리해 주는 모바일 애플리케이션도 출시돼 인기를 끌고 있다. 한 대기업에 근무하는 이모(33세) 씨는 "훗날 결혼할 때 내가 축의금을 낸 만큼 제대로 돌려받는지 확인하기 위해 축의금 관리 앱을 활용하고 있다"며 "주변에 축의금 지출과 수입을 재테크 수단으로 활용하는 친구가 많다"고 말했다.

채윤경 기자의 취재 수첩

3~6월, 9~12월 나는 직업이 두 개인 '투잡(two job)'족으로 산다. 일요일에서 금요일에는 기자로, 토요일에는 결혼식 하객으로. 5월에는 본업이 하객 아닌가 하는 착각이 들 정도다. 토요일 하루에만 네다섯 건의 결혼이 있는 날도 있다.

정신없긴 해도 내게 결혼식 참석은 늘 즐거운 일이었다. 친한 친구들이 좋은 사람을 만나 가정을 꾸리기로 한 날 함께한다는 생각에 절로 뿌듯했다. 지난한 결혼 준비를 마치고 드디어 식을 올리는 것을 보며 시원섭섭하기도 했다.

그런데 한 친구의 결혼식 청첩을 받으면서 마음이 상했다. 대학시절 같은 동아리에 있던 이 친구는 갑자기 카톡으로 '단톡방'을 만들어 모바일 청첩장을 턱 하고 올렸다. "저 결혼해요. 청첩장 보내게 주소 좀 알려주세요~"라는 말과 함께.

무성의한 청첩장에 서운한 마음도 있었지만 우리는 결혼식에 찾아가 축하를 건넸다. 그 뒤로 친구는 연락이 없었다. 와줘서 고마웠다거나 잘 살겠다는 빈말은커녕 다른 친구가 결혼한다고 연락했는데 연락을 받지 않는다고 했다.

순간 화가 났다. 그러면서 다들 어떻게 사는지 궁금해졌다. 매주 결혼식마다 친구들과 혹은 동기들과 "축의금 얼마 해야 해"라고 상의하는 것도, "이 사람에겐 내야 해 말아야 해" 고민하는 것도 나만의 일이 아니라고 생각했다.

생생한 사례를 듣기 위해 설문을 시작했다. 반응은 폭발적이었다. 반나절 만에 300여 명이 응답을 했다. '친구에게도 부탁했다', '나에게 정말 재미있는 사례가 있다. 내 것 꼭 써 달라', '진짜 황당하지 않느냐' 등등.

그렇게 해서 민폐 청첩자와 진상 하객의 사례가 나왔다. 생각지도 못한 얘기들이 많았다. 6명이 돈을 모아 결혼하는 친구에게 식탁을 사줬는데 자신이 결혼할 때가 되자 식탁 값을 6분의 1로 나눈 3만 4,000원이 축의금으로 왔다는 사연부터, 자신은 친구 결혼식에 20만 원을 냈는데 그 친구는 5만 원을 내고 부인과 함께 와 해맑게 인사해 잠을 못 이뤘다는 에피소드, 갑자기 80여 명의 협력업체 담당자를 카톡방에 모아 모바일 청첩장을 올린 본사 직원, 그리고 의외로 많이 나오는 빈 봉투까지.

박장대소했다. 내가 겪은 일은 아무것도 아니었다. 그러다 문득 이것이 단순한 에피소드가 아닐 수도 있겠다는 생각이 들었다. 너무 비싸져버린 결혼식 비용, 주거비용, 방대해진 인간관계, 여기에 양념처럼 등장한 5만 원권까지, 복잡하게 얽혀 있는 문제인 것 같았다.

결혼 문화는 계속 고민해봐야 할 주제이다. 일단 공감하며 읽으시고 함께 고민해주시면 좋겠다.

신랑 신부는 현금결제만 할 것을 약속합니까?

이 '돈다발'사진은 사례자 가운데 한 커플이 결혼 준비용으로 마련해놓은 실제 현금(1,910만 원)을 촬영한 것입니다.

결혼을 일러 인륜지대사(人倫之大事)라고 했습니다. 인생에서 결혼보다 더 큰일은 없다는 뜻입니다. 그런데 요즘 2030세대의 결혼을 보면 '인륜지대사' 대신 '현금지대사(現金之大事)'라고 불러야 할 것 같습니다. 결혼업체들이 신용카드를 안 받는 탓에 현금이 뭉텅이째 들어가는 일이 많기 때문입니다. 그래서 청춘세대의 '신(新)결혼준비서약'은 이런 것입니다.

"신랑, 신부는 비가 오나 눈이 오나 현금 결제만을 약속할 것이며…."

한국 신혼부부 평균 결혼비용은?(집값 제외)

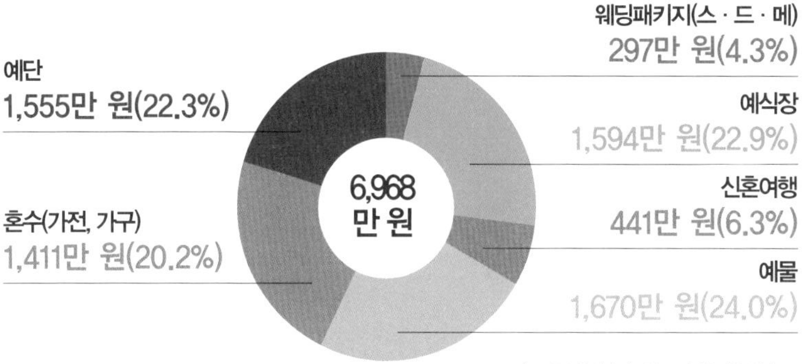

자료 : 듀오휴먼라이프연구소 '결혼비용 실태보고서'
※ 2012~2013년 결혼한 남녀 1,000명 대상 설문조사

결혼정보회사 듀오와 서울대 심리학과 최인철 교수가 3월(2014년) 발표한 공동 연구 결과에 따르면, 신혼부부 한 쌍의 평균 결혼비용은 6,968만 원(주택비용 제외)이었습니다. 연평균 32만 쌍이 결혼식을 올리는 걸 감안하면 한국 웨딩 시장 규모는 약 22조 원에 이를 것으로 추산됩니다. 결혼 업계에선 이 가운데 30%가량이 현금으로만 거래되는 것으로 보고 있습니다. 한 해 평균 약 7조 원이 '웨딩 지하경제'로 스며들고 있다는 얘기입니다.

청춘리포트는 결혼을 앞둔 2030 여섯 커플로부터 현금만 요구하는 웨딩 시장의 검은손에 대해 들어볼 수 있었습니다. 이들은 "불이익을 피하려면 결혼비용 수천만 원을 현금으로 계산할 수밖에 없었다"라고 했습니다. 20대 후반에서 30대 초반에 이르는 이 여섯 커플의 험난한 결혼 준비 이야기를 '예비 신부의 다이어리' 형식으로 재구성했습니다.

카드 긁으시면 20% 더 내는 거 아시죠?

웨딩플래너에게 '스 · 드 · 메(앨범 촬영용 스튜디오 · 웨딩드레스 · 메이크업 업체를 뜻하는 약자)' 계약 대행을 맡기기로 했다. 100만 원대도 있지만 300만 원은 넘어야 깔끔하게 나온다며 고액의 드레스 숍과 스튜디오를 추천한다. 앨범용 사진 촬영 · 드레스 대여 · 신랑신부 메이크업 포함 가격이 무려 360만 원! 당연히 현금 계산이 원칙이라고 했다. 신랑이 "카드 결제도 되긴 하죠?"라고 묻자 플래너가 코웃음을 쳤다. 카드도 되긴 하지만 부가가치세(VAT) 20%를 추가로 지불해야 가능하단다. 다시 "현금영수증 발행은 당연히 되겠죠?"라고 묻자 이번엔 플래너가 미간을 찌푸렸다. 현금영수증 발행은 부가가치세 15%가 더 붙는다고 했다. 플래너는 계좌번호를 부르며 말했다.

"신랑, 신부님, 결혼 준비는 대부분 현금으로 하셔야 합리적인 가격으로 된답니다."

싸다 싶은 여행사는 무조건 현금 결제만

신혼여행은 하와이로 가기로 했다. 일정이 하필 여름 휴가철과 겹쳤다. 초특가 상품이 있는 여행사를 찾기 위해 국내외 여행 사이트를 몽땅 뒤졌다. 비행기 티켓은 가격이 저렴한 해외여행 사이트에서 알아봤다. 그런 다음 호텔만 별도로 국내 여행사들을 비교해가며 일일이 e메일로 견적서를 요청했다. 가격이 좀 싸다 싶은 곳은 100% 현금 결제가 조건이었다. 카드 결제가 된다거나 현금영수증 발행이 가능하다는 곳들은 다른 데 비해 60~70만 원 더 비쌌다.

현금영수증 발행이 가능한지를 묻자 "저희는 외화 예금으로도 송금이 가능하다. 환율 걱정은 안 해도 된다"며 엉뚱한 답변만 늘어놨다. 결국 현금으로 내는 대신 하와이에서 오픈카 대여 서비스를 제공받기로 하고 520만 원에 결제했다.

마음에 드는 사진 고르려면 20만 원 내세요

웨딩 촬영 날이다. 드레스 숍에서 고용된 '헬퍼 이모님'이 드레스를 들고 미용실에 도착했다. 헬퍼 이모님은 촬영 4시간 동안 드레스 옷매무새를 만져주는 도우미

역할을 한다. 촬영이 끝나면 빌렸던 드레스를 다시 업체에 반납하는 것도 그의 역할이다. 이모님의 일당은 15만 원. 4시간에 15만 원이라니! 시급이 3만 원도 넘는 셈이다. 결혼식에도

이 분이 있어야만 드레스를 받을 수 있다고 했다. 이모님은 당연히 현금을 요구한다. 현금으로 총 30만 원이 헬퍼 이모님에게 건네졌다.

결혼 준비를 하다 보면 업체에서 처음 말한 대로 되는 게 없다. 온통 추가 비용 투성이다. 이럴 거면 처음부터 계약금보다 100만 원은 더 나올 거라고 얘길 해주든가. 웨딩 촬영이 끝나자 원본 CD를 받으려면 현금 20만 원을 추가로 내야 한단다. 돈을 안 내면 스튜디오에서 찍은 사진을 고를 수도 없다. 자기들이 마음대로 골라서 앨범을 구성한단다. 원본 CD 말고 보정 처리한 수정본 CD를 받을 때도 추가 비용을 받는다고 했다. 앨범에 들어가는 기본 사진은 20장인데 원본 사진은 800장. 800장 가운데 어떻게 20장만 고르나? 그런데 앨범에 사진을 더 넣고 싶으면 1장 추가할 때마다 3만 원씩 내야 한다고 했다. 액자까지 추가로 맞추고 나니 웨딩 촬영하며 추가로 들어간 현금만 140만 원이 됐다.

145만 원짜리 커플링, 현금 내면 90만 원에

현금 타령만 하는 이 업계 사람들도 이젠 익숙해졌다. 예물 · 예단 시장에선 '현금영수증'을 말하는 순간 진상 고객이 된다. 카드 결제는 더 말할 것도 없다. 145만 원짜리 커플링이 현금으로 결제하면 118만 원이라고 했다. 좀 더 둘러보고 오겠다고 하자 "지금 바로 현금을 주면 90만 원"이라며 손목을 잡아끌었다.

신랑, 신부와 양가 어머니 한복은 현금으로 하면 160만 원이라고 했다. 그런데 현금영수증 이야기를 꺼내자 곧바로 200만 원이라며 40만 원 더 비싸게 불렀다. 현금을 주면 도매가로 해줄 수 있어서라고 했다. 예단 3총사라는 이불 · 은수저 · 반상기(240만 원)도 당연히 현금 요구.

결혼 때 1캐럿 다이아반지를 한 친구는 견적이 1,300만 원인데 계약금 300만 원은 카드로 하게 해줄 테니 1,000만 원은 현금으로 결제하라며 으름장을 놓더라고 했다. 현금영수증이 왜 안 되느냐고 따지자 보석상 주인은 "다른 웨딩업체에 가봐라. 다 똑같이 현금 결제 하는데 우리 같이 약한 사람만 괴롭히지 말라"고 했단다.

나는 오늘 통장을 탈탈 털어서 현금 850만 원을 예물 · 예단 업체에 건네고 돌아왔다. 현금 마련하느라 신랑과 다투기까지 했다. 도대체 누가 약한 사람인지….

얼떨결에 예도·예포… 추가 계산하셔야죠

드디어 결혼식이다. 예식장은 카드 결제와 현금영수증 모두 가능한 곳으로 계약했다. 이제 더는 현금 때문에 씨름하는 일은 없을 거라고 생각했다. 결혼 준비를 하면서 현금을 마련하느라 동분서주하던 기억들이 스쳐갔다. 신랑도 나도 힘겨운 관문을 통과해왔다는 사실에 안도감이 들었다. 우리는 서로를 바라보며 싱긋 웃었다.

그런데 예식 시작 직전에 예식장 직원이 숨을 헐떡이며 신랑에게 달려왔다. 직원이 신랑에게 귓속말로 무언가 속삭였다. 뭐지? 나 몰래 이벤트를 준비했나?

"신부 입장!"

결혼행진곡이 울려 퍼지고 식장으로 사뿐사뿐 발걸음을 옮겼다. 갑자기 요란한 브라스 밴드가 연주를 시작하더니 팡파르가 터졌다. 아, 이게 신랑이 준비한 이벤트구나. 이제 정말 우리가 부부가 되는구나.

결혼식이 끝나고 정산하려고 사무실로 갔다. 그런데 뜻밖의 청구서를 받았다. 예도 20만 원, 예포 20만 원. 예식장 직원은 당일 추가 계약한 40만 원은 당연히 현금 결제라고 했다. 신랑한테 물어보니 예식 직전에 직원이 다급하게 달려와 묻더란다.

"신랑님, 신부님은 허락하셨는데 입장 전 축포 쏠까요? 결제는 당연히 현금이고요."

허락했다고? 현금 결제를? 언제? 내가 언제!

예식장 현금영수증 꼭 발행해야…
소비자가 고발하면 20% 포상금

결혼 시장에서 현금을 고집하는 풍토는 오래된 일이다. 평균 수천만 원씩 들어가는 결혼비용을 한꺼번에 지출해야 하는 예비부부 입장에서는 '현금으로 하면 할인해준다'는 제안은 뿌리치기 어려운 유혹이기 때문이다.

통계청이 집계한 2013년 혼인 건수는 32만 2,800건. 듀오에 따르면 한 커플당 평균 결혼비용이 약 7,000만 원이었다. 이들 전체 부부가 주택 구입비를 제외하고 사용한 결혼비용은 총 22조 4,927억여 원에 달하는 것으로 추산된다. 결혼 업계에선 이 가운데 약 30%(6조 7,478억여 원)가 현금으로만 거래됐을 것으로 본다. 특히 웨딩패키지, 신혼 여행비, 예물 · 예단 금액은 현금 결제 비율이 50%를 넘는 것으로 추정하고 있다.

익명을 요구한 웨딩플래너는 "'스 · 드 · 메'와 예물 · 예단 업체 가운데는 영세업장도 많기 때문에 현금 결제가 불가피한 측면이 있다"며 "카드 결제나 현금영수증을 강제하면 세금만큼의 금액이 오히려 소비자에게 전가될 것"이라고 주장했다.

하지만 웨딩 컨설팅 업체 아이웨딩 이종현 과장은 "결혼 업체의 70~80%가량이 현금 결제를 강요하고 있다고 보면 된다"며 "이는 고객의 선택권을 제한하고 불투명한 돈거래를 부추기는 것으로 전체 시장 질서를 어지럽히는 행위"라고 지적했다.

국세청 관계자는 "상당수 결혼 업체가 현금 할인을 해주고 탈세 행위를 하고 있지만 이를 규제하는 데엔 현실적 제약이 따른다"며 "한복 · 예물 등 소매 업종에 과태료를 무작정 부과하면 영세사업자들에게 악영향을 미칠 우려가 있어 비교적 큰 업체부터 단계별로 현금영수증 의무 발행 등의 제도를 시행하고 있다"고 말했다. 실제 국세청은 2014년 1월부터 예식장에 한해 고객이 요구하지 않아도 현금영수증을 의무적으로 발행하도록 했다. 이를 어길 경우 50%의 과태료를 내야 한다. 고발한 소비자는 20%의 포상금을 받는다.

이지상 기자의 취재 수첩

2014년 5월, 상견례를 마치자마자 문구점에서 공책 한 권을 샀다. 연분홍색 배경에 구름이 그려져 있는 손바닥만 한 공책이었다. 이제 정말 결혼한다는 생각에 벅찬 마음을 매일 적어볼까 하고 말이다. 공책 이름은 '결혼 일기'라고 지었다. 지금은 남편인, 당시 남자친구에게 "역사적인 순간이니 한 글자 적어도 좋아" 하고 첫 장을 내밀었다. 그랬는데 글쎄 적어놓은 글이 이랬다.

> 이지상 씨, 결혼 축하드립니다. 나도 한 번밖에 결혼한 적이 없어서 자세한 것은 잘 모르지만, 결혼이라는 것은 좋을 때는 아주 좋습니다. 별로 좋지 않을 때는 나는 늘 뭔가 딴 생각을 떠올리려 합니다. 그렇지만 좋을 때는 아주 좋습니다. 좋을 때가 많기를 기원합니다. 행복하세요.

무라카미 하루키가 누군가의 결혼 축사로 남긴 글이었다고 한다. 당시엔 무지 섭섭했다. 드디어 꿈꿔온 결혼을 하는데, 찬물을 끼얹는 기분이어서. 그러나 막상 결혼은 꿈보다는 현실이었다. '결혼 일기'는 '결혼 가계부'가 됐다. 식장부터 혼수, 예단은 물론이고 사진 촬영, 드레스 등 결혼은 시작부터 끝까지 상품을 구매하는 거대한 소비시장이었다. 대여한 드레스를 운반해주는 도우미의 일급(헬퍼비), 결혼식장에 놓이는 방명록 · 축의금 봉투 등이 전부 상품으로 계산돼 지불해야 한다는 사실을 결혼 전에는 알지 못했다. 웨딩업자들이 "평생 단 한 번인데요, 신랑(신부)님"이라는 마법의 주문을 외치며 현금을 요구한다는 사실도.

이 기사는 이렇게 나의 체험담으로 시작한 기사이다. 내 눈으로 지켜본 결혼 업계의 '지하경제'를 생생하게 써보겠다는 마음으로 취재에 임했다. "카드가 되는지를 묻는 것 자체가 한심한 분위기더라", "현금은 예쁜 봉투에 담아서 달라는 플래너의 조언을 받았다", "스튜디오에서 추가 사진 한 장당 3만 원씩 현금으로 더 내라고 했다"는 등 주변에서 경험담이 쏟아졌다. 신혼부부 한 쌍의 평균 결혼 비용이 6,968만 원인데, 웨딩 업계에선 그중에 30%가 현금으로 쓰인다고 추산한다. 연평균 32만 쌍이 결혼하니 한 해 평균 7조 원가량 현금이 쓰인다는 계산이 나왔다.

이 기사를 쓴 뒤 여러 언론사가 기사 인용을 하는가 하면, '결혼 준비 카페' 등에서도 화제가 됐다. 하지만 2016년인 지금도 그 관행이 사라졌다고 보긴 힘들다. 신혼부부는 다시 결혼 준비를 하지 않으니 일회성 문제제기로 끝나기 때문이다. 기회가 된다면 좀 더 심층기획으로 문제제기를 해보고 싶다는 아쉬움이 남는다.

취직 후 내 집 마련까지 39년
연애도 공부하면 달라질까요
요즘 누가 순결이란 말 쓰나요
82.9%
45.6
53.6
2030은 정치를
극한 알바, 젊음이 휘발되는

6장
즐거운 곳에서는 날 오라 하지 않고

정강현 팀장의 청춘레터

한국인 씨의 인생극장

평균적인 한국인의 삶을 가상의 드라마로 구성해보면 어떨까요. 이름하여 '한국인' 씨의 인생극장.

한 씨는 태어난 지 한두 해 만에 곧장 사교육 시장으로 편입됩니다. 겨우 어린이집에 나갈 나이에 영어 과외를 시작하고, 유치원에 들어갈 즈음엔 영재 학습이라는 이름으로 각종 사교육을 받습니다.

초등학교에 입학하면 본격적인 입시 전쟁이 시작됩니다. 이때부터 한국인 씨는 명문대 진학이라는 단 하나의 목표를 향해 무작정 달려갑니다. 공부 또 공부…. 사실 공부라기보다는 입시 기술을 익히는 것에 불과한 수업에 시간과 돈을 쏟아 부으며 학창 시절이 흘러갑니다.

그렇게 어찌어찌 서울의 한 대학에 진학한 한국인 씨. 명문대 진학엔 실패했지만 '인 서울' 대학에 들어간 것만 해도 다행이라 여깁니다. 그런데 이번엔 비싼 등록금이 발목을 잡습니다. 아르바이트를 2~3개씩 하면서 동시에 취업 공부까지 해야 하는 한 씨. 그러나 이번에도 특유의 성실함으로 대학 시절을 보낸 뒤 그 어렵다는 취업에 성공합니다.

취업을 한 뒤 결혼을 하려고 생각해보니, 이번엔 성실함만으로 극복될 수 없는 문제가 불거집니다. 내 집 마련. 아, 이것은 도무지 극복하기 힘든 문제입니다. 2015년 기준으로 서울의 아파트 평균 매매가는 4억 9,999만 원. 2인 가구를 기준으로 평균적인 소득 · 지출을 감안하면 취업 후 39년 6개월이 지나야 아파트를 살 수 있다는 계산이 나옵니다. 나이로 치면 68.5세가 돼야 내 집 한 칸을 마련할 수 있다는 것. 죽음이 가까운 노년에 이르러서야 겨우 집 한 채를 마련할 수 있다는 슬픈 이야기. 아, 가련한 한국인 씨. 결국 한 씨는 주택 구입을 포기하는 '주포자(주택 구입을 포기한 자)'로 살아갈 수밖에 없다는 결론에 이릅니다.

가상 드라마랍시고 상상해본 이야기이지만, 이것은 말 그대로 한국인의 평균적인 삶을 요약한 것에 다름 아닙니다. 실제로 대다수 청춘들은 이와 같은 평균적인 삶에서 크게 벗어나지 못하는 인생을 살게 될 것입니다. 그래서 청춘 세대는 주택 시장의 주변부로 자꾸만 내몰립니다. 청춘리포트 팀이 만나본 청춘 세대 가운데 절반 이상이 '반드시 자기 소유의 집이 있어야 하는 건 아니다'라고 답했습니다. 그들은 또 '부모로부터 1~2억 원 정도는 지원받아야 주택 구입이 가능하다'고 생각하고 있었습니다. 요컨대 지금의 청춘 세대는 부모의 도움 없이는 주택 마련이 불가능하다는 결론을 내리고 있다는 겁니다.

부모의 지원을 기대조차 할 수 없는 상당수 청춘들은 일찌감치 저마다의 자구책을 마련하고 있습니다. 옥탑방이 대표적입니다. 과거 옥탑방은 가정 형편이 어려운 일부 대학생이나 도시 빈곤층의 자취 공간 정도로 여겨졌지만, 지금은 청춘 세대의 일상화 된 주거 공간으로 자리 잡고 있습니다. 옥탑방에서 사회생활을 시작하고 신혼살림을 꾸리는 청춘들이 적잖습니다. 말하자면 청춘의 주거 조건이 과거에 비해 형편없는 수준으로 후퇴하고 있다는 이야기입니다.

좀 더 심각한 이야기를 덧붙여 볼까요. 흔한 일은 아니지만 심지어 노숙을 택하는 청춘들도 있습니다. 청춘리포트 팀이 취재해보니 전국에 대략 1,200명 남짓한 청년 노숙인이 있었습니다. 이들 청년 노숙인들은 처음부터 극빈층이었던 게 아니라, 등록금 충당 등을 위해 돈을 빌렸다가 신용불량자로 추락한 경우가 많았습니다.

집은 옷, 음식과 더불어 인간이 삶을 영위하기 위해 필요한 최소한의 조건입니다. 미래세대인 20~30대가 사회생활을 시작하는 첫 단계부터 열악한 주거 환경에 던져지는 사회에서 어떤 희망을 이야기할 수 있을까요. 평균적인 한국인이 주포자로 전락하는 현실만은 개선됐으면 합니다. 한국인 씨의 인생극장이 해피엔딩으로 막을 내리기를 기대해봅니다.

취직 후 내 집 마련까지 39년

청춘의 내 집 마련

자료 : 통계청, WHO '2015 세계 보건 통계'
국민은행 '주택가격 동향'을 바탕으로 한 시뮬레이션 결과

go

일러스트 : 송혜영 기자

"집 사려고 사는 인생…, 안 살래요"

1세

초등 8세

중등 13세

대입 19세

입대 23세

2015년 전국 대학생 평균 빚
1,477만 원

전체 연말정산 근로자
1,636만 명 평균 급여액
(2014년 기준)
3,040만 원

평균 취업 연령
여자 : 27세

취업 29세

평균 초혼 연령
여자 : 29.8세

전국에 아파트만 800만 채가 있다는데…. 우리 시대 청춘들은 빽빽한 아파트 숲을 바라보며 쓸쓸해집니다. 저 많은 아파트 가운데 왜 내 집은 없을까. 취업난을 뚫고 겨우 취직을 하더라도 내 집 마련의 꿈은 요원하기만 합니다. 해마다 집값은 치솟는데 월급은 찔끔 오르는 데 그치니까요. 청춘 세대들 사이에 '주포자(주택 구입을 포기한 자)'가 늘고 있는 건 당연한 현상일지도 모르겠습니다. 지금의 20~30대가 서울에 있는 아파트 한 채를 구입하려면 대체 몇 년이 걸릴까요. 청춘리포트 팀이 각종 통계치를 입력해 시뮬레이션 해봤습니다.

2030에게 내 집 마련은?

청춘리포트 팀 온라인 설문조사(응답자 100명)

반드시 자기 소유의 집을 가져야 한다고 생각하나?

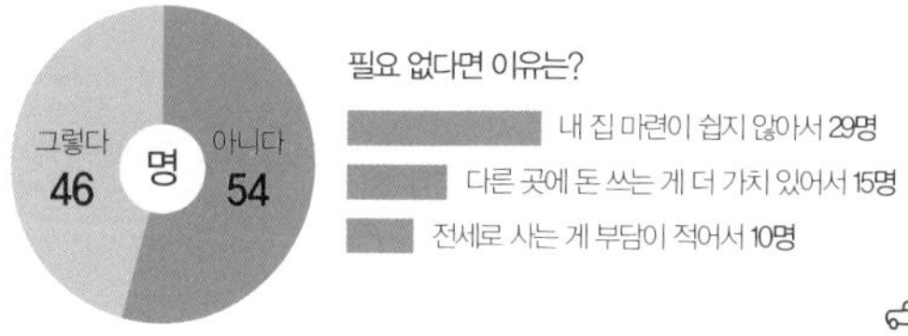

내 집 마련을 위해 부모님의 지원을 받을 생각이 있나?

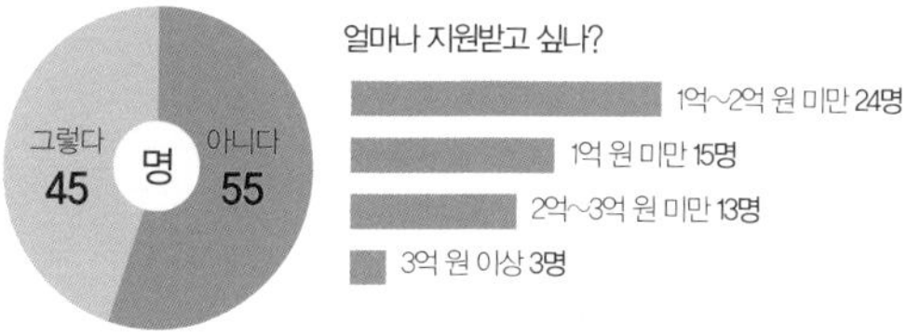

한국인 기대수명
남자 : 80세
여자 : 87세

2인 가구 월평균 가계 소득 · 지출
(도시근로자 2015년 상반기 기준)

소득 403만 원, 지출 294만 원

1인 가구 소득 : 246만 원, 지출 : 180만 원
3인 가구 소득 : 508만 원, 지출 : 376만 원

2인 가구 아파트 마련 4억 9,999만 원
(2015년 서울 평균 매매가)

취업 후 39년 6개월

1인 가구 : 93세 11개월(취업 후 평균 64년 11개월)
3인 가구 : 61세 6개월(취업 후 평균 32년 6개월)

혼 32.4세

은퇴 53세

내 집 마련
68.5세

집 : 추위, 더위, 비바람 따위를 막고 그 속에 들어 살기 위해 지은 건물(네이버 국어사전)

한국 사회에서 집은 단순한 사전적 의미를 넘어선다. 집은 삶의 보금자리이고 가족이 함께 생활하며 추억을 쌓는 공간인 동시에 개인의 경제 수준을 나타내는 상징으로 인식돼왔다. 그런데 요즘 자기 소유의 집을 갖지 않겠다는 청춘들이 늘고 있다. 학자금 대출 등으로 대학을 졸업하는 순간부터 평균 1,000만 원이 넘는 빚을 떠안고 사회의 출발선에 선 청춘들. 살인적인 취업 경쟁에서 살아남기 위해 아등바등하는 그들에게 내 소유의 집은 '가까이 하기엔 너무 먼 당신'이 돼 가고 있는 것이다.

50대 이상의 부모 세대 때만 해도 집은 인생의 중요한 목표 중 하나였다. 집은 곧 재산이자 그 자체로 훌륭한 재테크 수단이 되기도 했다. 차곡차곡 돈을 모아 평수가 더 큰 아파트로 이사하며 뿌듯해하던 그 시절과 비교하면 내 집 마련에 대한 2030세대의 인식은 크게 달라졌다.

청춘리포트 팀이 서로 다른 처지에 놓인 2030세대 세 명을 만났다. 개인 형편에 따라 차이는 있었지만 "반드시 내 집을 가질 필요는 없다"며 한목소리를 냈다.

정종현(33세, 디자인 회사 근무) 씨

서울에서 내 집을 갖는다는 건 저에겐 너무나 비현실적인 꿈이에요. 월급이 200만 원 조금 넘어요. 저는 지방 출신이고 서울에서 직장을 다니는데 일단 매달

나가는 월세만 해도 부담이 큽니다. 교통비와 식비, 데이트 비용 등 기본적으로 지출하는 금액을 빼면 사실상 남는 돈이 거의 없어요.

직장에서 일한 지 2년 가까이 됐는데 통장을 확인해보면 한숨만 나오죠. 모아둔 돈이 거의 없거든요. 게다가 내년에 있을 여자친구와의 결혼 비용까지 일부 마련해야 하죠. 서울의 평균적인 아파트만 해도 제겐 '넘사벽(넘을 수 없는 4차원의 벽)'이에요. 4~5억 원을 훨씬 넘는 아파트를 지금 제 월급으로 어떻게 살 수 있을까요. 집을 '안' 산다기보다 집을 '못' 산다고 하는 게 맞는 말 같네요.

이모(31세, 대기업 근무) 씨

연봉 4,000만 원 정도에 수당까지 합치면 어느 정도 수입이 있는 편이에요. 늘 절약하며 빠듯하게 돈을 모은다면 언젠가는 작은 아파트 정도는 살 수 있겠죠. 하지만 내 집 마련이란 굴레에 평생을 얽매이긴 싫어요. 전세 등 다른 수단도 많은데 무리해서라도 내 집을 마련해야 할 이유를 솔직히 잘 모르겠어요. 오로지 내 집 마련을 위해 삶의 다른 부분들을 포기하면서까지 빠듯하게 허리띠를 졸라매야 한다면 인생이 너무 허무할 것 같고요. 아파트 사는 데 수억 원을 쓰기보다 차라리 좋은 차를 타고 해외여행도 자주 다니는 여유로운 삶을 택하고 싶어요. 앞으로 결혼을 하고, 아이도 생기고 한다면 생각이 바뀔 수는 있겠지만 현재로선 내 집을 꼭 마련하겠다는 생각은 없습니다.

최경석(25세, 대학생) 씨

졸업 후 어떤 일을 하게 될지는 모르겠지만 결혼을 하고 사회생활을 하는 선배들의 얘기를 들으면 눈앞이 캄캄해요. 택시비도 아까워 늘 대중교통을 이용하고 웬만하면 걸어서 이동하곤 해요. 한 푼을 아끼고 당장 취업도 막막한 상황에서 내 집 마련은 너무 먼 얘기처럼 느껴져요. 지난 학기 수업 도중 한 교수님께서 '서울의 아파트 한 채를 사려고 짧은 인생 수십 년을 허비해선 안 된다'고 하시더군요. 그 말이 너무 와 닿았어요. 꼭 내 소유의 집을 갖진 않더라도 하고 싶은 일을 하고, 제 나름대로 인생을 즐기며 살고 싶어요.

"집을 사지 않겠다"는 세 청춘의 목소리는 사실 요즘 20~30대의 평균적인 생각과 다르지 않다. 실제 청춘리포트 팀이 국내 20~30대 성인 남녀 100명을 대상으로 설문조사를 한 결과 "반드시 내 소유의 집을 가져야 할 필요가 없다"는 응답자가 54%로 절반을 넘었다. 반드시 내 집을 가질 필요가 없다고 답한 이유론 '집값이 비싼 상황에서 내 집 마련이 현실적으로 쉽지 않다'는 응답이 29명(53.7%)으로 가장 많았다. '내 집 마련보다 다른 곳에 돈을 쓰는 게 더 가치 있다'(27.8%), '집을 사는 것보다 전세 등으로 사는 게 부담이 적어서'(18.5%)라는 답변이 뒤를 이었다.

내 힘으로 집을 마련하기 어려운 상황에서 부모님의 경제적인 지원을 받고 싶다고 답한 비율도 절반을 넘었다. '내 집 마련을 위해 부모님의 경제적 지원을 받을 생각이 있느냐'는 질문엔 55%가 '그렇다'고 답했다. 희망하는 부모님의 지원 금액은 1~2억 원 미만이 24명(43.6%)으로 가장 많았다. 이어 1억 원 미만(27.3%), 2~3억 원(23.6%), 3억 원 이상(5.5%) 순이었다.

통계청의 '2015년 1분기 가계지출 동향'을 바탕으로 한 시뮬레이션 결과도 이를 뒷받침한다. 대학생 1명의 평균 빚은 올해 기준 1,477만 원(취업포털 사람인 설문조사)이다. 도시근로자 1인 가구의 월평균 소득은 246만 원, 평균 가계지출은 180만 원이었다. 1인 가구의 경우 남은 돈을 모아 서울의 평균가격 아파트(4억 9,999만원, 국민은행 2015 주택가격 동향)를 사려면 무려 64년 11개월이 걸린다는 계산이 나온다. 2인 가구의 경우 39년 6개월, 3인 가구 32년 6개월, 4인 가구는 37년이 걸리는 것으로 나타났다. 경기도 지역 아파트(평균가격 2억 6,051만 원)를 기준으로 하더라도 1인 가구는 34년 9개월, 2인 가구 21년 5개월, 3인 가구와 4인 가구는 각각 17년 7개월, 20년이 걸리는 것으로 조사됐다. 이 시뮬레이션 결과는 결혼 준비 비용(평균 1억 89만 원)을 부모님이 대신 부담한다고 가정했을 때의 수치다.

연세대 성태윤(경제학) 교수는 "아파트 평균 매매가보다 더 저렴한 집을 구매할 수 있고 부모님의 경제적 지원, 근로자의 평균소득이 늘어나는 등 변수가 있다"면서도 "물가 상승, 부동산 가격 변동 등을 고려하면 사실상 평범한 근로자가 부모 등의 도움을 받지 않고 월급만으로 서울에서 평균가의 아파트를 구매하는 건 불가능에 가까운 일"이라고 말했다.

손국희 기자의 취재 수첩

지난해 친한 고등학교 동창이 결혼했다. 여자친구가 마음에 든다며 "하루라도 빨리 결혼하고 싶다"는 말을 입버릇처럼 달고 살던 친구였다.

그런데 결혼을 며칠 앞두고 만난 친구의 표정이 어두웠다. 이유를 물어보니 "서울에서 집 구하기가 불가능하다. 아파트 한 채 구하려면 앞으론 평생 집값만 쫓아 살아야 할 것 같다"고 쓴웃음을 지었다. 결혼을 결정한 뒤 집을 구하기 위해 서울시에 문의를 해보고 여기저기 발품을 팔았지만 남는 건 한숨뿐이라고 했다. 친구는 결국 원룸에 신혼집을 차렸다.

정말이지 포기할 게 많은 청춘들이다. 삼포세대(연애, 결혼, 출산을 포기한 젊은 세대를 지칭하는 말)란 말은 이제 식상하다. 주포세대(주택 구입을 포기한 세대)라는 말까지 등장했다.

사람은 의식주 없인 살 수 없다. 특히 한국 사회에서 집의 의미는 각별하다. 개인의 휴식공간이자 행복한 가정의 중심이기도 하다. 때로는 훌륭한 재테크 수단이 되기도 한다. 그런데 주택 구입을 포기하다니? 의문에 대한 답을 얻기 위해선 먼저 다른 궁금증부터 풀어야 했다.

"20 · 30대가 서울에서 아파트 한 채를 구입하려면 대체 몇 년이 걸릴까?"

이를 위해 대학생 1명의 평균 빚, 도시근로자 가구의 월평균 소득과 가계지출 그리고 서울 아파트 평균 매매가 등 자료를 수집했다. 그 결과 1인 가구의 경우 서울에서 아파트를 사려면 취업 이후 64년 11개월, 2인 가구의 경우 39년 6개월이 걸린다는 계산이 나왔다. "평생 집값만 쫓아 살아야 할 것 같다"는 친구의 말은 남의 일이 아니었다.

이런 상황에서 생각보다 많은 청춘들이 "꼭 내 집을 소유할 필요가 없다"고 입을 모았다. 월급을 생각하면 현실적으로 집을 사기가 불가능할 뿐더러, 오로지 '내 집 마련'을 위한 인생을 살기 싫다는 목소리가 많았다. 취재 과정에서 만난 대학생 최경석 씨의 말이 기사를 쓰는 내내 귓가에 맴돌았다.

"고등학교 땐 대학 입시에 매달리고, 대학교 땐 취업 전쟁에 시달리고. 아직까지 나만을 위한 인생을 살았다고 생각하지 않아요. 아직 제대로 꽃피워보지도 못한 인생을 담보로 집을 구한다는 건 너무 잔인하지 않나요?"

2030 청년 노숙 1,200명, 내 이름은 드림리스

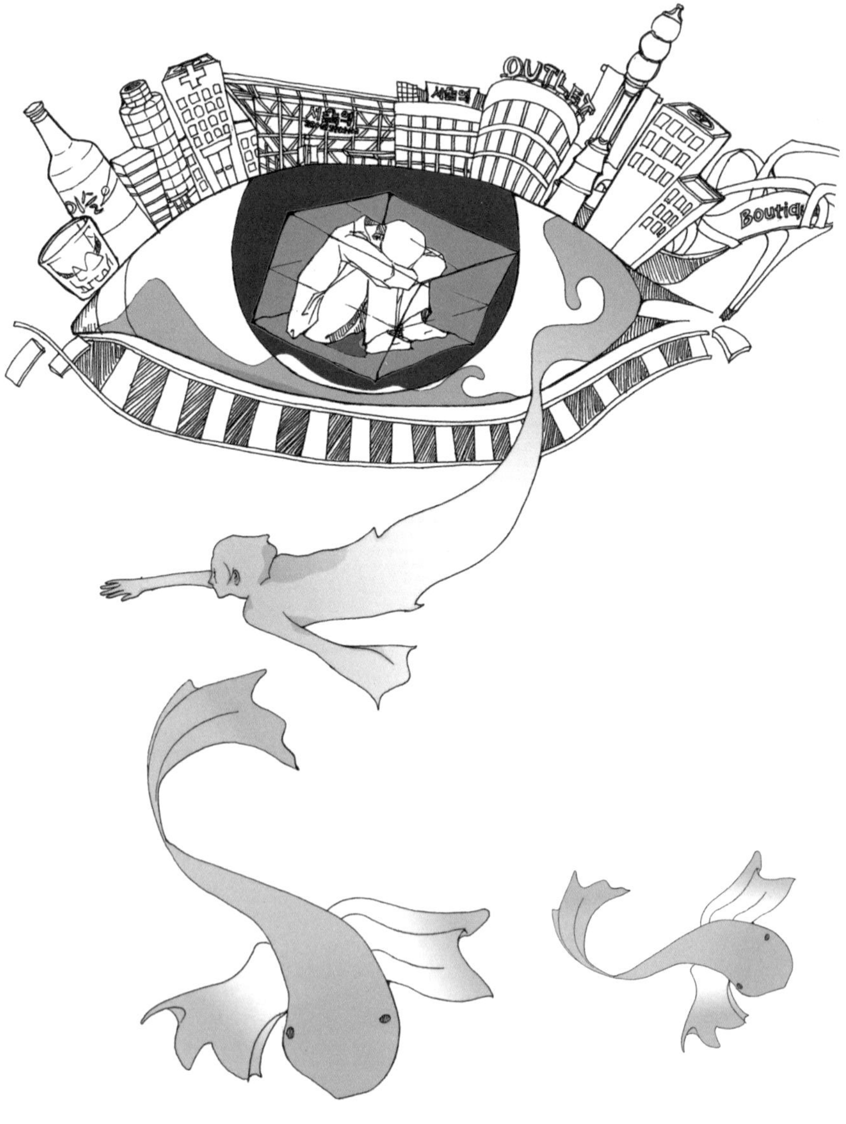

노숙인의 영어 표기는 홈리스(homeless)입니다. 보건복지부에 따르면 집이 없어 거리를 떠도는 홈리스가 전국에 1만 2,656명이 있다고 합니다(2013년 12월 기준). 걱정되는 것은 홈리스 행렬에 20~30대 청춘들이 합류하고 있다는 사실입니다. 보건복지부는 전체 홈리스의 약 10%가 2030 세대인 것으로 추정합니다. 전국에 대략 1,200명 남짓한 '청년 노숙인'이 있다는 얘기죠. 청춘리포트는 서울역 인근에서 한 청년 노숙인을 만났습니다. 심층 인터뷰를 통해 청춘 세대가 노숙인으로 주저앉게 된 사연을 들을 수 있었습니다. 그는 "꿈이 없다"고 했습니다. 요컨대 청년 노숙인은 '홈리스'라기보다 '드림리스(dreamless)'인 것입니다.

"이게 젤 밑바닥인 거 같지? 아냐. 바닥 같은 건 없어. 바닥이라고 생각하는 순간 또 바닥으로 떨어져 버려."

김혜진의 소설 『중앙역』은 서울역 청년 노숙인 이야기다. 다른 노숙인을 경멸하던 주인공은 차츰 그곳에 젖어들어 구걸조차 아무렇지 않게 된다.

한창 일해야 할 20~30대가 노숙인으로 전락하는 이유는 뭘까? 1997년 IMF 사태를 전후로 등장한 대다수 노숙인은 '경제적 어려움을 겪는 40대 가장'이었다. 최근 등장한 청년 노숙인은 경제 문제와 정서적 문제를 복합적으로 겪고 있다. 여재훈 서울노숙인다시서기종합지원센터 소장은 "상당수 청년 노숙인은 IMF 시기에 가정 해체를 경험한 이들"이라며 "이들은 자존감이 낮아 자활 능력이 떨어지는 편"이라고 말했다.

청년 노숙인의 또 다른 공통점은 휴대전화 · 신용카드 명의 도용 사기를 당하거나 카드 빚 때문에 경제적인 어려움을 겪었다는 점이다. 신용불량자가 되고 자취방 월세를 감당하지 못해 거리로 내몰리는 것이다. 청년 노숙인 B(32세)씨는 "서울역 노숙을 벗어나고 싶지만 사회로 나가는 게 두렵다. 서울역에는 나와 비슷한 젊은 노숙인이 많아 위안이 되기 때문에 자꾸 이곳으로 오게 된다"고 말했다.

이태진 한국보건사회연구소 연구위원은 "청년 노숙인은 성인이 되기 전부터 빈곤이나 노숙 상태에 이르는 경우가 많다"면서 "특히 청년 신용불량자가 양산되지 않도록 사회적 관심이 필요하다"고 말했다.

미래세대인 20~30대가 꿈을 잃고 노숙인으로 전락하는 사회는 건강하지 못하다. 청년 노숙인의 이야기를 '카툰 리포트(cartoon report)'란 새로운 기사 형식에 담았다. 취재기자가 직접 그린 만화 · 일러스트로 청년 노숙인 이야기를 재구성했다.

초등 3학년 때 부모 이혼

남들처럼 따뜻한 부모님이 계셨다면 제 처지도 달라졌을까요? 스물아홉. 한참 세상을 향해 꿈을 펼쳐야 할 나이에 서울역 주변을 맴돌고만 있는, 저는 '청년 노숙인'입니다. 노숙 생활을 한 지도 4년이 다 됐습니다. 돌이켜보면 이 모든 게 저를 버린 부모님 때문이라는 원망도 듭니다. 초등학교 3학년 때 저를 매일 때리던 엄마는 아버지와 이혼한 뒤 집을 나갔죠.

할머니 · 할아버지 품으로

부모님에게 버림받은 저는 할아버지 · 할머니 손에서 자랄 수밖에 없었어요. 두

분은 저를 성심성의껏 길러주셨어요. 엄마는 소식조차 몰랐지만 아버지와는 가끔 연락이 닿았어요. 그러나 아버지는 저와 함께 살 생각은 없었죠. 그렇게 저는 부모 없는 아이로 자랐습니다. 중학교 3학년 때는 술과 담배를 익혔고, 학교도 가는 둥 마는 둥 문제아로 살기 시작했어요.

열여덟 살, 혼자가 되다

할아버지 · 할머니가 돌아가시면서 더 큰 시련이 닥쳤습니다. 두 분이 세상을 떠나시자 함께 살던 고모와 삼촌이 눈치를 주기 시작했어요. '제발 좀 이 집에서 나가달라'는 무언의 압력이 거세졌죠. 부모님에게도 버림받은 주제에 더 이상 눈칫밥 먹고 살고 싶진 않았어요. 고등학교 2학년, 그러니까 열여덟 살 되던 해에 저는 친척 집에서 뛰쳐나왔습니다.

고된 알바, 꿈은 있었다

저는 서울의 한 주유소와 PC방에서 아르바이트를 시작했습니다. 그때부터 주유소에 딸린 숙소에서 먹고 자며 죽어라 일만 했어요. 사실상 학교는 자퇴한 것과 마찬가지였죠. 한 달을 일해 봐야 손에 쥐는 건 겨우 수십만 원. 그래도 이렇게 계속 돈을 모으면 어디 변두리에 자취방 한 칸쯤 마련할 수 있겠다 싶었습니다. 처음으로 제게도 꿈이란 게 찾아온 순간이었죠.

휴대전화 사기 당해 빚더미

그러나 꿈이란 건 저 같은 실패한 청춘에겐 가당치도 않은 것이었던 모양입니다. 스무 살이 넘도록 각종 아르바이트를 하던 저는 주유소에서 사귄 형에게 사기를 당하고 말았습니다. 별 생각 없이 형에게 휴대전화 명의를 빌려줬는데 수백만 원의 요금이 체납돼 돌아왔어요. 형은 제 명의로 신용카드까지 만들어 1,000만 원 정도의 카드빚까지 떠넘기곤 자취를 감추고 말았죠.

'신불자' 낙인, 무작정 상경

신불자(신용불량자). 그것이 갓 20대 중반에 들어선 저의 다른 이름이었습니다. 신불자는 아르바이트도 구하기 어려웠어요. 충남 아산의 한 공장에 어렵게 취직한 적도 있습니다. 하지만 카드회사에서 계속 독촉 전화가 오사 회사에서 나가달라고 하더군요. 갈 곳이 없어진 저는 서

울 표지판만 보고 무작정 걷기 시작했습니다. 일주일쯤 걸어 도착한 곳이 서울역 이었습니다.

서울역 지하도, 박스를 깔다

일러스트 : 이유정 기자

처음엔 서울역 지하도에 박스를 깔고 지냈습니다. 제 몸에서 얼마나 냄새가 났던지 사람들이 코를 막고 지나가더군요. 한 달 뒤쯤 노숙인 쉼터를 알게 됐어요. 그때부터 쉼터와 거리를 번갈아가며 4년째 노숙 생활을 하고 있습니다. 가끔 이삿짐 일도 하는데 대부분은 서울역 광장에서 멍하게 시간을 보내요. 제 누추한 청춘도 언젠가 따뜻한 집으로 돌아갈 날이 올까요.

이유정 기자의 취재 수첩

"신체 건강한 청년들이 왜 노숙을 할까?"

'내 이름은 드림리스' 편 취재는 단순한 호기심에서 출발했다. 서울역 노숙인들 중에 내 또래가 끼어 있다는 경찰 관계자의 말 한 마디가 시작이었다. 서울 노숙인 쉼터인 다시서기종합지원센터의 도움으로 스물아홉, 서른 둘의 노숙인을 심층 인터뷰할 수 있었다.

두 사람 다 낯선 사람 앞에서 수줍음 많은 평범한 젊은이들이었다. 그러나 그들이 조곤조곤 들려주는 이야기는 놀라우리만치 닮아 있었다. 성장 과정에서 가족 해체를 겪었고, 성인이 될 무렵 휴대전화 등 명의도용 사기를 당해 '신용 불량자'로 사회에 첫발을 내딛었다는 점에서다. 경제 능력이나 소득 유무는 따지지 않고 고객 유치에만 신경 쓰는 이동 통신사, 카드사가 결정적인 역할을 했다.

"스스로가 서울역 노숙인이라는 게 싫어서 눈을 감았는데 꿈에서도 서울역인 거예요. '아, 나는 여길 영영 못 벗어나는구나' 생각했죠."

메인 일러스트는 서울역이라는 섬에 갇힌 청년 노숙인의 모습을 표현한 것이다. 그들이 눈 뜨면 보이는 화려한 또는 초라한 서울역의 모습을 동시에 담고자 했다. 일러스트 구상과 스케치, 채색까지 사흘이 걸렸다.

흔히 서울역은 '여행', '만남', '자유'를 상징하는 공간이다. 청년 노숙인들에겐 벗어날 수 없는 현실, 마음의 섬이었다. 스스로 '나는 신용 불량자야', '노숙인'이라는 생각이 무기력증을 불러왔다. 우울증과 낮은 자존감은 그들에게 어떤 꿈도 꿀 수 없게 만들고 있었다.

두려움은 어떤 면에선 현실이었다. 한 청년 노숙인은 어렵게 대형마트의 주차요원으로 취직했다가 한 달 만에 서울역으로 돌아왔다고 한다. 월급 명세서에 찍힌 주소지가 노숙인 쉼터라는 것이 직장에 알려졌고, 동료들이 그를 멀리하면서 이를 견디지 못하고 그만뒀다는 것이다.

청년 노숙인은 상대적 박탈감이 큰 요즘 세대의 현실을 극단적으로 보여주는 사례다. 이 풍요로운 시대에 나홀로 뒤처지는 것만큼 우리를 옥죄는 공포감은 없다. 청년 노숙인의 현실을 가장 외면하고 싶은 것은 나와 같은 청년들일 것이다. 우리 자신이 되기를 원치 않는 모습이기 때문이다. 하지만 그렇기에 그들의 다시 일어서고 싶은 간절함도 우리 세대가 가장 잘 공감할 수 있지 않을까. 또래의 지지는 청년 노숙인에게 무엇과도 비교할 수 없는 힘이 될 것이다. 그래서 나는 누구보다 이삼십대가 이 기사를 읽어주길 바랐다. 서울역을 벗어나려는 청년 노숙인들의 노력을 함께 응원하고 싶었다.

'독거청춘' 밥은 먹고 다니나?

강모(24)씨 하루 평균 섭취량

(■ 1일 권장량 / ■ 실제 섭취량)

- 열량(에너지): 2100kcal / 699kcal
- 지질(섭취 열량 중 비율): 25% / 37%
- 식이섬유: 25g / 7.4g
- 칼슘: 700mg / 18mg
- 나트륨: 2g / 1.8g
- 철분: 14mg / 5.3mg

	7월 28일 월요일	7월 29일 화요일	7월 30일 수요일
아침	X	X	X
점심	 **장소**: 자취방 (혼자) **메뉴**: 마트에서 산 샌드위치 2조각 **가격**: 1600원 (4조각에 3200원)	 **장소**: 자취방 (혼자) **메뉴**: 참치 주먹밥과 콜라 **가격**: 1500원	 **장소**: 자취방 (혼자) **메뉴**: 토마토 2개 **가격**: 1000원
저녁	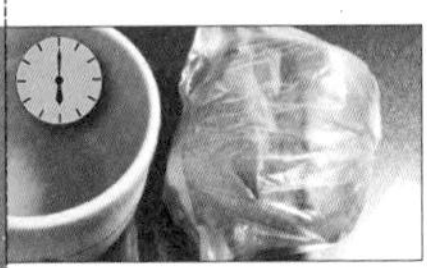 **장소**: 자취방 (혼자) **메뉴**: 점심 때 남긴 샌드위치 1조각 **가격**: 800원 (4조각에 3200원)	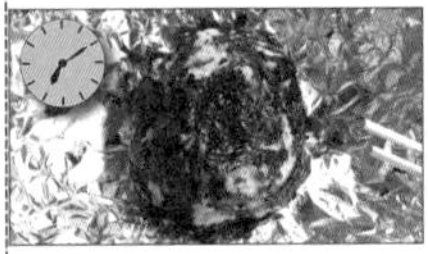 **장소**: 자취방 (혼자) **메뉴**: 참치 주먹밥과 콜라 **가격**: 1500원	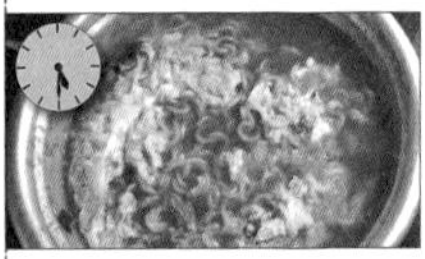 **장소**: 자취방 (혼자) **메뉴**: 계란 라면과 김치 **가격**: 1000원

전문가 진단 : 하루 필요 열량에 크게 못 미치고 많은 양의 기름진 식사로 심각한 영양 불균형이 우려된다. 과다한 지방 섭취는 추후 성인병의 원인이 될 수 있다.

박모(22·여)씨 하루 평균 섭취량

- 열량(에너지): 2100kcal / 1093kcal
- 지질(섭취 열량 중 비율): 25% / 29.5%
- 식이섬유: 25g / 7.2g
- 칼슘: 700mg / 265mg
- 나트륨: 2g / 1.7g
- 철분: 14mg / 8.02mg

	7월 28일 월요일	7월 29일 화요일	7월 30일 수요일
아침	X	X	X
점심	 **장소**: 자취방 (혼자) **메뉴**: 식빵 3개+초코잼 **가격**: 약 2000원	 **장소**: 자취방 (혼자) **메뉴**: 도넛 2개+요거트 **가격**: 1800원	 **장소**: 자취방 (혼자) **메뉴**: 빵+캔커피 **가격**: 1600원
저녁	 **장소**: 음식점 (친구) **메뉴**: 제육볶음+된장찌개 **가격**: 6000원	 **장소**: 자취방 (혼자) **메뉴**: 카레+장조림 **가격**: 약 3000원	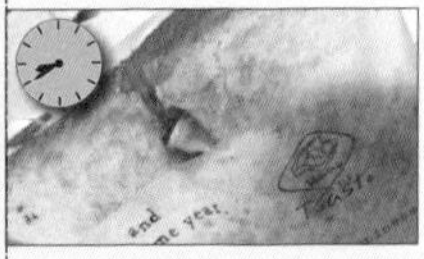 **장소**: 자취방 (혼자) **메뉴**: 토스트 **가격**: 3000원

전문가 진단 : 빵, 스낵류 등 기름기(지질)를 과다 섭취하고 있으며 칼슘, 철분 섭취가 부족하다. 체질량지수는 낮지만 내장 지방이 많은 마른 비만일 가능성이 높다.

'자취'는 청춘의 지배적인 주거 형태입니다. 한국청소년정책연구원에 따르면 2012년 기준으로 청년 인구(19~24세) 가운데 41.8%(약 128만 명)가 자취 생활을 하고 있습니다. 청춘리포트는 서울에서 자취하는 대학생 20명의 일주일 식단을 추적했습니다. 아침 · 점심 · 저녁 298끼에 이르는 식단입니다. 대부분이 값싸고 먹기 편한 음식 위주로 끼니를 해결하다 보니 심각한 영양 불균형을 보이고 있었습니다. 그러니 지금 청춘들에게 이보다 더 다급한 물음이 또 있을까요. 얘들아, 밥은 제대로 먹고 다니니?

7월 31일 목요일

X

장소 : 자취방 (혼자)
메뉴 : 계란 간장비빔밥, 김치
가격 : 약 1500원

장소 : 자취방 (혼자)
메뉴 : 토마토 2개
가격 : 1000원

8월 1일 금요일

X

장소 : 자취방 (혼자)
메뉴 : 비빔라면
가격 : 900원

X

밥하기 귀찮아서 오늘 저녁은 패스

8월 2일 토요일

X

장소 : 해수욕장 인근 마트 (친구)
메뉴 : 마트 피자 1조각
가격 : 3000원

장소 : 해수욕장 숙소 (친구)
메뉴 : 고기+해산물+소주
가격 : 약 2만원

8월 3일 일요일

X

장소 : 서울로 오는 길에 식당 (친구)
메뉴 : 한정식
가격 : 9000원

장소 : 친한 형 자취방 (친구)
메뉴 : 어묵탕과 삼겹살
가격 : 약 7000원

X

장소 : 자취방 (혼자)
메뉴 : 방울토마토+초코과자
가격 : 약 2000원

장소 : 자취방 (혼자)
메뉴 : 제육덮밥
가격 : 3000원

장소 : 자취방 (혼자)
메뉴 : 빵, 가격 : 900원

장소 : 자취방 (혼자)
메뉴 : 강연장서 얻은 과자와 주스
가격 : 0원

장소 : 치킨가게 (친구)
메뉴 : 치킨+맥주
가격 : 1만2000원

X

장소 : 자취방 (혼자)
메뉴 : 식빵 3개+핫초코
가격 : 1000원

장소 : 식당 (친구)
메뉴 : 우동
가격 : 4000원

X

장소 : 카페 (친구)
메뉴 : 소고기파니니+단호박샐러드
가격 : 9000원

장소 : 고깃집 (친구)
메뉴 : 갈매기살+가브리살+차돌박이
가격 : 1만 6000원

분석 : 연세대 식품영양학과 이종호 교수 연구실(김민경, 김민주 박사)

자취생 20인 밥상 보고서

자취(自炊). 스스로 밥을 지어먹고 산다는 뜻이다. 원룸 · 고시텔 등에서 홀로 사는 '자취 청춘'들은 과연 자취를 하고 있는 걸까?

청춘리포트 팀이 추적한 자취생 20명의 1주일 식단은 '자취'라는 말이 무색할 만큼 허술했다. 이들이 1주일간 먹은 식사는 모두 298끼. 그 가운데 직접 차려먹은 식사는 47끼(15%)에 불과했다. 그나마 그중 절반이 넘는 28끼는 반찬이 하나 또는 둘뿐이었다. 반찬 없이 한 그릇에 담아 먹는 볶음밥 종류가 13끼였고, 통조림 · 냉동식품 등으로 해결한 식사가 11끼였다. 2명은 냉장고를 아예 쓰지 않았다. 밥솥 코드를 꽂아본 적이 없다는 자취생도 3명 있었다.

특히 자취 청춘에게 아침식사는 아예 없다시피 했다. 20명 중 7명이 1주일간 모든 아침식사를 건너뛰었다. 딱 하루씩 아침을 챙겨먹은 이들은 3명. 메뉴는 각각 방울토마토 10개, 초코파이, 단팥빵 등이었다. 식사라고 부르기에 민망한 메뉴였다. 1주일 내내 아침을 챙겨먹은 자취생은 정모(26세) 씨와 조모(23세, 여) 씨뿐이었다. 그러나 역시 영양 구성 면에서 부실했다. 정 씨의 아침 메뉴는 김밥 한 줄이 전부였다. 정 씨는 "아르바이트가 오전 6시부터라 출근하면서 김밥 한 줄씩 사간다"고 말했다. 그는 "군대 전역 이후로 자취방에서 밥을 해먹은 적이 한 번도 없다. 전기료도 아낄 겸 냉장고 사용도 안 한다"고 말했다.

조 씨의 아침 메뉴는 고구마 · 도넛 · 시리얼 · 과일 등이었다. 조 씨는 "고구마 10여 개를 한 번에 쪄서 냉장고에 넣어 두고 아침마다 먹거나 시리얼 등으로 아침을 해결하는 편"이라고 말했다. 6일간 아침을 챙겨먹은 김모(30세, 여) 씨 역시 메뉴

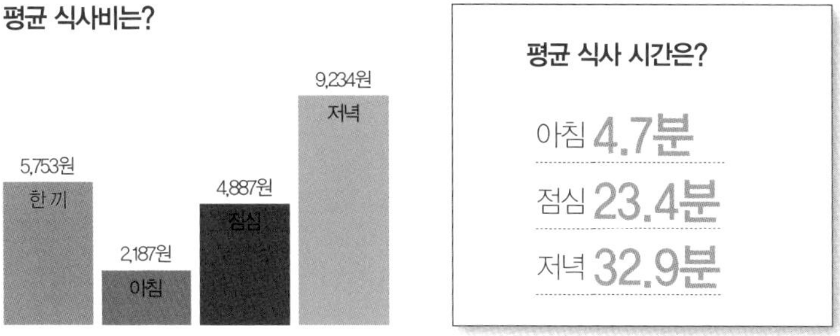

대상 : 서울시내 자취 대학생 20명

는 스낵바와 바나나 · 커피가 전부였다. 김 씨는 "편의점의 '2+1 행사'로 스낵바를 대량 구매한다. 아침으로 스낵바만 먹은 지 넉 달째"라며 "변비에 걸려 바나나를 같이 먹고 있다"고 말했다.

연세대 식품영양학과 이종호 교수는 "아침을 거르면 저녁에 폭식으로 이어지기 쉽고 이런 불규칙한 식습관이 지속되면 위장질환을 유발한다"고 지적했다. 실제로 자취생들은 아침 · 점심을 건너뛸 경우 저녁 때 몰아서 음식을 섭취했다. 평균 식비가 아침은 끼니당 2,187원이지만 저녁은 9,234원으로 4배 이상 많았다. 대학생 김석빈(19세) 씨는 "하루 한 끼 먹는 날도 많은데 한 번 먹을 때 배부르게 많이 먹는 편"이라며 "그 때문인지 만성 장염을 앓아 한약을 복용했다"고 말했다. 김수민(23세, 여) 씨도 "저녁 약속이 있거나 전날 밤 많이 먹으면 다음 날 아침 · 점심은 굶는 편"이라고 말했다.

돈도 시간도 부족한 자취 청춘들은 아르바이트와 취업스터디 등에 치이느라 끼니를 건너뛰고 있었다. 특히 방학은 대학생들이 등록금 마련을 위해 아르바이트를 집중해서 하는 시기다. 대학생 이명낭(23세, 여) 씨는 "월요일마다 저녁을 굶곤 한다. 취업스터디가 오후 7시에 끝나는데 아르바이트 시작 시간은 7시 반이다"고 말했다. 취업준비생 서모(25세, 여) 씨는 "올해 안에 취업하려고 스터디를 3개씩 했다. 밥 먹는 데 시간을 쓰면 그만큼 하지 못하는 일이 생긴다"고 말했다. 서 씨는 "취직하면 잘 챙겨먹을 거라 생각하며 스스로 위안하기는 하지만…"이라며 말끝을 흐렸다.

"1인용 식재료를 구입하기 힘들다"는 지적도 많았다. 자취 생활 1년 6개월째인 이모(24세, 여) 씨는 "프랑스 연수 시절 자취했을 땐 버섯 2개, 치즈 2조각 등 낱개로도 살 수 있었지만 한국에선 다 묶음으로 판다"며 "직접 해먹는 게 오히려 식비가 더 많이 든다"고 말했다. 이 씨는 또 "음식물쓰레기 봉지가 2리터부터 판매된다"며 "자취생이 2리터 봉지를 다 채우려면 한 달 동안 부엌에 음식물쓰레기를 모아둬야 한다"고 하소연했다. 이 씨처럼 음식물쓰레기는 자취 청춘들의 최대 적이다. 작은 방에 음식물쓰레기 냄새가 배면 웬만해선 빠지지 않아서다. 이 때문인지 냄새가 안 나도록 음식물쓰레기를 냉장고 냉동실에 얼려서 보관한다는 자취생도 있었다.

전반적으로 자취 청춘의 식사는 간편하고 빠르게 먹을 수 있는 메뉴에 집중돼 있었다. 밥은 대부분이 즉석밥이었고, 카레 · 볶음밥 · 스파게티 등 한 그릇에 담아 먹어 설거지를 줄일 수 있는 메뉴를 선호했다. 에너지바 · 시리얼 · 빵 등 먹는 데 채 10분도 걸리지 않는 식사를 선호했다. 식단도 거의 바뀌지 않았다. 조모(26세)

씨는 자취방에서 차려먹은 9끼 모두 깍두기 반찬이었다. 파프리카 · 치킨너깃 · 김이 한두 개씩 더해질 뿐이었다.

식사 시간도 불규칙했다. 점심을 오후 2시 이후에 먹은 경우가 37끼였다. 오후 3시 이후에 점심을 먹은 경우도 14끼나 됐다. 늦은 밤 야식이나 술자리 안주로 저녁을 대체하는 자취생도 많았다. 과일을 챙겨먹은 끼니는 15끼에 불과했다. 1주일 동안 과일을 한 번도 먹지 않은 자취생도 전체의 절반(10명)에 달했다.

이종호 교수는 "저렴한 가격으로 배부르게 먹을 수 있는 음식에 치우쳐 있다"며 "각종 식품 첨가물과 단순당 · 유지류에 치중된 식단을 볼 때 영양소 불균형이 의심된다"고 진단했다. 이 교수는 "식사 습관이 불규칙적인 자취생의 경우 과일과 채소 · 우유를 충분히 섭취하는 것만으로도 건강에 도움이 된다"며 "1회 분량 구매가 힘들면 손질해 냉동 보관했다가 나눠 먹는 게 좋다"고 조언했다.

이서준 기자의 취재 수첩

'무엇을 먹느냐'가 곧 그 사람의 삶을 보여준다. 청춘들의 식사를 통해 청춘들의 삶을 낱낱이 들여다보고 싶었다. 특히 '자취 청춘'에 초점을 맞추기로 했다. '자취'의 사전적 뜻은 '스스로 밥을 지어 먹으며 생활함'이다. 과연 그들은 '스스로 밥을 지어 먹으며 생활'하고 있을까 궁금했다.

처음엔 쉽게 생각했다. 그런데 20명이 일주일간 먹는 삼시세끼를 조사하는 건 만만한 일이 아니었다. 매 식사 때마다 음식 사진 · 음식 종류 · 먹은 시간 · 먹은 장소 · 함께 먹은 사람 · 음식 가격 등 6개 내용을 카카오톡으로 보고 받았다. 즉 하루에 3번씩 20명으로부터 6개의 내용을 7일간 보고를 받은 셈이다. 일주일 간 엑셀과 씨름해 2,520칸(20명×끼×일×질문)을 채우고 나니 '자취 청춘들의 일주일 삼시세끼'가 한눈에 들어왔다. 그리고 '청춘의 삶'도 고스란히 보였다. 하지만 지면엔 대표적인 남녀 청춘 한 명씩 두 명의 기록만 담아야 했다.

지면에 담지 못한 청춘 중에는 유독 초코바만 먹는 이도 있었다. 이유를 물어보니 집 앞 편의점에서 10개를 사면 할인을 해줘서 한 번에 사두고 매일 먹는다고 했다. 어떤 청춘은 아침도 거르고 저녁도 거르는 날이 많았다. 아침은 습관적으로 거르고 저녁은 과외 또는 취업 스터디 때문이라고 했다. 그러다 여유가 생긴 저녁이면 폭식을 하곤 했다.

진빈적으로 매우 제한된 종류의 음식을 최소한의 비용과 최소한의 시간으로 먹고 있었다. 대표적인 두 청춘 남녀의 식단에 대해 연세대 식품영양학과 이종호 교수님 연구실에 분석을 의뢰했다. 끼니를 자주 거르는 만큼 살 찔 염려는 없겠다고 어렴풋 생각했다. 하지만 분석 결과는 '성인병과 내장비만이 우려된다'였다. 1인분 양을 사기 힘든 채소와 과일을 먹기 힘든 게 이유였다.

청춘 여러분! 일주일에 하루라도 여유롭게 식사하시길 바란다. 그런데 나 역시 이 글을 쓰며 점심을 거르고 있다. 기자들의 삶도 무엇을 먹는지에 고스란히 담겨 있다는 생각을 하니 어딘지 씁쓸하다.

별 보며 웃고 찬바람에 떨고. 가난한 날의 낭만, 옥탑방

옥탑방은 비주거용 공간을 주거시설로 개조한 건축물이다. 사람이 생활하기에 부적합하다는 얘기다. 대체로 공간이 비좁고 주방 · 화장실 등 생활기반 시설도 없거나 취약하다.

청년주거단체 민달팽이 유니온 정남진 사무국장은 "2010년 통계청 인구주택 총조사를 기준으로 서울의 청년(만 19~34세) 5명 중 1명은 옥탑 · 지하방 · 고시원 등 열악한 주거 환경에서 살고 있다"고 말했다.

하지만 드라마에선 이런 옥탑방이 낭만적인 공간으로 그려지곤 한다. 주인공들은 옥탑방에서 서울의 야경을 내려보며 사랑을 싹틔운다.

옥탑방은 드라마처럼 과연 낭만의 공간일까. 아님 위험하고 냉기가 도는 가난의 공간에 불과한 걸까. 자의 반 타의 반으로 옥탑방에 살림을 차린 청춘들의 얘기를 들어봤다.

신혼부부 이주영 · 박신영 씨

이주영(27세, 남) 씨와 박신영(24세, 여) 씨는 1년여 전에 결혼한 신혼부부다. 두

'자취'는 청춘의 지배적인 주거 형태입니다. 한국청소년정책연구원에 따르면 2012년 기준으로 청년 인구(19~24세) 가운데 41.8%(약 128만 명)가 자취 생활을 하고 있습니다. 청춘리포트는 서울에서 자취하는 대학생 20명의 일주일 식단을 추적했습니다. 아침 · 점심 · 저녁 298끼에 이르는 식단입니다. 대부분이 값싸고 먹기 편한 음식 위주로 끼니를 해결하다 보니 심각한 영양 불균형을 보이고 있었습니다. 그러니 지금 청춘들에게 이보다 더 다급한 물음이 또 있을까요. 얘들아, 밥은 제대로 먹고 다니니?

사람은 2013년 '마샬아츠트릭킹(다양한 무술이 결합된 묘기 스포츠)' 체육관에서 처음 만났다. 3개월 연애 끝에 결혼에 성공했다. 같은 꿈을 꾸는 사람과 사랑에 빠져 혼인신고부터 올렸다.

살 집을 구해야 했다. 당시 두 사람이 손에 쥔 돈은 탈탈 털어 300만 원. 결혼 직전 무예공연팀을 만들고, 경기 성남시에 무예 체육관을 여는 데 가진 돈을 모두 쏟아 부었기 때문이었다.

결국 둘은 옥탑방을 신혼집으로 택했다. 박 씨는 "부모님께 도움을 받지 않고 하나씩 이루어 나가고 싶어 옥탑방을 골랐다"고 말했다.

두 사람은 체육관이 있는 성남 근처 주택가를 일주일이나 헤매 보증금 300만 원에 월세 25만 원짜리 옥탑방을 겨우 구했다. 23.1㎡(7평)로 어른 넷이 들어서면 꽉 찰 정도로 좁았다. 하지만 갓 결혼한 두 사람은 옥탑방살이가 즐거웠다.

옥탑방에서 내려다보는 서울 풍경은 아름다웠다. 봄과 여름엔 옥탑방 한편에 텃밭을 만들어 토마토와 알로에, 대파를 심었다. 부부가 퇴근하면 옥상은 종종 '무예 연습장'이 되곤 했다. 부부는 머리 위로 달빛과 별빛을 두르고 무예 연습을 했다. 이 씨는 "아무래도 집이 좁아 더 자주 마주치게 돼 얘기하고 웃을 일이 많았다"고 말했다.

하지만 옥탑방 생활이 드라마처럼 낭만적이기만 한 건 아니었다. 계절마다 바뀌는 날씨 탓이다. 여름엔 너무 더웠다. 체감온도가 40도를 넘나들었다. 비 오는 여름날엔 습기까지 들어차 한쪽 벽에 거무룩한 곰팡이가 폈다.

반대로 겨울에는 방 안에서도 추웠다. 단열 장판 · 벽지를 덕지덕지 붙여야 했다. 공간 활용도가 낮아 아쉽기도 했다. 박 씨는 "남편이 요리를 좋아하는데 주방이 좁아 아쉬워한다"고 말했다.

이들은 매일 오전 5시 30분이면 옥탑방을 나선다. 부부는 지하철 2호선 선릉역의 주먹밥 가게에서 오전 아르바이트를 한다. 일이 끝나고 집에 돌아오면 점심을 챙겨 성남의 체육관으로 향한다. 본업인 공연 연습을 하고 무예 수강생을 가르친다.

바쁜 일상을 마치고 집에 돌아오는 시간은 밤 10~11시쯤. 이렇게 2년간 모은 돈으로 둘은 지난해 12월 가족과 친구들을 초대해 정식 결혼식도 올렸다. 올 6~8월이면 옥탑방을 떠날 예정이다. 이 씨는 "위례신도시에 체육관을 다시 열고 방 2~3개 있는 집도 구할 예정"이라고 말했다. 지금까지의 옥탑방 생활은 부부에게 어떻게 기억될까.

"우리 힘으로 만든 보금자리잖아요. 항상 함께할 수 있어 행복했던 시절로 추억될 것 같은데요. 하하."

대학생 김영준 씨의 옥탑방

대학생 김영준(25세) 씨는 2년 전 군 전역 후 대학에 복학하며 옥탑방 생활을 시작했다. 중앙대 체육교육학과에 다니는 그는 처음엔 학교 기숙사에 들어갈 줄 알았다. 선발 기준 중 하나인 학점도 자신 있었다.

하지만 결과는 좋지 않았다. 학과별 신청자 수에 따라 합격자 수가 조정됐는데 김 씨의 학과에서 신청자가 적었기 때문이었다고 한다. 하루아침에 방을 급히 구해야 하는 처지가 됐다. 대전에 계신 부모님께 부담을 드리고 싶지는 않았다. 학교 근처에서 몇 만 원이라도 저렴한 곳을 찾았다. 김 씨는 결국 서울 상도동에 16.5㎡(5평) 크기의 옥탑방을 구했다. 보증금 500만 원에 월세 38만 원짜리다.

그는 "가격도 마음에 들었지만 집주인이 옥상에 마련한 운동기구들에 끌려 지금의 옥탑방을 선택했다"고 말했다. 옥탑방이 지하철역(7호선 상도역)과 가깝다는 것도 마음에 들었다고 한다.

하지만 비가 오거나 춥거나 더우면 옥상에 마련된 운동기구들도 아무 소용이 없었다. 옥탑방의 최대 적은 역시 추위와 더위였다. 돈도 마냥 적게 들지는 않았다.

김 씨는 "지난해 겨울 보일러를 계속 틀었더니 한 달 난방비가 5만 원 넘게 나왔다"면서 "평소보다 몇 곱절 더 나왔으니 '난방 폭탄'을 맞은 격"이라고 말했다.

올해는 집주인에게 말해 벽에 단열재를 덧붙였다. 하지만 여전히 냉기를 피하기는 어렵다. 그는 "추워서 일부러 약속을 잡아서 밖에 나가곤 한다"고 말했다.

물론 장점도 있다. 빨래도 햇볕에 바짝 말릴 수 있고 이불의 먼지도 수시로 털 수 있다. 그는 "일반 원룸이나 오피스텔에선 하기 힘든 옥탑방만의 특권 중 하나"라고 말했다.

김 씨는 체육교육학 전공자답게 이색스포츠에 관심이 많다. 그는 한 음료회사 주최로 열리는 '종이비행기 대회' 멀리 날리기 부문의 대표 선수이기도 하다.

지난해 4월 학교 예선을 거쳐 방이동 SK올림픽 핸드볼 경기장에서 열린 결승에서 우승을 차지했다. 지난해 5월엔 오스트리아 잘츠부르크에서 열린 세계대회에도 다녀왔다.

"옥탑방에 사는 덕분에 근처 공사장까지 종이비행기를 날리는 연습을 자유롭게 할 수 있었어요. 취업난 등 걱정거리도 많지만 옥상에서 턱걸이나 아령, 벤치프레스 운동을 하거나 비행기를 날리다 보면 온갖 근심이 사라지죠."

회사원 이평수 씨의 옥탑방

제약회사 직원인 이평수(31세) 씨는 '서울살이' 5년차다. 작은 원룸, 친구들과 모여 살던 오피스텔을 거쳐 서울 노량진동 옥탑방에 산 지는 1년여가 지났다.

이 씨가 옥탑방을 택한 가장 큰 이유는 주거비 때문이다. 원룸 오피스텔을 구하려면 보통 보증금 3,000만 원가량을 포함해 한 달에 50~60만 원을 월세로 내야 한다. 결혼은 언감생심. 이렇게 돈이 나가다간 언제 내 집을 마련할 수 있을지 기약도 없었다.

결국 이 씨는 동작구 노량진동을 샅샅이 뒤져 보증금 500만 원, 월세 35만 원짜리 23.1㎡(7평) 크기의 옥탑방을 구했다.

"월급의 20~30%를 월세로 다 내자니 취미생활도 못하고 돈도 모을 수 없을 것 같았어요. 차라리 취미생활을 즐기면서 돈도 모을 수 있는 옥탑방이 낫겠다 싶었죠."

이 씨는 비록 비좁은 옥탑방에 살지만 취미만은 포기할 수 없었다고 했다. 그는 스노보드 마니아다. 스노보드 경력은 10년이 넘었다. 지금도 주말이면 스키장을 찾는다. 갖고 있는 보드만 5개다. 여름엔 웨이크보드도 탄다. 때론 백패킹(배낭 하나만 메고 하는 캠핑)도 즐긴다. 작은 원룸에 이 모든 장비를 구겨 넣을 수 있을까.

"옥탑방이 방 자체는 좁지만 옥상을 창고처럼 쓸 수 있는 이점이 있거든요. 집을 구할 때부터 장비를 보관할 옥상이 있는 옥탑방을 염두에 뒀어요."

이 씨는 종종 친구들을 초대해 '옥상 파티'를 열기도 한다. 플라스틱 테이블을 놓고 의자 몇 개만 가져다 놓으면 '호텔식 바'가 부럽지 않다. 지난해 10월엔 친구들과 한강 세계불꽃축제를 그의 집 옥상에서 구경하기도 했다.

하지만 요즘처럼 온도가 영하 10도 가까이 떨어지는 겨울에는 신경 쓸 일도 많다. 이 씨는 옥탑방 창문에 '뽁뽁이(에어캡)'를 붙이고 커튼을 걸었다.

침대엔 전기장판, 바닥에 러그(카펫)도 깔았다. 보일러 배관이 얼기 일쑤라 단열재로 보일러 배관을 감싸 놓기도 했다. 이 씨는 "며칠 전에는 배관이 꽁꽁 얼어 헤어드라이기를 동원해 30분 넘게 배관을 녹였다"고 말했다.

"팍팍한 서울살이 속에서 내가 유일하게 맘 편히 쉴 수 있는 공간이 이 옥탑방이에요. 옥탑방에 혼자 살면서 아낀 주거비를 차곡차곡 모아 결혼 준비를 할 생각입니다."

조한대 기자의 취재 수첩

한때 예능프로그램인 〈나 혼자 산다〉를 즐겨봤다. 약속이 없는 금요일 퇴근길엔 맥주 한 캔과 안주거리 하나가 한 손에 들려 있곤 했다. 안주를 펼쳐놓고 맥주 한 모금씩을 마시며 이 프로그램을 봤다. 소소한 즐거움이었다. 특히 가수 육중완의 꾸미지 않은 듯한 일상은 보기 좋았다. 그는 망원동의 한 옥탑방에 살았다. 얼마 전 결혼을 하면서 옥탑방을 떠났다. 프로그램에서도 하차했다. 프로그램에서 못 보니 아쉬웠고, 둘이 하나가 됐다니 부러웠다.

20대 초반부터 타지 생활을 했다. 적게 잡아도 10여 분은 올라가야 하는 자취방에 살았다. 정말 몸 하나 누일만한 고시원을 거처로 삼기도 했다. 여름이면 눅눅한 기운이 감도는 반지하방을 친구와 함께 얻어 봤고, 5~6평짜리 원룸에도 살았다. 유독 옥탑방과는 연이 닿지 않았다. 굳이 피하려 하지도 않았는데 말이다.

겪어보지 않았기에 옥탑방살이가 궁금했다. 그곳에 사는 이들의 이야기를 듣고 싶었다. 신혼부부 · 직장인 · 대학생, 기획 기사에 맞아 떨어지는 사례자를 찾는 게 쉽지 않았다. 우여곡절이 많았다. 온라인상에 올라온 사진 한 장과 지명 하나만을 가지고 옥탑방에 사는 신혼부부를 찾아 나섰다. 부동산중개소를 뺑뺑 돈 끝에 찾았다. 취재를 요청했지만 거절당했다. 다시 찾아야 한다니 허탈했다.

이런 과정 등을 거쳐 기사에 나온 주인공들을 드디어 만났다. 그들의 옥탑방살이에는 나름의 고충이 있었다. 더위, 추위는 옥탑방 최대의 적이었다. 경제적 여유만 있다면 시설 좋고 평형대 넓은 아파트나 단독주택에 살고 싶지 않은 이가 어디 있으랴. 그렇다면 그들은 현재의 옥탑방살이를 불행하다 느낄까.

전혀 아니었다. 옥탑방살이를 즐길 줄 알았다. 바비큐 파티를 열고 혼자 운동도 했다. 조용히 밤하늘을 바라보는 여유도 즐겼다. 남이 갖고 있지 못한 것을 찾아내 행복해했다. 언젠가 이들도 청춘의 자리를 내줘야 하는 나이를 맞을 거다. 그때 옥탑방살이를 어떻게 기억할까.

이들의 모습이 그려진다. 이들은 입가에 미소를 띨 것이다. 젊은 날의 행복했던 추억으로 옥탑방살이를 간직할 듯싶다. 내가 만난 이들은 분명 그럴 것 같다.

인데 불편하네
딩. 연애도 공부하면 달라질까요
떠나렵니다 – 내 인생 '을'로 끝날까 불안해서
극한 알바, 젊음이 휘발되는
82.9%
만원
가 순결이란 말 쓰나요
2030은 정치를 모르고 싶다
끝

7장

그래, 나 정치 몰라. 그래서?
정치인들은 나를 알까?

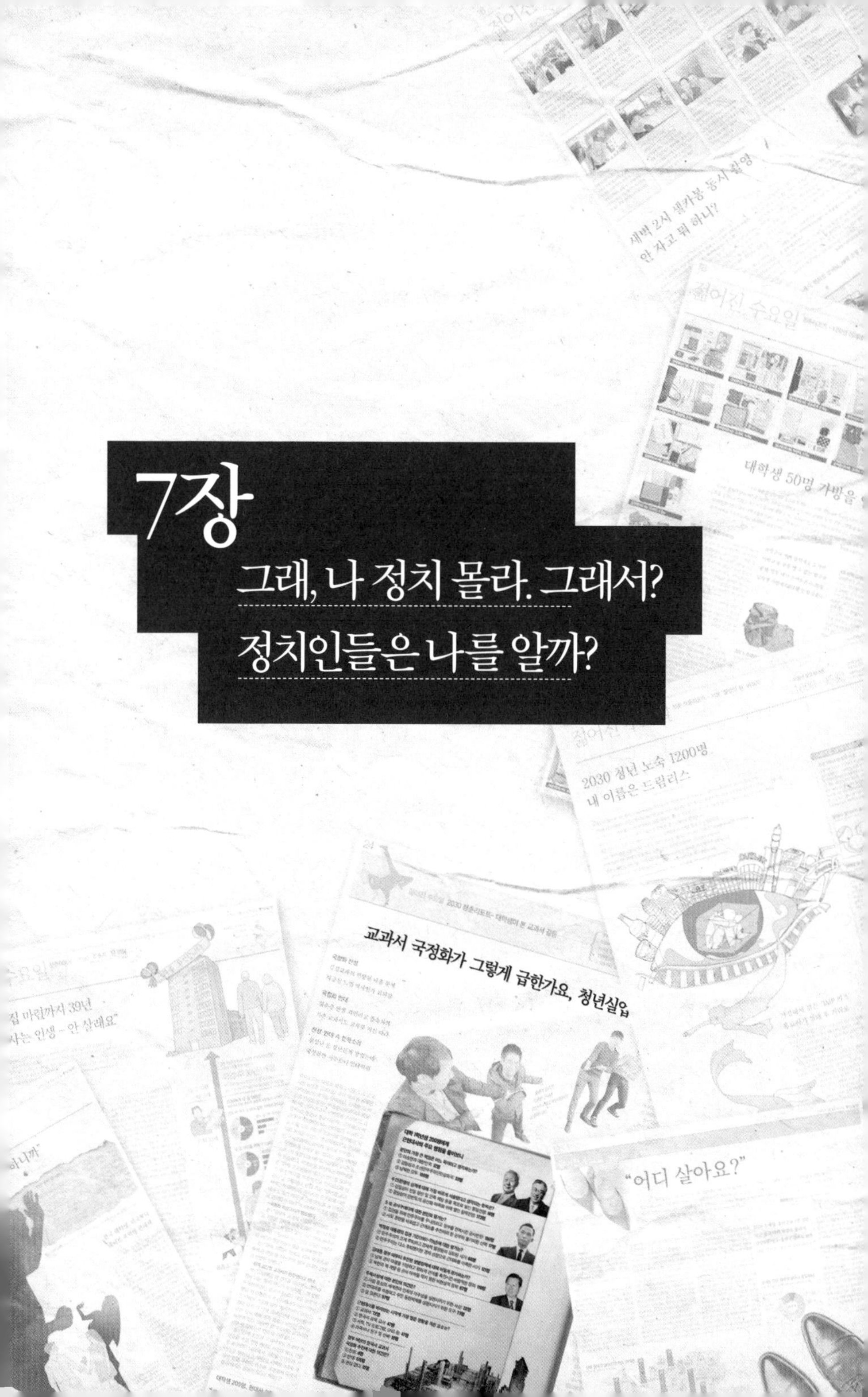

정강현 팀장의 청춘레터

주목! 앵그리 보터!

청춘리포트는 '청년 세대와 정치'라는 이슈에 많은 관심을 쏟았습니다. 회의 때마다 정치와 청년 이슈를 연결 짓는 아이템이 단골로 발제됐습니다. 그것은 청년 문제를 해결하는 데 있어 정치의 역할이 무엇보다 중요하다는 데 우리 팀이 의견 일치를 보고 있다는 뜻이기도 했습니다. 청춘리포트 팀이 주관하는 '중앙일보 신문콘서트'에 안희정, 남경필, 원희룡, 안철수, 심상정 등 주요 정치인이 메인 게스트로 오른 것도 그런 이유에서였습니다.

고백하자면 청춘리포트 팀이 정치 문제에 그토록 두터운 관심을 보인 건 어떤 오해에서 비롯된 것이기도 했습니다. 청춘리포트가 처음 시작될 때만 해도 확신에 가까웠던 그 오해는 이런 것이었습니다.

요즘 20~30대는 정치 무관심 세대이다. 그들은 학생 운동에 대해 잘 알지 못하며 주요 정치인의 이름조차 모르는 이들이다. 선거 때마다 가장 낮은 투표율을 보이는 그들에게 정치의 중요성을 알려줘야 한다.

2년 넘게 취재를 이어오면서 이것은 절반쯤은 오해로, 절반쯤은 진실로 판명 났습니다. 우선 지금의 2030세대에게 '정치 교양'이 부족하다는 건 일정 부분 사실이었습니다. 청춘리포트 팀은 20~30대를 대상으로 수능 시험 형식을 빌어 두 차례 설문조사를 진행했습니다. 그 하나는 1987년 6월 민주화운동에 관한 것이었는데, 평균 점수는 41.6점으로 낮은 수준이었습니다.

다른 하나는 정당의 대표 이름, 선거 제도 등 정치 일반에 대한 상식 시험이었습니다. 이 시험의 결과는 더 놀라웠습니다. 평균 33점. 여야 대표는 물론 국무총리가 누구인지조차 모르는 청춘 세대가 수두룩했습니다.

우리는 이와 같은 결과를 근거로 우리의 가정, 그러니까 '20~30대는 정치 무관심층'이라는 진단이 옳다고 믿었습니다. 하지만 그것은 지나친 확신이었습니다. 청춘 세대는 "거짓 공약만 남발하는 정치권이라면 알고 싶지도 않다"고 했는데, 이것은 사실 무관심이라기보다 구조화된 분노였습니다.

청춘리포트 팀은 청년 악법에 분노하고 교과서 국정화에 분통을 터뜨리는 젊은 유권자를 만날 수 있었습니다. 또 국민연금처럼 자신들의 생활에 직결되는 정치적 사안에 대해선 똑부러지는 주장을 내세우는 청춘들도 적지 않았습니다. 그리고 마침내 2016년 4월 13일. 20대 총선에서 분노한 청춘들은 '앵그리 보터(angry voter)'가 되어 오만한 정부 여당을 심판해버립니다.

청년 이슈를 다루는 입장에서 20대 총선 결과는 당혹감을 넘어 충격에 가까운 것이었습니다. 정치 무관심층으로 예단했던 청년 유권자들이 대거 투표장을 찾았고, 그 결과 어떤 전문가도 예상하지 못했던 정치 구도를 만들어냈기 때문입니다. 특히 20대 유권자의 경우 18대 총선(28.1%)에 비해 약 21% 포인트나 오른 투표율(49.4%)을 보였습니다. 그리고 20대 투표자의 약 70%가 야당에 표를 던져 새누리당이 제1당을 내주는 초유의 결과를 이끌었습니다.

우리가 처음 생각했던 대로 지금의 청춘 세대가 민주화운동의 역사나 정치 일반에 대한 상식이 좀 부족한 건 사실일지도 모릅니다. 하지만 이번 총선 결과를 보면서 정치를 변화시키는 건 한줌의 정치 상식이 아니라 무능력한 정치권을 향한 한 세대의 구조화된 분노일 수도 있겠다는 생각이 들었습니다. 청춘리포트는 지속적으로 정치와 청년 문제를 연결 짓는 기사를 기획할 것입니다. 정치가 청춘 세대의 모든 문제를 해결할 순 없지만, 정치를 통하지 않고선 청춘 세대의 어떤 문제도 해결될 수 없기 때문입니다.

41.6점, 청춘들 절반은 몰랐다, 1987년 6월의 그날

민주화 역사, 당신은 얼마나 알고 있나요?

1. 응답자 48.9%가 틀린 문제

4·19 혁명 후 들어선 정부와 지도자는? [10점]

① 제1공화국–이승만 대통령
② 제2공화국–윤보선 대통령·장면 총리
③ 제3공화국–박정희 대통령
④ 제4공화국–박정희 대통령
⑤ 제5공화국–전두환 대통령

2. 52.9%가 틀린 문제

다음 사건의 명칭과 괄호 안에 들어갈 인물은? [10점]

1979년 5월 '민주회복'을 목표로 한 (   ) 의원이 신민당 총재로 당선되자 박정희 대통령은 의원직 제명안을 통과시켰다. 야당 및 시민사회에서는 이에 항의하면서 정국은 대결국면으로 치달았다. 10월 15일 부산대에서는 민주선언문이 배포되고, 5000여 명의 학생 및 시민들이 대규모 반정부 시위에 나섰다. 18일과 19일에는 마산과 창원으로 시위가 확산됐다.

① 4 · 19 혁명 – 김두한
② 12 · 12 사건 – 장준하
③ 5 · 18 민주화운동 – 김대중
④ 5 · 18 민주화운동 – 노무현
⑤ 부마항쟁 – 김영삼

3. 62%가 틀린 문제

5·18 민주화운동에 대해 맞게 서술한 것을 고르시오. [10점]

㉠ 선화 : 유신 개헌에 반대하는 시민들의 시위였어.

㉡ 하나 : 하루 전인 5월 17일 군부 세력은 사회 혼란을 막는다며 김대중, 문익환 등 정치인과 재야 인사를 체포했어.

㉢ 효심 : 대학생들의 시위를 공수부대가 과잉진압하자 시민들이 가세하면서 격화됐어.

㉣ 지은 : '임을 위한 행진곡'은 이때 전남도청을 지키다 사망한 시민 윤상원 씨를 기리며 만든 노래야.

① ㉠, ㉡
② ㉢, ㉣
③ ㉠, ㉡, ㉢
④ ㉡, ㉢, ㉣
⑤ ㉠, ㉡, ㉢, ㉣

역사의 큰 물줄기를 바꾼 현장에서 청춘은 언제나 맨 앞에 섰습니다. 그래서 청춘리포트는 이런 질문을 던지기로 했습니다. 2015년의 청춘들에게 28년 전 민주화의 역사는 어떻게 기억되고 있을까.
청춘리포트는 지금의 20대들에게 '수능-민주화 영역'이란 문제지를 건넸습니다. 221명이 설문에 응했는데 평균 점수는 41.6점으로 낮은 편이었습니다. 청춘의 역사 인식은 한 나라의 미래를 결정지을 수도 있습니다. 2015년의 청춘들이 28년 전 선배 청춘들의 민주화 역사를 되새기길 바라며 다음 문제지를 선보입니다.

4. 52%가 틀린 문제

다음이 설명하는 기간을 가리키는 명칭은 무엇인가? [5점]

1979년 10월 26일 박정희 대통령이 시해된 10 · 26 사건이 발생함으로써 유신체제는 종료됐다. 이를 계기로 전국에서는 민주화를 요구하는 각종 시위가 벌어졌다. 그러나 1980년 5월 전두환이 이끄는 신군부가 5월 17일 비상계엄 전국 확대조치를 단행하면서 이 같은 분위기는 가라앉았다.

① 데탕트 시대 ② 세시봉 세대 ③ 12 · 12 사건 ④ 서울의 봄 ⑤ 6월 항쟁

5. 86.4%가 틀린 문제

1987년 6월 민주화운동을 촉발시킨 두 사건을 다룬 중앙일보 기사의 일부다. 다음 괄호 안에 들어갈 인물은? [10점]

14일 연행되어 치안본부에서 조사를 받아오던 공안사건 관련 피의자 (㉠)군(21 · 서울대 언어학과 3년)이 이날 하오 경찰조사를 받던 중 숨졌다. 경찰은 사인을 쇼크사라고 검찰에 보고했다. 그러나 검찰은 수사기관의 가혹행위로 인해 숨졌을 가능성에 대해 수사 중이다. (1987년 1월 15일자)

연세대생 (㉡)군(20 · 경영2)은 경찰이 쏜 SY-44최루탄 뇌관 파편을 머리에 맞아 숨진 것으로 최종 확인됐다. 연세대 총학생회 장례대책위원회는 (㉡)군 장례식을 '애국학생 (㉡) 열사 민주국민상'(호상 우상호 연세총학생회장)으로 치르겠다고 발표했다. (1987년 7월 7일자)

㉠ (　　　　　　) ㉡ (　　　　　　)

6. 62.9%가 틀린 문제

다음이 설명하는 장소를 쓰시오. [5점]

1987년 민주항쟁 시기에 시민 및 재야세력들이 모여 민주화 시위를 열었던 유서 깊은 장소다. 주요 종교 건축물인 동시에 '민주화의 성지'라고도 불리는 곳이다. (　　　　　　)

7. 57.5%가 틀린 문제

다음 중 1987년 민주화운동 시기에 활동했던 주요 대학생 단체 출신이 아닌 정치인은? [5점]

① 우상호 ② 이인영 ③ 박원순 ④ 정청래 ⑤ 유은혜

8. 86.4%가 틀린 문제

다음이 설명하는 인물은 누구인가? [10점]

1991년 전국민주운동연합(전민련) 사회부장이었던 김기설 씨가 '노태우 정권 타도하자'는 등의 구호를 외치며 분신 자살했다. 이에 검경은 동료 (㉠)씨가 유서를 대필하는 등 이 자살을 사주했다며 처벌했다. 재야 측은 조작이라며 맞섰지만 결국 (㉠)씨는 재판 끝에 3년 2개월의 실형을 선고 받았으며, 94년 만기 출소하였다. '한국판 드레퓌스 사건'으로 불리는 이 사건은 지난 5월 14일 사건 발생 25년 만에 대법원에서 무죄 판결이 확정됐다.

㉠ (　　　　　)

9. 58.4%가 틀린 문제

1987년 6월 항쟁 당시 민주화운동을 주도했던 대학생단체 명칭은? [5점]

① 한총련　② 전대협　③ YMCA　④ 전대련　⑤ CCC

10. 53.8%가 틀린 문제

다음의 내용을 담고 있는 역사적 사건의 명칭은? [10점]

① 여야 합의하에 조속히 대통령 직선제 개헌을 하고, 새 헌법에 의한 대통령 선거를 통해 1988년 2월 평화적으로 정권을 이양하며, ② 자유로운 출마와 공정한 경쟁이 보장되는 대통령 선거법의 개정, ③ 국민적 화해와 대단결을 도모하기 위해 김대중(金大中)씨 등의 사면복권과 시국사범 석방, ④ 정당활동 보장, 대화와 타협의 정치풍토 조성 등이다.

① 6 · 29 선언　② 4 · 13 호헌조치　③ 7 · 4 남북공동성명
④ 6 · 15 공동선언　⑤ 드레스덴 선언

11. 33.9%가 틀린 문제

1987년 대통령 직선제로 진행된 제13대 대통령 선거에서 당선된 후보는 누구인가? [10점]

(　　　)

12. 48.4%가 틀린 문제

다음 중 시기순으로 맞게 배열된 것은?

㉠ 4 · 19혁명　㉡ 5 · 16 군사 쿠데타　㉢ 10 · 26 사건　㉣ 12 · 12 사건　㉤ 6월 민주항쟁

① ㉠, ㉡, ㉢, ㉣, ㉤　② ㉠, ㉡, ㉣, ㉢, ㉤　③ ㉡, ㉠, ㉣, ㉢, ㉤
④ ㉡, ㉠, ㉤, ㉣, ㉢　⑤ ㉤, ㉣, ㉢, ㉡, ㉠

정답 1. ②　2. ⑤　3. ④　4. ④　5. 박종철, 이한열　6. 명동성당　7. ③　8. 강기훈
9. ②　10. ①　11. 노태우　12. ①

※20대 남녀 221명 응시　※조사 : 청춘리포트 팀, SK텔레콤캠퍼스리포터

3일 동안 대학 · 카페 등 서울 전역을 돌아다니며 20대 남녀 청춘들에게 '수능-민주화 영역' 문제지를 내밀었다. 대부분 "어렵다"는 반응이었다. "시간을 더 달라"는 소리도 여기저기서 튀어나왔다. "제가 봐도 수준이 심각하네요"라는 자조가 나오기도 했다. "수능 때 근현대사를 선택하지 않아 점수가 낮은 것"이라는 변명도 있었다.

공통점은 있었다. 웃으며 문제를 풀기 시작했지만 한숨을 쉬며 시험지를 제출했다는 것이다. 대학생 김주영(21세) 씨는 "스스로에게 화가 날 정도"라며 "수능을 두 번이나 쳤는데 하나도 모르겠다"고 한숨을 내쉬었다. 문제를 다 풀고 난 정상빈(23세) 씨는 "근현대사를 고등학교에서 필수과목으로 배우지 않는 건 커다란 문제라고 생각한다"며 "근현대사 정도는 필수로 지정해야 민주화 운동의 역사도 이해할 수 있는 것"이라고 말했다.

결과적으로 221명의 청춘이 풀어낸 '수능-민주화 영역' 점수는 평균 41.6점이었다. 고민은 깊었으되 점수는 낮았다. 가장 높은 점수는 85점(8명). 0점도 2명이나 나왔다.

오답률 1위 '강기훈 유서 대필 사건'

가장 오답률이 높은 문제는 주관식 문제에서 나왔다. 5번과 8번 문제가 오답률 공동 1위를 했다. 실제로 대부분의 청춘들은 주관식을 어려워했다. 볼펜으로 몇 번이고 문제지에 밑줄을 그으며 열중하던 설민혜(24세) 씨는 주관식 세 문제를 비워둔 채 "주관식도 보기 주시면 안 돼요?"라고 했다. 이런 현상을 반영하듯 5번 정답인 '박종철 · 이한열' 두 명을 모두 맞힌 사람은 30명밖에 되질 않았다. 두 사람의 이름 중 박종철 열사의 이름을 맞힌 사람은 12명인 반면, 이한열 열사의 이름만 맞힌 사람은 34명이었다. 많은 사람이 '탁 치니 억 하고 죽었다'는 대략적인 사건의 내용은 알고 있었지만 그 당사자가 박종철 열사인 것은 몰랐다. 남영목(27세) 씨는 "이한열 열사의 경우 최근 기념관을 만들었다는 뉴스가 나와 친숙했지만 박종철이란 이름은 몰랐다"고 말했다.

8번의 경우도 정답인 '강기훈'을 맞힌 사람은 30명 수준이었다. 대법원이 분신자살한 동료의 유서를 대신 써준 혐의로 유죄 판결을 했던 강기훈 씨에 대해 23년 만에 무죄를 선고한 게 불과 지난달 일이지만 대부분 이 문제를 공란으로 남겨뒀다. '근현대사'가 아닌 '최신 시사'에도 관심이 적다는 얘기다. '강기훈'을 '김기훈'이나 '강기문'으로 잘못 적은 사람도 있었다. 김대중 전 대통령이라고 쓴 사람도 7명이나 됐다.

반대로 가장 정답률이 높은 문제는 11번이었다. 1987년 대통령 직선제로 진행된 제13대 대통령 선거 당선자를 묻는 질문이었다. 146명이 정답인 노태우 전 대통령을 썼지만 노태우 전 대통령과 김영삼 전 대통령의 재임 순서를 헛갈려 하는 사람도 적지 않았다. 김영삼 전 대통령은 노태우 전 대통령 다음인 14대 대통령을 지냈다. 노태훈(1명), 노태후(2명) 등 이름을 정확히 모르는 경우도 있었다. 박정희(8명), 전두환(5명) 등의 답안도 나왔다.

'5·18 민주화 운동에 대해 맞게 서술한 것을 고르라'는 3번 문제도 10명 중 6명이나 틀렸다. 56명은 5·18 민주화 운동을 '박정희 전 대통령의 유신 개헌에 반대하기 위해 일어난 시위'라고 알고 있었다.

대학생 나영신(27세) 씨는 "평소 이런 근현대사 내용은 수업시간 외엔 거의 듣지 못한다"며 "대학 선배들로부터도 6월 항쟁 등에 대해 이야기를 들어보지 못했다"고 말했다. 정진성 서울대 사회학과 교수는 "취업이 안 되고 미래가 걱정되는 청춘들이 민주화 역사 같은 문제보다는 현실적인 문제에 몰두하게 되는 건 당연하다"며 "근현대사와 관련해선 고등학교 교육 과정에서 충분히 깊이 있는 교육이 이뤄져야 한다"고 지적했다.

유성운 기자의 취재 수첩

나무에 푸른 새순이 돋을 때면 광주에서 자란 친구 A가 해준 이야기가 떠오른다.

"5월이 되면 광주 시내 곳곳에는 5 · 18 희생자들과 당시의 참상을 담은 사진들이 걸렸어. 어른들은 수군수군 하다가도 아이들이 근처에 오면 입을 닫고 아무런 말을 해주지 않았어. 하지만 거리에 걸린 사진들이 무섭기도 하고 흐느끼는 유가족들을 보면 너무 슬퍼서 등하교 때는 그냥 묵묵히 걷기만 했어. 그래서 나한테 5월에 대한 이미지는 우울하고 슬픈 것들로만 남아 있어."

학생운동이 급격하게 퇴조하던 1990년대 후반에 대학에 들어갔다. '민주화', '열사' 같은 단어가 낯설게 느껴지긴 했다. 그래도 36년 전 광주에서 어떤 일이 벌어졌다는 것은 알고 있었다. 하지만 봄에 대한 느낌이 서로 이렇게 다를 줄은 몰랐다.

지난해 6월 서울에서 만난 20대 221명을 대상으로 '민주화운동' 관련 테스트를 해봤더니 평균 점수는 100점 만점에 41.6점이었다. 내심 궁금했던 5 · 18 민주화운동에 대해 제대로 답한 응답자도 10명 중 4명꼴이었다. 그런 비극이 왜 벌어졌는지에 대한 생각도 제각각이었다. 응답자의 25%는 5 · 18 민주화운동을 '박정희 전 대통령의 유신개헌에 반대하기 위해 일어난 시위'라고 답했다.

쌍문동에서 택이와 정팔이가 혜리를 두고 삼각관계에 눈뜰 무렵, 1987년 1월 스물한 살 박종철 군은 서울 어디선가 물고문을 받다가, 그해 7월 스무 살 이한열 군은 학교 앞에서 머리에 경찰이 쏜 최루탄을 맞고 죽었다. 응답자의 86.4%는 이들의 이름을 알지 못했다.

시험지 답안을 작성하며 한숨을 푹푹 내쉬던 몇몇 대학생들은 "평소에 이런 이야기를 거의 들을 기회가 없다"고 말했다. "수능 때 근현대사를 선택하지 않아 점수가 낮은 것"이라는 변명도 있었다.

이제 정부는 논란이 많다는 이유로 근현대사 교육을 축소할 방침이라고 한다. 누군가에게는 폭동으로 인식된다는 '1980년 광주'는 앞으로 어떻게 될까? 이한열과 박종철의 죽음은 무엇으로 기억될까?

국민연금, 2060년에 내가 너를 만날 수 있긴 하니?

실제 65세가 됐을 때 기대수익의 몇 %나 받을 수 있다고 생각하나?

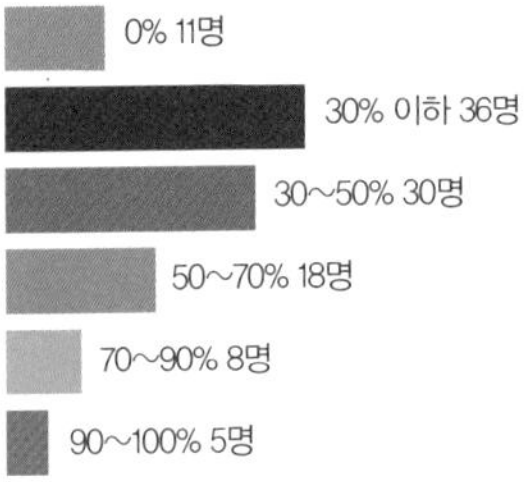

기대수익 판단의 근거

- 기금 운용 미숙
- 연금 고갈 예정이라 내가 받을 돈도 줄어들 것
- 연금공단에 대한 불신
- 국민연금을 가만 놔두지 않는 정부에 대한 불신
- 65세 이상 인구수 증가
- 제대로 되는 게 있어야 뭘 기대하지

국민연금 명목소득대체율 10% 인상안에 찬성하나?

찬성

33.9%

찬성 이유

- 젊은 층이 더 많이 세금을 내고 노년층이 누릴 수 있으면 좋겠다
- 40%로는 노후에 생활하기 힘들 것

반대

66.1%

반대 이유

- 국민연금이 조세 싱크홀로 전락해버릴 가능성
- 2030에게 책임이 전가되는 것 같아

직장인 국민연금 가입이 의무가 아니라도 가입할 생각이 있나?

그렇다

31.5%

가입하겠다는 판단의 근거

- 국민연금의 소득재분배 효과를 통한 선순화 효과 기대
- 개인연금은 준비 어려워, 강제로라도 노후 준비시켜야

아니다

68.5%

가입하지 않겠다는 판단의 근거

- 맞춤형 보험 선호, 낸 금액도 못 돌려받을 것 같다
- 수익률도 낮고 필요성 못 느껴

자료 : 청춘리포트 팀, 20~30대 남녀 온라인 설문조사 *2030 '국민연금' 이렇게 생각한다(총 108명 응답)

국민연금의 소득대체율을 50%로 인상하는 방안을 놓고 정치권이 격돌하고 있습니다. 하지만 2030세대는 이 싸움에 대체로 무관심하거나 회의적입니다. 소득대체율이 어떻게 조정되든 약속한 액수대로 받기 힘들 거란 의구심이 크기 때문입니다. 청춘리포트는 20~30대 대학생 · 직장인 · 자영업자 3명을 만나 국민연금의 미래에 대해 인터뷰했습니다. 이들 세 청춘의 예측과 우려를 미래 시점으로 재구성했습니다. 2030세대가 은퇴한 노인이 되는 2060년을 기점으로 한 가상의 기사입니다. 특단의 대책이 없다면 이 가상의 기사는 현실이 될지도 모릅니다. 부디 이 우울한 상상이 현실이 되지 않기를….

시나리오 1 : 민영화로 완전 고갈 피했지만, 2075년엔 바닥. 우리 아들은 어쩌지

이상훈 / 한국외대 글로벌경영학 4학년

44년 전 박근혜 정부가 국민연금 고갈을 예측했던 2060년 새해를 맞이했다. 새해 아침 뉴스에선 우려했던 국민연금 기금의 완전 고갈은 피했다는 소식이 나온다. 10년 전 험악했던 국민연금 사태를 떠올리면 다행스러운 일이다.

10년 전인 2050년, 정부는 국민연금의 부분 민영화라는 극약 처방을 발표했다. 기금 운용 주체를 늘려 연금 수익률을 높이겠다는 계획이었다. 광화문광장은 그야말로 아수라장이 됐다. 국민연금 민영화 찬성과 반대 측이 격렬히 맞섰다. 민영화 반대를 외치는 국민연금관리공단 직원들까지 거리로 나왔다. 광장은 완전히 통제됐다. 약 6개월에 걸쳐 엄청난 사회적 비용을 치른 끝에 국민연금 기금의 약 10%가 민영화됐다. 하지만 기금이 바닥나는 걸 겨우 몇 년 늦추는 데 그쳤다. 아들 서준이가 은퇴할 15년 뒤엔 기금이 완전히 바닥난다고 한다. 연금관리공단은 막대한 기금 지출을 감당하기 어렵다는 이유로 세 번째 구조조정에 나섰다.

악화된 국민연금의 재정 상태를 되살릴 순 없다는 얘기가 돌았던 게 벌써 30여

년 전이다. 그즈음 우리 사회는 65세 이상 인구가 전체의 30%를 넘어섰다. 초고령화 사회로 진입하자 일하는 사람은 해마다 줄고 젊은 세대의 부담만 더 커졌다.

물론 나도 5년 전부터 국민연금을 받아 생활한다. 하지만 겨우 100만 원 남짓한 돈이다. 30년 전 '현재 가치로 90만 원을 주겠다'고 안내를 받았었는데…. 식료품 사고 공과금을 내고 나면 10만 원이 채 안 남는다. 나는 그래도 25년 전부터 개인연금을 들어놓은 덕에 생활하는 데 큰 문제가 없다. 아주 화려한 노년은 아니지만.

하지만 아들 서준이는 걱정이다. 15년 뒤 국민연금이 완전 바닥나면 서준이는 어떻게 노후를 보내야 할까. 요즘은 내 연금 가운데 일부를 증권에 투자하고 있다. 서준이에게 얼마라도 더 물려주고 싶은 생각에서다. 일흔 살이 되도록 이러고 있는 게 가끔은 서글프기도 하다. 그러나 어쩌겠는가. 수십 년 전이나 지금이나 국민연금만 쳐다볼 수 없는 게 이 나라의 복지 형편이니….

시나리오 2 : 2050년에 이미 완전 고갈. 기대도 안 했다! 따로 노후 대비해 다행.

정윤범 / EBS 라디오 PD

직장에서 첫 월급 명세서를 받았을 때가 생각난다. 40년도 넘은 일이다. 월급에서 그렇게 많은 항목을 떼 간다는 걸 그때 처음 알았다. 소득세와 주민세, 건강보험 등 기타 잡다한 항목이 줄잡아 10여 개는 돼 보였다. 월급의 약 5분의 1이 그런 식으로 통장을 스치지도 못한 채 사라졌다. 그중에는 국민연금도 있었는데 15만 원 남짓했던 것으로 기억한다. 철없던 시절 나는 그 돈을 그냥 '세금'이라고만 생각했다.

국민연금은 10년 전인 2050년 이미 완전히 고갈됐다. 실업률이 급증하며 납입자 수는 줄어든 반면 초고령화 사회는 예상보다 빨리 찾아왔던 게 결정적이었다. 고갈이 예견된 2040년부터 "세금으로 부족분을 메워야 한다"는 주장과 "세금으로 부족분을 메우면 국가 부도 사태가 우려된다"는 의견이 팽팽하게 맞섰다. 그 사이 기금은 빈 우물로 전락했다. 결국 2050년 은퇴를 맞은 사람들은 텅 빈 곳간을 보고 분노했다. 나도 20대 중반부터 30년 넘게 국민연금에 제법 많은 돈을 냈으니 명백한 피해자다.

하지만 나는 오히려 담담했다. 단 한 번도 "돌려받을 수 있는 돈"이라 생각해본 적이 없었기 때문이다. 나는 국민연금을 처음부터 끝까지 일종의 세금 정도로 생각했다. 아니면 부모 세대를 부양하는 데 내야 하는 돈이라 여겼다. 우리보다 훨씬 인구가 많은 1950~60년대 출생자들에게 연금을 주면 돈이 남을 리가 없다고 생각했다. 빈 곳간을 보고도 초연할 수 있었던 건 그래서다.

젊었을 때 냉철하게 판단했기 때문이었을까. 나는 노후를 자력으로 대비하기 위해 나름대로 애를 썼다. 주택연금을 받기 위해 가치가 떨어지지 않을 만한 집을 골라 크게 무리하지 않는 선에서 구입했다. 30년 넘게 꾸준히 개인연금을 부었고, 노후를 대비해 수십 년 동안 해외 증시에도 조금씩 투자를 해왔다. 넉넉하진 않지만 자식들에게 손 벌리지 않을 정도는 된 데 만족한다.

"국민연금을 한 푼도 받기 힘들 것"이라는 내 예측은 결과적으로 옳았다. 하지만 마냥 웃을 수만은 없다. 오늘은 국민연금만 바라보다 힘든 노년을 보내고 있는 친구들에게 술이라도 한잔 사야겠다.

시나리오 3 : 보험료율 대폭 올려 고갈 막았는데, 이젠 소득 30%를 보험료로 내야 된다네

김시화 / 의류사업

인터넷이 또 국민연금 얘기로 시끄럽다. 2000년대부터 5년마다 한 번씩 반복되는 흔한 풍경이다. 60여 년 동안 내가 기억하는 것만 10번이 넘는다. 결국 "보험료 납입 금액을 올리지 않으면 국민연금이 파산한다. 반대로 연금 수급액은 줄여야 된다"는 얘기다. 그런데 이번에는 좀 차원이 다르다. 소득 대비 15%인 납입금액을 30%로 두 배 올리자는 얘기라서다. 충격의 강도가 사뭇 다르다. 정부에서는 "완전 고갈을 막으려면 이 방법뿐"이라며 임전무퇴의 자세다.

49년 전 옷가게를 처음 시작했을 때가 생각난다. 당시 스물여섯 살이던 나는 2011년부터 서울 한남동에서 직원 4명을 데리고 온·오프라인을 오가며 열심히 장사를 했다. 일에 점점 재미를 붙여 가던 2014년부터 직원 4명을 고용하고 법인을 설립했다. 대표였던 나와 직원을 포함해 구성원이 5명 이상인 법인이 되면서 관련 법에 따라 국민연금에도 의무가입했다. 월 임금 140만 원을 기준으로 9%인 12만 6,000원. 근로자가 절반인 6만 3,000원을, 법인이 나머지 절반을 부담했다. 말이 법인 돈이지 사실상 내 돈이 나가는 것이나 다름없었기 때문에 상당한 부담이 됐던 기억이 지금도 생생하다.

당시에는 40%로 예정된 소득대체율을 50%로 올릴 것이냐 말 것이냐로 한참을 싸웠던 기억이 난다. 몇 년 뒤 소득대체율은 50%로 올라갔지만 보험료율도 점차적으로 인상돼 15%까지 치솟았다. 이때부터 국민연금에 회의적이었다. 국민연금 개혁이 자꾸만 가계 부담으로 돌아왔기 때문이다. 연금 정책은 늘 표심에 따라 오락가락했다.

이번에는 연금 고갈 시점을 2100년 이후로 늘리기 위해 보험료율을 30%까지 올리겠다고 한다. 자영업자의 소득은 변화무쌍한 탓에 내가 사업을 시작할 때는 9%도 큰 부담이었다. 보험료율이 30%인 시대에 사업에 첫발을 딛는 젊은 세대의 부담은 얼마나 클까. 보험료율을 대폭 인상하면 100년 이상 가는 국민연금이 될 수 있을까. 나는 회의적이다. 45년 전 내가 국민연금에 처음 가입했던 때부터 연금 정책은 계속해서 후퇴해온 것만 같다.

한영익 기자의 취재 수첩

월급명세서에서 다달이 빠져나가는 돈을 보고 있자면 안타까움을 금할 수 없다. 국민연금도 그중 하나다. 세금이 아니라 '공제항목'에 포함돼 있는데다 나중에 돌려받는다지만 내는 입장에서는 사실상 세금처럼 느껴지는 건 어쩔 수 없다. 안 내고 버티면 재산 압류까지 당할 수 있다. 유리지갑 봉급생활자들은 원천징수 당하다 보니 안 내고 버틸 방법도 없다.

대개는 '그런가보다' 하며 무감각하게 세금처럼 내는 돈이라 생각하게 마련이지만, 가끔은 '언제쯤 받을 수 있을까' 궁금증이 생길 때가 있다. 1969년 이후 출생자들은 만 65세가 돼야 받을 수 있다는 걸 감안하면, 지금 20~30대들에게는 빨라도 30~40년 뒤의 먼 미래 이야기다.

국민연금이 고갈될 거라는 2060년, 44년 뒤의 미래를 상상해봤다. 1970년부터 2015년까지의 45년보다 더 빠른 속도로 변할 것이라 생각해보면 그때의 모습을 어렴풋하게 떠올리기조차 힘들었다. 로봇과 인공지능이 인간을 지배하는 건 아닐까. 지인들도 44년 뒤의 미래가 선뜻 떠오르지 않는 모양이었다.

"그때쯤이면 지구 궤도나 달에 거대한 인공 식민지가 생길지도 몰라."

"세계경제가 통합되면서 국가가 소멸할 거야."

그럼 그 머나먼 미래의 국민연금은 어떤 모습일까. 과연 존재하고 있을까. 만약 존재하고 있다면 약속된 금액을 받을 수는 있을까. 취재는 그 궁금증에서부터 시작했다. 때마침 국민연금의 소득대체율을 높이기 위해 연금 납입액을 올리느냐 마느냐를 두고 정치권에서 논란도 한창이었다.

취재를 시작할 때는 연금이 20~30대에게 너무 먼 얘기 아니냐는 지적도 있었다. 하지만 나는 오히려 가장 적합한 주제라고 생각했다. 이유는 간단하다. 20~30대는 지금도 매달 국민연금을 내고 있고, 앞으로도 가장 오래 돈을 내야 하는 사람들이기 때문이다.

20~30대는 머나먼 미래에 대해 세간의 인식보다 치열하게 고민하고 있다. 20~30대 남녀 108명을 대상으로 설문조사한 결과, 그들은 연금인상에 적극적으로 반대했고(66.1%), 의무가 아니라면 국민연금에 가입하지 않겠다(68.5%)고도 했다. '정부와 연금공단을 믿을 수 없다'는 게 주된 이유였다. 정부와 국민연금관리공단이 20~30대의 신뢰를 얻기 위해 무엇을 할 수 있을지 고민해볼 시점이 아닐까.

교과서 국정화가 그렇게 급한가요, 청년실업도 덮을 만큼?

역사교과서 국정화 확정고시를 두고 고교 시절 검인정 교과서로 우리 역사를 배웠던 대학생들의 얘기를 들어봤다. 진명훈(25세, 서강대), 박석(29세, 인하대) 씨는 역사교과서 국정화를 찬성했고, 강명호(25세, 중앙대), 구민철(26세, 서강대) 씨는 반대했다. 이들은 고교 시절 모두 검인정 교과서로 공부했다. 국정화 찬성론자들이 "좌편향됐다"고 주장하는 역사교과서로 공부해 대학에 진학했다.

국정화를 주제로 한 '캠퍼스 대담'은 중앙일보 9층 회의실에서 1시간 동안 진행됐다. 국정화를 찬성하는 대학생들은 "현재 고교생들이 배우는 검인정 교과서가 우리 역사를 부정적으로 인식하도록 만든다"고 주장했다. 반대 측은 "검인정 교과서에는 독재정권을 종식시킨 민주화에 대한 내용도 있기 때문에 근현대사를 긍정적으로 인식할 수 있다"며 상반된 의견을 냈다.

정부가 3일(2015년 11월) 역사 교과서 국정화 안을 확정고시했습니다. 하지만 국정화 논란에서 정작 교육 수용자인 학생들의 의견은 배제되고 있는 것 같습니다. 청춘리포트는 대학 1학년생 200명을 상대로 그들의 역사관을 알아보고, 대학생 4명과 국정화를 주제로 대담을 진행했습니다. 국정화 찬성 측 표현대로라면 "문제투성이"인 역사 교과서로 배운 학생들입니다. 검인정 역사 교과서로 공부한 이들은 어떻게 생각하고 있을까요? 교육 수용자인 청춘 세대의 의견을 생생히 전달합니다.

대학 1학년생 200명에게 근현대사의 주요 쟁점을 물어보니

분단의 가장 큰 책임은 어느 쪽이라고 생각하는가?
① 이승만과 대한민국: **12명**
② 김일성과 조선민주주의인민공화국: **33명**
③ 남북한 모두: **150명**

6·25전쟁의 성격에 대해 가장 바르게 서술됐다고 생각되는 항목은?
① 김일성이 친일 청산 및 민족 해방 등을 목표로 벌인 통일전쟁: **16명**
② 김일성이 한반도의 공산화 야욕을 위해 벌인 침략전쟁: **173명**

5·16 군사쿠데타에 대한 본인의 평가는?
① 집권을 위해 민주주의를 무너뜨리고 정부를 전복시킨 군사반란: **180명**
② 사회 혼란을 바로잡고 근대화를 추진하려 한 군부의 불가피한 선택: **17명**

박정희 대통령의 집권 기간(1961~79년)에 대한 평가는?
① 민주주의가 크게 후퇴하고 경제적 불평등이 심화된 시기: **68명**
② 민주주의는 다소 후퇴했지만 경제 성장으로 근대화를 이룩한 시기: **121명**

김대중 정부 때부터 추진된 햇볕정책에 대해 어떻게 평가하는가?
① 남북 군사 대결을 지양하고 평화적 관계를 촉진시킨 바람직한 정책: **119명**
② 북한의 핵 개발 등 군사 야욕을 막지 못한 비현실적 정책: **67명**

주체사상에 대한 본인의 의견은?
① 사람 중심의 세계관과 민족의 자주성을 실현시키기 위한 사상: **22명**
② 반대파를 숙청하고 주민 동원체제를 실현시키기 위한 도구: **73명**
③ 잘 모른다: **97명**

근현대사를 바라보는 시각에 가장 많은 영향을 끼친 요소는?
① 교과서: **72명**
② 한국사 과목 교사: **47명**
③ 서적, TV 프로그램, SNS 등: **47명**
④ 가족이나 친구 및 선배: **18명**

정부 여당의 한국사 교과서 국정화 추진에 대한 의견은?
① 찬성: **4명**
② 반대: **176명**
③ 관심 없다: **15명**

국정화 확정고시가 발표됐다.

진 : 정부가 교과서 국정화 필요성을 느꼈고, 적법한 절차에 따라 진행하고 있으니 힘을 보태줄 필요가 있다. 짧은 시간 안에 올바른 교과서를 만들어야 하는 만큼 집필진 구성부터 국민과 전문가들이 힘을 모아야 한다.

강 : 졸속 처리된 것이다. 미래 세대의 교육에 큰 변화를 주는 건데 정작 10대와 20대의 반발은 묻혔다.

현재 검인정 교과서가 편향됐다고 보나?

박 : 고등학교 때 검인정 교과서로 공부하면서 나는 '우리 역사가 자긍심을 느낄 만한 역사인가'라는 회의가 들었다. 예를 들면 박정희 전 대통령의 유신독재나 5·16군사정변은 자세히 서술돼 있어 '체제전복자'라는 느낌이 강한 데 반해 경제발전에 이바지한 부분은 당시 세계 경제 호황이 원인인 것처럼 서술돼 있다. 이승만 전 대통령은 교과서만 보면 뭘 잘했는지 전혀 알 수가 없다.

강 : 현재 검인정 교과서에도 충분히 자긍심을 가질 만한 역사로 서술돼 있다. 전쟁 후 폐허였던 나라에서 국민의 근면성을 기반으로 일어났고, 북한은 권력을 3대째 세습한 반면 우리는 민주화 과정에서 독재자를 끌어내린 경험이 있다고 배웠다.

진 : 솔직히 친구들과의 술자리에서 이승만이나 박정희 전 대통령에 대해 대놓고 칭찬할 수 있는 사람이 있나? 우리 사회는 보수 · 중도 · 진보가 비슷한 비율로 나뉘어 있는데 젊은 세대는 그렇지 않다. 소수의 목소리 큰 사람들 때문에 다수가 목소리를 못 내는 상황이다. 근현대사 교과서의 역할이 크다.

구 : 검인정 교과서 집필도 교육부의 지침에 따라 하는 건데 무조건 편향됐다고 보는 건 과장된 해석 아닌가.

진 : 교육부에서 지난해 교과서를 검정하면서 수정해야 할 부분을 지적했다. 처음엔 권고했고, 다음엔 수정명령을, 이후에 법원에서 수정 판결까지 났는데 출판사에서 불복했다. 수정이 필요할 때마다 매번 이런 식으로 국력 낭비를 해야 하나.

강 : 명백하게 잘못된 서술이면 수정하는 게 맞지만 그게 국정화를 정당화할 수는 없다. 학생들이 역사를 바라보는 다양한 시각을 가질 수 있도록 교과서가 기반이 돼야 한다.

진 : 검인정 체제에서 다양한 교과서가 나올 수 있다고 하는데 그렇지 않다. 2014년 10월 말 기준으로 보수 성향의 교학사 교과서를 채택한 학교는 3개뿐이다. 사실상 역사교과서의 독과점이 이뤄지고 있는 거다. 검인정은 각 출판사의 입장을 반영해 편향될 수 있지만 국정은 다양한 집필진이 만들기 때문에 더 객관적일 수 있다.

강 : 교학사 교과서를 덜 보는 건 사진이나 내용 오류가 많이 지적됐기 때문이다. 개선되면 채택률이 올라갈 것이다. 중요한 건 '역사를 이렇게 보라'고 가르치는 것이 아니라 역사를 바라보는 다양한 시각이 있다는 것을 교육하는 것이다.

역사관 형성에 교과서가 큰 영향을 미쳤나?

박 : 대부분 수능 준비에 바빠 교과서 외에는 다른 역사책을 접할 여력이 별로 없기 때문에 역사관 정립에 교과서가 큰 영향을 끼친다.

강 : 나는 별 영향이 없다고 본다. 요즘 학생들에겐 교과서에 서술된 역사의 진실 여부보다는 시험에 어떤 것이 나오느냐가 더 중요하다.

검인정 교과서를 배운 세대로서 분단의 책임이 누구에게 있다고 보나?

박 : 남북 모두에게 있지만 국제적 성격이 강했다.

진 : 북한의 책임이 가장 크다고 본다.

강 : 미국과 소련의 영향이 컸다.

구 : 북한의 잘못이 크고 세계적 흐름이 결합됐다.

박정희 전 대통령의 공과를 비율로 말한다면.

박(찬) : 6대 4, 진(찬) : 8대 2/구(반) : 6대 4, 강(반) : 5대 5

이날 대담에선 찬반을 막론하고 "국정화가 성급히 진행됐다"는 데 의견이 일치했다. 구 씨는 "교과서가 청년 실업을 덮을 만큼 시급한 문제인가"라고 말했고, 박 씨도 "취업난 등 산적한 청년 문제를 외면하고 국정화를 서두르는 것은 안타깝다"고 말했다.

대학생 200명, 현대사 어떻게 생각하나?

검인정 역사 교과서는 학생들의 역사관에 어떤 영향을 끼쳤을까. 일각에서 주장하는 대로 대한민국에 부정적인 '좌파' 역사관에 물들었을까.

이를 알아보기 위해 서울 소재 대학생 200여 명에게 근현대사의 주요 쟁점에 대해 물어봤다. 최근까지 검인정 교과서로 학습했던 1학년만 대상으로 실시했다. 이에 따르면 해방 후 한반도가 분단된 책임은 '남북한 모두에게 있다'(150명)고 생각하는 응답자가 가장 많았다. 남한(12명)보다는 북한(33명) 쪽에 책임이 있다는 응답이 더 많았다.

6 · 25전쟁의 성격은 '북한이 공산화 야욕 때문에 일으킨 침략전쟁'(173명)이라고 보는 반면 북한 측의 주장처럼 '친일 청산 및 민족해방을 목표로 벌인 통일전쟁'(16명)이라는 응답은 미미했다. 5 · 16 군사쿠데타에 대해서는 '군인들이 집권을 위해 벌인 군사반란'(180명)이라는 답변이 '사회 혼란을 바로잡고 근대화를 추진하려 한 선택'(17명)이라는 답변보다 높게 나타났다. 또 박정희 전대통령의 집권기간은 '민주주의는 다소 후퇴했지만 경제성장을 이룩한 시기'(121명)로 평가했다. 김대중 정부의 햇볕정책에 대해서는 '남북 평화적 관계를 촉진시킨 바람직한 정책'(119명)이라는 평가가 많았다.

한편 근현대사에 대한 정보를 얻은 경로에 대해서는 교과서(72명)가 가장 많았으며, 그다음으로는 교사(47명), 서적 및 TV 프로그램 등(47명)의 순으로 나타났다. 확정된 정부의 역사 교과서 국정화 방침에 대해서는 찬성(4명)보다 반대(176명)라고 답한 응답자가 압도적으로 많았다.

채윤경 기자의 취재 수첩

교과서에 국정과 검정이 있다는 걸 나는 고등학교에 가면서 알았다. 내 학창 시절엔 전국의 모든 학생이 똑같이 배우는 책 하나만 볼 수 있었다. 그런데 고등학교에 입학하고서 교육과정이 바뀌었다. 8개 출판사에서 만드는 교과서들이 있고 그중 하나를 선택하는 식이었다. 물론 우리가 아닌 선생님들이 택하는 거였지만.

그래서 감히 국정과 검정 교과서를 다 배운 세대라고 말할 수 있을 것 같다. 그런데도 판단이 서질 않는다. 어떤 방식이 옳은지. 교과서 국정화에 찬성하는 측은 학생들에게 제대로 된 역사를 가르쳐야 한다고 주장한다. 지금의 교과서는 '좌편향'돼 우리 역사를 자랑스러운 역사가 아닌 실패의 역사, 부끄러운 역사로 가르친다고.

반면 반대하는 측은 다양한 역사 기술을 허락해야 한다고 주장한다. 큰 틀에서 교육부가 기준을 삼는 역사적 사실을 충실하게 담기만 한다면 되는 것 아닌가. 학생들에게 다양한 역사적 관점이 존재한다는 것을 가르쳐야 한다는 얘기다.

혼란스러웠다. 오히려 내 역사적 관점에 지대한 영향을 끼친 것은 역사를 가르치는 선생님들이었다고 하는 게 맞을 것 같다. 그리고 틈틈이 찾아본 야사, 드라마, 각종 만화들이었다.

중요한 것은 역사에 대한 관심이라고 생각한다. 나는 오히려 지금 우리가 당면한 문제는 역사에 대한 심각한 무지, 우리 학생들의 무관심이 아닌가 하는 생각이 든다. 수업을 충실히 하고 학생들에게 다양한 역사적 사실에 대해 토론할 수 있는 시간을 갖게 하면 어떨까. 그것이 국정 교과서이든 검인정 교과서이든 교과서에만 몰입하지 않고 다양한 역사적 관점을 살펴보도록 안내하는 수업 말이다.

말해놓고도 참 한심하게 들린다. 입시에 치이는 학생과 선생님들 앞에서 너무 한가로운 소리를 하고 있는 것일 수도 있다. 그러나 역사에 대한 관심은 어른들의 것이 아니라 공부하는 학생들, 그리고 앞으로 한국사회를 이끌어 갈 젊은 세대의 몫이라고 생각한다. 누군가 알려주는 역사, 머릿속에 넣어주는 역사 말고 사료를 찾고 각종 자료를 두고 고민하는 주체적 역사인식이 필요하다. 그건 교과서가 대신 해줄 수 없는 것이다.

끝으로, 개인적으로는 국정화가 무리수였다고 생각한다. '학생들에게 자긍심을 심어줘야 한다'는 선의로 포장했지만 실상 속내는 다른 데 있다고 본다. 중요한 사안을 충분한 논의 없이 밀어붙인 것도 잘못됐다고 생각한다. 교과서 집필진도 공개하지 않았고 일부 집필진은 물의를 일으켜 사퇴할 수밖에 없었다. 내년에 출판될 국정교과서가 충실한 내용을 담을 것이라고 기대하기 어려운 것이 사실이다.

결국은 학생들이 힘들어지게 됐다. 이 혼돈이 부디 오래가지 않길 바란다.

청춘악법! 투표율 낮다고 무시하는 겁니까?

토론 동아리 대학생들이 지난 9일 오후 여의도 국회의사당을 찾아갔다. 새누리당 김현숙 의원을 만나 기초연금법의 진실을 캐물었다. 왼쪽 아래부터 시계방향으로 오예진, 차순우 씨, 김위원, 이준명, 김미성 씨.

경고. 다음 기사는 65세 이상 어르신들께서는 신중히 읽어주시기 바랍니다. 기초연금법 통과로 청춘 세대가 떠안게 된 부담을 이야기하기 때문입니다. 노인 빈곤 해결이라는 취지를 모르지 않습니다. 그런데 이 법이 통과되면서 2030세대가 많게는 수천만 원씩 손해를 볼 수 있다는 국회 보고서를 청춘리포트가 입수했습니다. 2030세대 사이엔 '청춘악법(靑春惡法)'으로 불리는 이 법의 진실은 무엇일까요? 정치에 냉소적이라는 대학생 4명이 새누리당 김현숙 의원과 격론을 벌였습니다.

그 국회의원은 대학 교수 출신이라고 한다. 그것도 경제학과(숭실대)! 새누리당 김현숙 의원. 당에선 보육 · 복지 전문가로 통한다는데. 게다가 대통령직 인수위원회에도 참여해 박근혜 정부의 복지 · 여성 정책의 틀을 설계했다던데. 지난 2일 기초연금법이 통과될 때까지 최일선에서 정책을 개발했던 그 여성 의원. 그래, 불편하고 불리한 자리인 줄 안다. 그래도 물어는 봐야겠다. 도대체 어떤 연유로 이런 '청춘악법'이 통과됐는지.

오후 3시 남녀 대학생 4명이 여의도 국회의사당 앞에 집결했다. 대학생들의 표정은 어두침침했다. 제각기 대학 토론 동아리에서 말깨나 한다는 친구들이었지만 입술을 꽉 깨문 표정이 사뭇 심각했다. 더구나 4인방 중에 2명이 숭실대 학생이었다. 어딘가 찜찜하긴 해도 기초연금법의 진실을 캐묻기 위해, 습격!

김 의원 : 아이구, 어서 와요. 학생들.

그래, 역시 교수님이었던 게다. 마치 제자들 반기듯 활짝 웃어 보이는 모습이 자연스러웠다. 주먹 불끈 쥐고 들어서던 대학생 4인방이 멈칫거렸다. 누가 시킨 것도 아닌데 TV 토론회마냥 김 의원을 중심으로 양쪽으로 둘씩 소파에 앉았다. 미성 씨가 먼저 돌직구를 날렸다.

김미성(숭실대 3학년) : 정확히 알고 싶어서 의원님 찾아왔어요. 기초연금법은 적극 투표층인 60대 이상을 겨냥한 정책이라고 말들 하더군요. 우리 같은 20대나 30대는 투표율이 낮다는 이유로 배려하지 않은 것 아닌가요?

김 의원 : 자, 우선 이 기초연금 계산법이 굉장히 복잡하기 때문에 먼저 설명을….

미성 : 계산법은 이미 공부하고 왔고요.

김 의원 : (약간 당황한 듯 시선을 돌리며) 아, 공부해왔다니 오늘 제가 제대로 임자를 만났네요. 우선 오해부터 풀어드릴게요. 기초연금 지급 대상이 65세 이상 어르신들이라 정부가 젊은 층을 무시한 것처럼 오해들 하시는데, 새누리당이 주도했던 기초연금 캐치프레이즈가 뭔지 아세요? '어르신과 젊은이가 함께 가는 상생연금'이에요. 미래세대의 노후가 부담되지 않게 정책을 집행할 거예요.

차순우(고려대 4학년) : 기초연금이란 제도 자체가 옳은 방향인가요? 1년에 14조 5,000억 원, 장기적으로 200조 원의 재정이 들어간다고 들었어요. (목소리를 높이며) 어려운 분들에게 집중 지원을 하고 나머지는 국민연금 재정을 탄탄하게 하는 데 쓰면 우리 세대의 노후도 안정적으로 보장되지 않을까요?

김 의원 : 기초연금이 필요한 이유는 당장 노인 빈곤 문제가 너무 심각하기 때문이에요. 기초노령연금으로 10만 원가량 받던 분들에게 10만 원을 더 드리는 겁니다. 어르신들에겐 삶의 질이 달라질 수 있어요.

김미성 : 정년연장법이 통과됐잖아요. 정년이 늘어나는 건 동의하지만 청년 취업은 당장 타격을 받아요.

김 의원 : 정년 연장은 세대 간 갈등으로 볼 문제는 아니라고 봐요. 대신 일을 청년 세대와 나누고 임금피크제를 도입해 청년 일자리를 만들어야죠.

기초연금법 문제를 따지러 습격했던 의원실에서 대한민국의 미래를 고민하는 이야기가 끊이지 않았다. 토론은 2시간 가까이 이어졌다.

차순우 : 기초연금도 결국 적극 투표층인 현 노인세대를 공략한 정치적 결정 아닌가요? 20만 원 일괄 지급은 박근혜 대통령의 공약이었잖아요?

김 의원 : 포퓰리즘이라고 생각하지 않으면 좋겠네요. 국민연금과 연계하면 설명이 복잡해집니다. 차라리 20만 원씩 일괄 지급하면 분명하죠. 그런데도 연계하는 쪽으로 법을 고친 건 결국 여러분과 같은 청년세대를 위한 것이란 걸 꼭 이해해줬으면 합니다. 그걸 못 지킨 건 이미 사과를 드렸어요. 많은 어르신분들도 이해해주셨고요.

이준명(숭실대 1학년) : 국회 복지위 심사보고서를 보고 깜짝 놀랐습니다. 기초노령연금이 기초연금으로 대체되면서 1993년생 형들이 4,000만 원 이상 손해를 본다던데요. 저는 1994년생인데, 손해가 이만저만이 아니겠군요.

김 의원 : 예산정책처도 엉터리로 계산하진 않았겠죠. 저 계산이 사실이라도, 거꾸로 여러분이 4,000만 원을 더 돌려받았다면 그만큼 내야 할 세금도 늘어날 수 있어요. 여러분 미래의 자식들에게 세 부담을 떠넘기는 걸 수도 있고요.

오예진(명지대 4학년) : 학자금 대출만 3,000만 원이 있어요. 취업하면 다행이겠지만, 결혼도 출산도 집도 뭐 하나 불안하지 않은 게 없어요. 정권 따라 춤추는 노후정책이 저를 보호해줄 수 있을까요?

김 의원 : 정권이 바뀌면 정책도 손보려 할 수 있죠. 그래도 길게 보고 노후정책을 고민하는 건 어느 정부나 같다고 생각해요. 특히 노후정책의 핵심인 국민연금은 100년 앞을 내다보며 정책을 짠 겁니다.

김미성 : 졸업하고 취직하면 대부분 국민연금에 들어야 하잖아요. 기초연금은

국민연금 가입기간이 길수록 덜 받는 건데, 그럼 우리가 노인이 되면 아무 혜택도 못 받나요?

김 의원 : 기초연금으로 우선 시급한 노인 빈곤부터 해결하려는 거예요. 여러분이 노인이 됐을 때는 지금보다 성숙된 국민연금이 노후를 뒷받침할 겁니다. 기초연금도 최소 10만 원 이상은 받도록 설계돼 있고요.

기초연금법이 '청춘악법'인 까닭

욕먹을 각오로 결론부터 말씀드릴게요. 2030 여러분, 우리는 지금 3,000만 원짜리 그랜저 한 대를 눈앞에서 날려버렸습니다. 자동차 한 대 값을 털어간 장본인은 누굴까요? 바로 국회를 통과한 기초연금법안입니다. 65세 이상 노인 중 소득하위 70%에게 매월 10만~20만 원을 지급하는 내용이죠. 가난한 노인들에게 최소 생활비를 드리는 데 반대할 이유가 없습니다.

자, 문제는 우리 청년 세대입니다. 우리도 언젠가는 늙을 테니 저 돈을 받지 않겠느냐고요? 차근차근 제 설명을 잘 들어보세요.

정부는 지금도 65세 이상 노인에게 기초노령연금을 주고 있습니다. 소득과 재산이 적은 하위 70% 노인이 대상으로 기초연금과 큰 차이는 없습니다. 대신 1인당 월수령액이 최대 9만 9,900원에 불과하죠. 기초연금(20만 원)에 비하면 절반 수준입니다. 이런 마당에 기초연금법이 통과돼 월수령액이 2배나 늘어나니 어르신들께는 희소식이죠.

하지만 우리 청년 세대 입장에선 아쉬움이 있습니다. 정치권에서 너무 어르신들 입장만 고려한 게 아니냐는 겁니다. 자, 여기 국회 보건복지위원회가 만든 보고서가 있습니다. 올 초 기초연금법안을 논의할 때 만들어진 심사보고서입니다.

'기초노령연금→기초연금의 변화로 1953년생은 74만 원, 1963년생은 946만 원, 1973년생은 1,541만 원, 1983년생은 2,782만 원, 1993년생은 4,259만 원을 미래에 못 받게 됐다.'

기가 막힙니다. 국회 예산정책처가 연령별 기대여명(65세 이후 살아서 연금을 받을 걸로 예상되는 기간)에 따라 연금액을 추계했더니 저런 결과가 나오더랍니다. 기초연금법이 통과되면서 서른한 살인 83년생은 2,782만 원, 스물한 살인 93년생은 4,259만 원을 못 받게 됐다는 겁니다. 왜 이런 일이 벌어질까요. 기초노령연금은 수급액을 국민연금 가입자의 평균소득(A)과 연동시켰습니다. 하지만 기초연금은 물가상승률에 연동돼 있죠. 매년 연금액을 올려주는 기준이 달라지니 받는 돈도 달라진 겁니다. A값 상승률은 매년 5~7% 정도지만 물가상승률은 매년 2~3% 수준입니다. 많게는 2.5배나 차이가 나죠. 5년마다 이 차이를 조정한다지만, 얼마나 될 지 의문입니다. 게다가 기초연금은 국민연금 가입 기간이 길수록 연금액이 줄어듭니다. 어렵게 취직해 20년을 일해도 월 10만 원밖에 못 받는답니다. 이런 차이가 수십 년 쌓이면 수천만 원의 손해로 되돌아오는 거죠. 왜 이런 '청춘악법'이 국회를 통과하는 걸까요.

정치권은 50대 이상 장년층을 유난히 신경 씁니다. 유권자 수가 많고 투표에 열

성적인 까닭이죠. 기초연금법에 이견을 보이던 여야가 지방선거를 앞두고 서둘러 법안을 처리한 걸 보세요. 그러니 청춘이여, 부디 정치에 관심 좀 가집시다.

이서준 기자의 취재 수첩

상대는 교수 출신 정치인. 인수위 시절부터 현 정권의 복지정책을 설계한 인물 중 한 명이다. 뻔한 그림이 그려졌다. 정치인과 대학생들이 만나 사진 몇 장 찍고 형식적인 질의응답을 나눈 뒤 덕담을 끝으로 마무리하는 그저 그런 토론 말이다. 이런 민망한 그림을 '청춘리포트' 지면에 그리고 싶진 않았다. 즉시 패널 대학생들에게 자료 폭탄을 전달했다. 나도 공부를 하면서 학생들을 들들 볶았다.

국회 습격 당일, 패널 학생들은 오전 8시 신촌의 한 스터디카페로 모였다. 김 의원과 잡은 약속은 오후 3시. 이른 아침부터 모여 공부해온 내용을 갖고 치열한 모의 토론을 벌였다. 서로의 논리 구조도 다듬었다. 몇 시간에 걸쳐 마지막 준비를 하고, 오후 3시 비장하게 의원실로 향했다.

예상대로 김의원은 제자들을 대하는 교수님처럼 인자하게 학생들을 맞이했다. 보좌관은 음료수를 나눠주며 1시간 뒤 일정이 있다고 귀띔을 하고 나갔다. 그리고 시작된 본격적인 토론. 정확한 토론 내용은 기억이 나지 않는다. 하지만 치열했던 분위기는 바로 어제 일처럼 생생하게 기억난다.

인자한 교수님이 강의를 하듯 말을 하던 김의원은 대학생들의 계속된 질문에 몸을 앞으로 당겨 진지하게 임하기 시작했다. 정책을 만든 정치인과 청춘 유권자 간 치열한 토론 그 자체였다. 말 그대로 '국회 습격'이었다.

시간은 1시간을 훌쩍 넘어 2시간을 향해 갔다. 보좌관이 안절부절못하는데 김의원은 계속 토론을 이어갔다. 내가 슬슬 마무리하려 하자 김의원은 "음료수 안 마셨네요. 음료수 비우면서 조금만 더 얘기합시다"라고 제안했다. 결국 2시간을 넘겨서 토론은 마무리됐다. 그 치열한 토론을 지면의 한계로 모두 담아내지 못해 아쉬울 따름이다.

김의원은 "기초연금을 갖고 수많은 토론을 수개월째 해왔지만 손꼽히는 토론이었다"고 말했다. 대학생들이 토론을 잘해서였을까? 대학생들이 많이 알아서였을까? 청춘세대와 국회에서 치열한 소통을 해본 게 생소했기 때문은 아닐까? 그만큼 우리 정치 마당에 청춘을 대변하는 목소리가 없다는 얘기일 것이다.

기사를 쓴 지도 2년이 지났다. 청춘을 대변하는 목소리가 국회로 전달되려면 여전히 '습격' 외엔 방법이 없어 보인다.

인데 불편하네
파이아, 그만 끝내"
33.3
트렌딩, 연애도
현금 4만원, 애인사진, 부적 ··· 2030 지갑 속은
45.6
53.6
82.9%
요즘 누가 순결이란 말 쓰나요
2030은 정치를
정치 영역
극한 알바, 젊음이 휘발되는
만원

8장

그럼에도 우리는 푸르른 봄, 청춘이다!

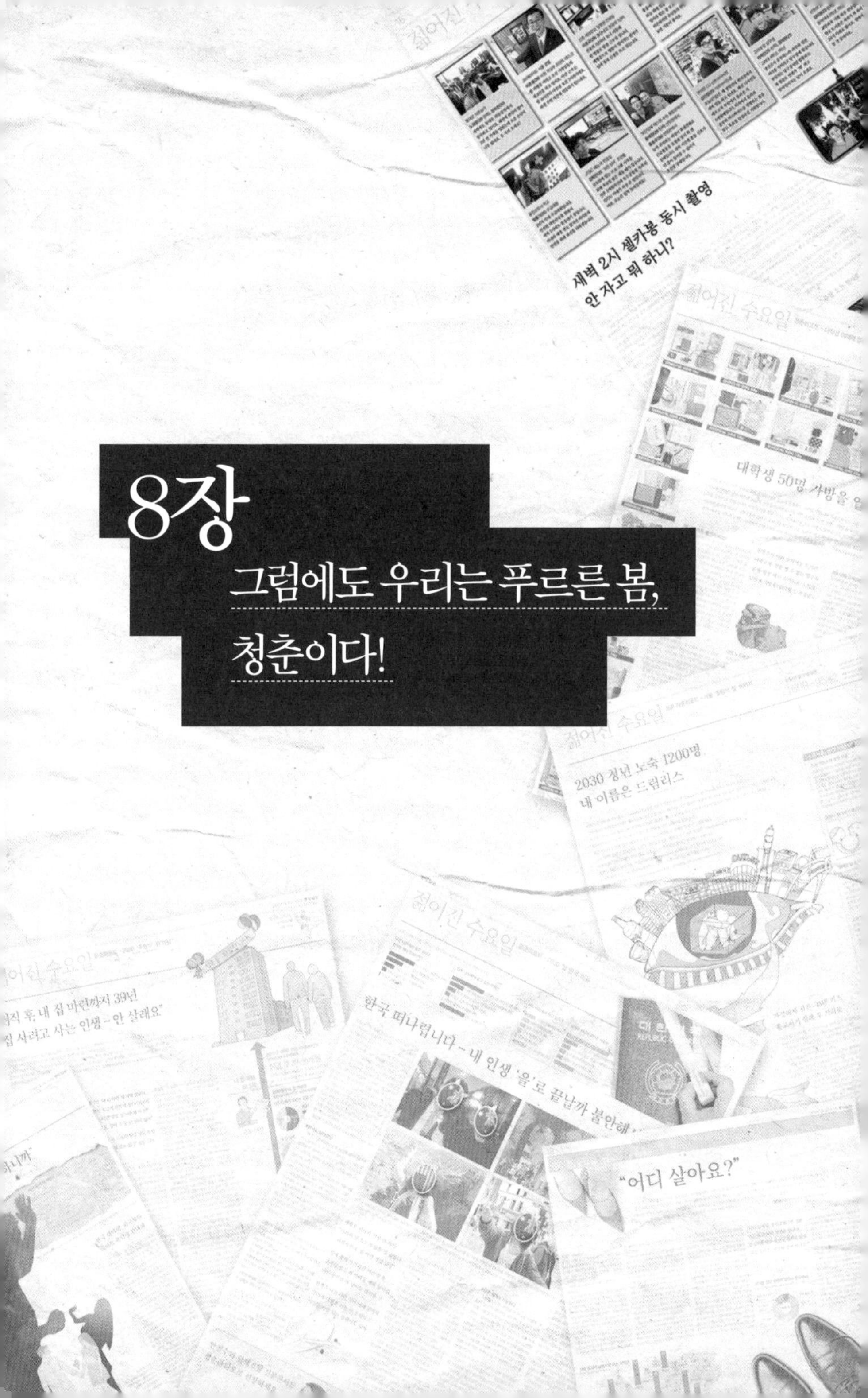

정강현 팀장의 청춘레터

꽃보다 청춘? 검색보다 사색!

만약 청춘이란 말에 빛깔이 있다면 그것은 무슨 색일까요. 취업난이니 N포세대니 하는 말을 떠올리면 분명 우울한 회색빛일 겁니다. 그런데 가만히 들여다보면 회색빛 아래로 다른 빛깔이 슬쩍 내비칩니다. 시대가 변해도 결코 변할 수 없는 청춘 특유의 희망과 꿈 같은 것들이 발산하는 푸른 빛줄기. 각종 우울한 전망을 긁어내고 속살을 들여다보면 청춘의 본래 색인 푸른빛이 보일 겁니다.

청춘은 청춘입니다. 청춘이라는 말이 혹사당하는 시절이지만, 청춘이 가진 독보적인 아름다움은 훼손되지 않습니다. 어느 시대든 청년은 그 세대만이 공유하는 특별한 문화를 형성합니다. 그것은 젊음의 에너지가 스스로 만들어내는 것으로 시대마다 조금씩 그 성격이 다릅니다.

우리가 목격한 지금 이 시대의 청년 문화는 어둡기만 한 것은 아니었습니다. 청춘의 가장 내밀한 소지품인 지갑을 엿본 결과를 볼까요. 청춘리포트 팀이 대학생, 취업준비생, 직장인 등 50명의 지갑을 무작위로 들여다봤더니 신용카드나 현금은 좀 부족해도 사랑을 품은 가족, 연인의 사진이나 희망을 꿈꾸는 복권, 부적 등이 많이 담겨 있었습니다. 우리가 엿본 청춘 8명의 책상에도 미래를 위해 치열하게 살아가는 삶의 흔적이 고스란히 남아 있었습니다.

요즘 청춘들은 자기 자신에 대한 투자를 아끼지 않는 세대이기도 합니다. 특히 여성들이 과거에 비해 적극적으로 자기 자신을 드러내기 위해 노력하고 있었습니다. 날씬한 S라인 대신 근육질 몸매를 만들고, 여대생 학군단이나 여군에 지원이 늘어나는 등 남성 못지않은 에너지를 과시하는 청춘 여성들이 늘어나고 있습니다.

스마트폰을 자신들의 신체 일부처럼 사용하는 것도 청춘 세대의 독특한 문화입니다. 이를테면 2030세대에게 스마트폰은 눈입니다. 청춘 세대는 신문이나 TV 뉴스 대신 스마트폰 앱을 통해 세상의 소식을 접합니다. PC 대신 스마트폰을 터치해 업무를 처리한다는 점에서 스마트폰은 청춘의 손이기도 합니다. 또한 직접 말하는 대신 스마트폰 자판을 두드려 메신저로 소통하는 데 익숙한 청춘들은 스마트폰을 제 입처럼 활용하기도 합니다.

그래서 스마트폰은 요즘 청춘들의 신분증과도 같습니다. 20~30대의 경우 스마트폰에 설치된 앱만 살펴봐도 그 사람의 라이프스타일은 물론 정치 성향까지 파악될 수 있기 때문이죠.

하지만 푸른빛의 이중적인 의미에도 주목해야 할 것 같습니다. 영어에서 'blue'는 우울하다는 뜻이기도 하죠. 그러니 푸른 봄이란 뜻의 청춘(青春)을 영어로 풀이하자면 '우울한 봄'으로 읽을 수도 있는 것입니다. 다시 말해 지금 우리 시대의 청춘들이 공유하는 문화는 지나치게 파편화되고 개인화된 것이 아닌가 하는 우려도 있다는 겁니다. 자기 자신에 대한 투자에 집중한다는 것은 타인에 대한 배려나 봉사는 상대적으로 등한시한다는 뜻일 수도 있기 때문입니다. 또한 스마트폰으로 소통하는 데 익숙한 청춘 세대는 대면에 기초한 인간 커뮤니케이션에 어려움을 겪는 게 사실입니다.

청춘의 다양한 문화 풍경을 소개하면서도 개운치 못한 것은 그래서입니다. 청춘 세대를 일러 검색 능력은 뛰어나지만 사색 능력은 형편없는 세대라고들 합니다. 오로지 검색만 할 뿐 사색하지 않는다면 세계를 주체적으로 인식하고 변화시키기 어렵습니다. 청년들을 둘러싼 정치 · 경제 · 사회적 여건이 열악해져 가는 요즘 같은 때엔 더욱 그렇습니다. 청춘 세대 가운데 '검색의 달인'보다 '사색의 달인'이 더 많아져서 지금의 청년 문화가 한층 더 진중하고 깊어졌으면 좋겠습니다.

S라인보다 王복근, '머슬퀸' 탐하는 그녀들

시대 따라 변하는 이상적인 몸매

1990년 고소영
마르고 어깨가 좁고 아담한 몸매

→

2000년 전지현
팔다리가 길고 마른 몸매

→

2005년 김혜수
골반이 넓고 글래머러스한 몸매

↓

2008년 신민아
키가 크고 볼륨감 있는 몸매

←

2010년 전효성
청순한 얼굴에 '베이글'형 몸매

←

2016년 레이양
근육질의 머슬퀸형 몸매

외모를 가꿀 때 어떤 부분에 더 중점을 두고 계신가요?

38% 얼굴

62% 몸매

피트니스 센터에 다녀본 경험이 있나요?

Yes
있다 83%

No
없다 17%

바야흐로 '머슬퀸'의 시대입니다.

근육질 몸매를 만들려는 2030 여성이 늘고 있습니다. 직장생활로 펑퍼짐하게 변해 버린 몸매를 탄탄한 근육질로 바꾸겠다는 겁니다. 요즘 청춘이 어떤 이들입니까. 취직을 준비할 때부터 '외모=스펙'이란 생각에 길들여진 세대입니다. 그런 만큼 머슬퀸 열풍은 식을 줄 모릅니다.

머슬퀸이 되기 위해 땀 흘리고 있는 청춘 여성들을 만나봤습니다.

본인이 생각하는 이상적인 몸매는? 자료 : 청춘리포트 팀 20~30대 여성 150명 온라인 설문조사

건강미 넘치는 근육형	글래머러스한 몸매	군살 없이 마른 스키니형	키가 작고 아담한 체형	편안함 주는 통통형
49%	26%	16%	6%	3%

'머슬퀸'형 몸매가 주목받는 이유는 무엇이라고 생각하나요?

- 남자들의 시선을 사로잡을 수 있어서
- 단순히 살을 빼는 것과 달리 건강하게 체형을 유지할 수 있어서
- S자형 몸매가 섹시함의 대명사라서
- 얼굴보다 몸매가 더 주목받는 트렌드 때문에
- 운동하는 여자가 섹시하다는 내용이 많이 나와서
- 활동적이고 적극적인 이미지로 어필할 수 있어서
- 옷 맵시가 살아나기 때문에

피트니스 센터에 다닌 목적은 무엇인가요?

- 건강해 보이는 근육형 몸매를 만들기 위해서 63%
- 살을 빼기 위해서 31%
- 건강 관리를 위해서 6%

'2015 머슬마니아 대회' 모델부문 쇼트(short) 우승자인 오유미(32세, 여) 씨는 부문별 우승자 중 유일한 대기업 직장인이다. 오 씨는 운동을 시작하게 된 계기로 '자신감 상실'을 꼽았다. 그 누구보다 열심히 회사 생활에 임했지만 몸무게가 늘기 시작하자 일의 만족도와는 별개로 초라해진 자신의 모습에 회의를 느꼈다고 한다.

오 씨는 2013년부터 본격적으로 웨이트트레이닝을 시작했다. 대학 시절 체력을 기르기 위해 헬스장에 다녔던 경험을 살려 단순히 살을 빼는 게 아니라 근육을 키우는 운동에 도전하겠다는 생각이었다.

2014년 오 씨는 '머슬마니아 대회 출전'이라는 목표를 세웠다. 맛있는 음식을 배불리 먹고 싶다는 유혹과 이제 그만 포기하고 싶다는 마음을 이겨내기 위해선 뚜렷한 목표가 필요했다. 바쁜 시간을 쪼개 최소 주 3회 이상을 웨이트트레이닝에 매진했고 2015년 전문적으로 운동을 하는 선수들과 트레이너 등의 경쟁자를 물리치고 우승자 타이틀을 거머쥐었다.

최근 20~30대 여성들 사이에 오 씨와 같은 '머슬퀸' 열풍이 불고 있다. 과거 대부분의 여성이 군살 없이 마른 몸매를 원하던 것과 달리 최근엔 이른바 '애플힙'으로 대표되는 건강미 넘치는 몸매를 원하고 있기 때문이다. 특히 TV와 인터넷을 통해 여성 피트니스모델이나 여성 보디빌더들의 몸매가 화제가 되자 헬스장을 다니며 PT(personal training)를 받는 여성도 급격히 늘고 있다.

그간 여성들이 몸매관리에 대해 갖는 인식은 다이어트와 체중조절에만 초점이 맞춰져 있었다. 무리한 식사량 조절은 빈혈과 우울증 등의 부작용으로 이어질 수밖에 없었다. 하지만 최근엔 근육운동을 통한 '건강한 몸매'의 중요성이 부각되기 시작했다.

실제로 청춘리포트 팀이 20~30대 여성 150명을 상대로 설문조사한 결과 응답자 중 62%(93명)가 외모를 가꿀 때 얼굴보다 몸매에 더욱 많은 신경을 쓴다고 답했다. 특히 피트니스 센터에 다녀본 적이 있다고 답한 응답자가 전체의 83%(126명)에 달했다.

이 중 78명은 건강해 보이는 '근육형 몸매를 만들기 위해' 헬스장을 다녔다고 답했다. '살을 빼기 위해서'(26명) 혹은 '건강관리를 위해서'(7명)라고 답한 응답자보다 압도적으로 많은 수치다. 특히 '본인이 생각하는 이상적인 몸매'와 관련한 질문엔 응답자의 49%(73명)가 '건강미 넘치는 근육형 몸매'를 꼽았다.

20~30대 여성 대부분이 외모를 가꿀 때 몸매를 더욱 신경 쓰고 있으며 특히 과거와 달리 건강미 넘치는 근육형 몸매를 원한다는 의미다.

서울 역삼동에서 7년째 헬스장을 운영하고 있는 김상수(42세) 씨는 "2~3년 전만 해도 손님의 70~80%가 남성이었는데 최근엔 오히려 여성분들이 헬스장을 더 많이 찾고 있다"며 "특히 대부분의 여성들이 과거처럼 단순히 마르기만 한 몸매보다는 근육운동을 통한 머슬형 몸매를 원하는 추세"라고 설명했다.

여성들의 근육운동 열풍 사이에서 방송인 레이양(29세, 본명 양민화) 씨는 최근 가장 주목받는 대표적인 머슬퀸이다. 웨이트트레이닝으로 다져진 근육질 몸매를 바탕으로 각종 TV 프로그램과 CF에서 활약 중이다.

양 씨는 최근의 머슬퀸 열풍에 대해 "많은 여성분이 다이어트를 하고 있지만 요요현상 때문에 계속해서 살이 찌고 빠지기를 반복하고 있다"며 "근육운동을 통해 지속가능한 몸매를 만들고 싶어 하는 욕구와 건강미를 중시하는 트렌드가 반영된 결과라고 생각한다"고 말했다. 실제로 양 씨 또한 과거 원푸드 다이어트와 단식, 다이어트 보조제 사용 등 다양한 방법으로 몸매 관리를 해왔지만 번번이 실패했다고 한다. 극단적으로 음식 섭취를 제한하는 다이어트의 부작용으로 폭식증이 생겼고 우울증을 앓기도 했다.

결국 외모에 대한 잘못된 집착으로 생긴 마음의 병을 운동으로 극복해냈다. 건강하게 땀을 흘리며 운동하며 정신적으로 한층 안정될 수 있었고, 자연스럽게 몸매관리가 되며 자신감을 회복한 것이다. 하지만 수많은 여성이 근육 운동에 뛰어들면서 몸매 관리에 과도하게 비용을 투자하는 '피트니스 푸어(poor)'가 생겨나는 등 부작용도 있다.

직장인 김사은(28세, 여) 씨는 올해 초 '대문자 S자형 몸매 만들기'를 목표로 정했다. 직장에 들어간 뒤 앉아 있는 시간이 늘어나고 주 1~2회씩 꼬박꼬박 회식에 참석하면서 급격하게 살이 쪘기 때문이다. 2014년 6월 입사한 뒤 불과 1년 만에 체중이 11kg이나 늘어나자 "살 좀 빼라"는 부모님의 타박도 잦아졌다.

작심삼일에 그치지 않기 위해 김 씨는 지난 1월부터 회사 근처의 피트니스 센터를 다니기 시작했다. 문제는 자세한 운동법을 배우기 위해선 1회(70분) 8만 원에 달하는 PT까지 받아야 한다는 점이었다. 숙련된 트레이너가 운동하는 내내 옆에서 운동법을 알려주고 자세를 바로잡아주기 때문에 운동 효과는 컸지만 그만큼 가격 부담도 만만치 않았다. 계획했던 주 3회 운동을 모두 소화하려면 한 달 헬스장 등록비용에 PT 비용까지 100만 원이 넘는 돈이 필요했다. 한 달 월급(210만 원)의 절반이 운동하는 데 들어가는 셈이었다.

계획했던 대로 살은 빠지고 근육량이 늘어갔지만 좋아할 수만은 없는 상황이었다. 매달 월급 대부분을 운동하는 데 쓰다 보니 생활비가 빠듯해진 것이다. 당초 1개월 동안 PT를 받으며 운동법을 익힌 뒤에는 혼자 하려 했지만 'PT를 받으며 운동을 해야 효과가 확실하다'는 트레이너의 말을 무시할 수도 없었다.

김 씨는 "처음엔 나에 대한 투자라고 생각하며 운동을 시작했는데 점점 그 비용이 부담되고 있다"며 "그야말로 월급을 운동에 다 쓰는 셈인데 지금으로선 그만둘 수도, 운동을 계속할 수도 없는 상황"이라고 말했다.

정진우 기자의 취재 수첩

우리는 외모가 경쟁력이 된 사회에 살고 있다. 겉모습이 그 사람을 평가하는 기준 중 하나가 된 셈이다. 이를 증명하듯 수많은 2030 청춘들은 스스로를 위해 아낌없이 투자한다. 특히 여성이 남성보다 공격적이다. 최근엔 과거 남성들을 위한 공간으로 인식됐던 피트니스센터에서 운동을 하는 여성들도 부쩍 늘었다. 운동의 목적도 과거와는 다르다. 단순히 살을 빼기 위해 운동을 하던 것과 달리 '머슬퀸' 몸매를 만들기 위한 각종 근육 운동이 번지고 있다.

이른바 '몸짱 열풍'은 과거에도 있었다. 하지만 최근의 머슬퀸 열풍이 과거와 달라진 점은 일부 여성들의 마니아적 취향으로 국한되지 않고 2030 여성들 사이에서 광범위하게 퍼지고 있다는 점이다. 실제 대학생과 직장인 등 2030 여성 150명을 상대로 설문조사한 결과 126명이 피트니스 센터에 다녀본 적이 있다고 답했다. 또 이 중 절반에 가까운 60명의 응답자는 트레이너에게 운동 자세와 식습관 등을 1대 1로 지도받는 PT를 이용해 본 적이 있다고 답했다.

특이한 점은 취재 과정에서 만난 수많은 여성들이 웨이트트레이닝을 '몸매 관리'가 아닌 '자기 관리'로 여기고 있다는 점이었다. 웨이트트레이닝을 하는 것이 단순히 이성에게 어필할 수 있는 몸매를 만들기 위한 목적만은 아니란 의미다. 처음엔 몸매를 가꾸기 위해 운동을 시작했지만 몸매 그 자체보다는 체력이 좋아지고 일상생활의 활력을 되찾은 것이 더욱 큰 즐거움이라고 이야기하는 여성들도 많았다.

오히려 대부분의 여성들은 자신의 몸매를 상품화하는 남자들의 시선을 불편해했다. 대표적인 '직장인 머슬퀸'으로 취재하게 된 '2015 머슬마니아 대회' 모델부문 우승자 오유미 씨 또한 유명해진 뒤 가장 불편한 점으로 자신의 몸매를 상품화하거나 노골적으로 바라보는 남자들의 시선을 꼽았다. 이는 오 씨가 일상생활에서 최대한 노출을 자제하는 이유이기도 하다. 머슬퀸 열풍이 보다 건강하게 자리 잡기 위해 필요한 것은 쾌적한 피트니스센터도, 훌륭한 트레이너도 아닌 여성의 몸을 관음증적으로 바라보는 인식을 개선하는 일인지도 모른다.

현금 4만 원, 애인 사진, 부적… 2030 지갑 속은 아날로그

대학생

정세림(22세, 여)

고기를 좋아해 고깃집 쿠폰이 많다. 아르바이트를 구하기 위해 증명사진도 들고 다닌다. 친구들과의 추억이 담긴 사진도 지갑 속 소중한 물건이다.

정지혜(21세, 여)

한 달 용돈의 80%를 문화비로 사용할 정도로 공연을 좋아해 지갑 속에 공연 티켓이 많다. 헌혈을 자주 하겠다는 다짐의 표시로 헌혈증도 항상 지갑에 넣고 다닌다.

백호선(20세, 남)

기타 연주가 취미다. 언제든 사용할 수 있도록 항상 지갑 속에 피크를 넣고 다닌다. 곧 군대를 가야 하는데 얼마 전 신체검사가 끝나고 나서 받은 '나라사랑카드'도 있다.

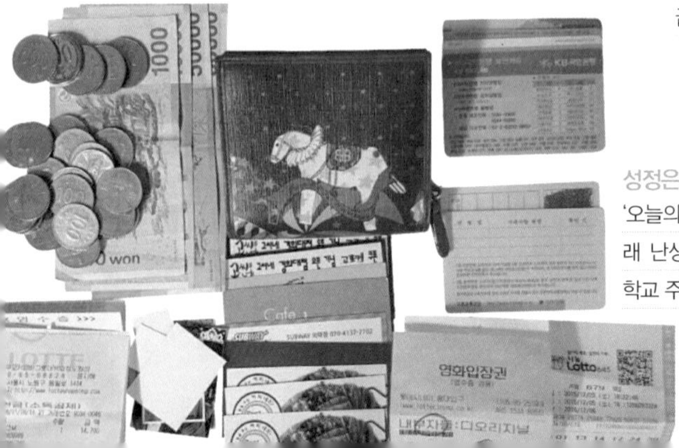

성정은(22세, 여)

'오늘의 운세'를 보니 로또를 사라고 적혀 있길래 난생처음 로또를 샀다. 대학생이기 때문에 학교 주변 음식점 쿠폰이 지갑에 많다.

박유천의 솔로앨범엔 이런 제목의 노래가 담겨 있습니다.
"당신의 지갑에는 얼마의 사랑이 있나요."
청춘의 지갑을 주제로 이번 호를 준비 중이던 저는 이 노래를 마주하고 문득 멈칫했습니다. 지갑에 돈이 아닌 사랑을 담을 수 있다니…. 그런데 청춘리포트 팀이 들여다본 청춘 50명의 지갑도 다르지 않았습니다. 현금이나 제대로 된 신용카드는 부족했지만 그 속엔 사랑과 희망을 이야기하는 물건들이 소담스레 담겨 있었습니다.

취준생

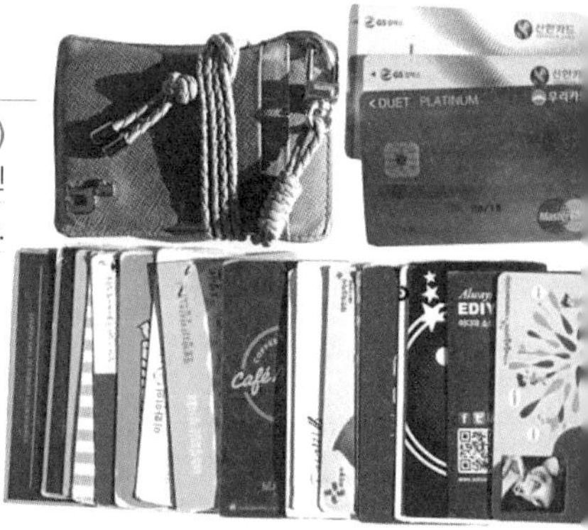

전예진(25세, 여)
평소엔 무거운 지갑 대신 카드지갑만 사용한다. 아버지 명의로 된 신용카드를 주로 쓴다. 학교 주변 카페와 음식점 쿠폰도 많다.

이광영(26세, 남)
지갑 속에 있는 현금은 1,000원뿐이다. 영국 프리미어리그 축구팀인 리버풀 FC의 광팬이라 일부러 리버풀 공식마크가 새겨진 신용카드를 사용한다.

직장인

이예림(30세, 여)
지갑 속에는 현금 없이 카드만 5장 넣고 다닌다. 음식점과 카페에서 받은 각종 쿠폰이 15장 정도 있다.

이유주(29세, 여)
영업사원인 만큼 지갑 속에 항상 명함을 들고 다닌다. 행운이 오길 기대하며 네 잎 클로버도 들고 다닌다.

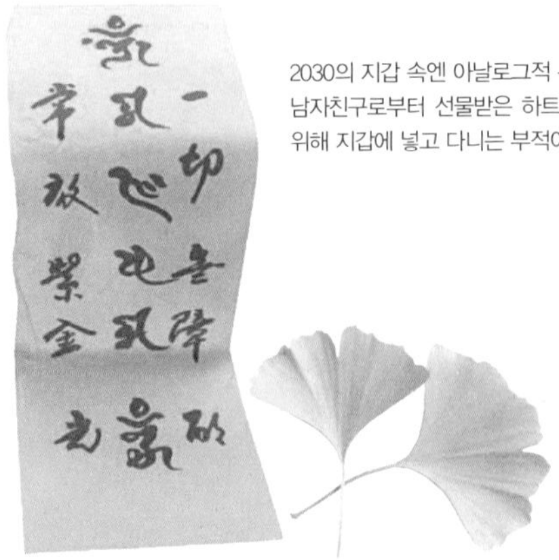

2030의 지갑 속엔 아날로그적 분위기를 풍기는 물건도 많았다. 박윤숙(21세) 씨가 남자친구로부터 선물받은 하트 모양의 은행잎과 김난진(22세) 씨가 불운을 쫓기 위해 지갑에 넣고 다니는 부적이 대표적이다.

외출할 때 제일 먼저 챙기는 것, 깜빡 잊어 안 갖고 나오면 집으로 되돌아가게 하는 것, 없어진 걸 알게 된 순간 눈앞이 아찔해지는 것. 바로 지갑이다.

지갑은 언제나 주인의 품 한쪽을 차지하며 자연스럽게 그의 일상을 담는다. 그만큼 주인과 가장 많이 닮아 있는 생활소품 중 하나다.

청춘리포트 팀이 지갑에 주목한 건 그래서다. 청춘의 지갑을 엿보면 요즘 청춘들의 생생한 삶을 들여다볼 수 있을 거라고 생각했다. 청춘리포트 팀은 20~30대 남녀 50명의 동의를 얻어 이들의 지갑을 직접 열어봤다. 청춘의 지갑에는 무엇이 담겨 있었을까?

취미

"기타 치는 게 취미예요. 기타 칠 때 꼭 필요한 게 피크(pick)잖아요. 그래서 항상 넣고 다녀요."

대학생 백호선 씨의 말처럼 지갑 속에는 주인의 취미가 담긴다. 청춘 남녀 50명 중 10명이 자신의 취미와 관련된 물건을 지갑에 넣고 다녔다.

월 생활비의 80%를 문화생활에 쓰고 있다는 대학생 정지혜 씨는 좋은 공연을 보고 나면 입장권을 꼭 지갑 속에 보관한다. 가수 성시경의 '왕팬'인 정창현(21세) 씨도 콘서트를 VIP석에서 봤던 기억을 떠올리며 입장권을 지갑에 넣어뒀다.

영국 프리미어리그 축구팀 리버풀 FC의 광팬인 취업준비생 이광영 씨는 리버풀 공식 마크가 새겨진 신용카드를, 프로야구 구단 두산 베어스의 광팬인 김수비(25세) 씨는 두산 베어스 멤버십카드를 지갑 속에 소중하게 간직하고 있다. 여행을 좋아해 여행지 대중교통 티켓을 갖고 다니는 대학생 정세영(24세) 씨도 있었다. 하지만 사회초년생들의 지갑에선 유독 '취미의 흔적'이 발견되지 않았다. 기껏해야 영화관람권 정도였다.

회사생활 3년 차인 김만국(30세) 씨는 "직장인이 된 뒤 취미생활을 즐길 시간이 너무 부족하다"고 말했다. 그의 지갑 속엔 업무일정표와 거래처 명함 5장이 담겨 있었다.

희망

스마트폰과 더불어 사람들이 항상 몸에 지니고 다니는 게 지갑이다. 그렇다 보니 행운을 가져다주는 물건이나 불운을 막기 위한 부적 등을 지갑 속에 넣고 다니는 청춘이 많았다.

직장인 이유주 씨는 행운의 네잎클로버를 코팅해 지갑 속에 넣고 다녔다. 박윤숙(21세, 여) 씨는 지난해 가을 남자친구가 준 은행잎을 잘 말려 간직하고 있었다.

행운을 가져다준다고 알려진 '2달러 지폐'도 지갑 속 인기 아이템이다.

취업준비생 안지현(28세, 여) 씨는 "원하는 곳에 취업하라는 의미로 아버지가 선물해 주신 행운의 2달러 지폐를 항상 지갑에 넣고 다닌다"고 말했다.

'대박 행운'의 상징, 로또는 2명의 지갑 속에서 발견됐다. 대학생 성정은 씨는 "오늘의 운세를 보니 '로또를 사라'고 적혀 있어 혹시나 하는 마음에 사 봤는데 하나도 안 맞았다"며 웃었다.

2명의 지갑에선 불운을 막기 위한 부적이 나왔다. 자녀를 걱정하는 마음에 부모님이 준 부적이었다. 대학생 김난진(22세) 씨는 "몇 달 전 외할머니가 주신 부적을 지갑에 넣고 다닌다"며 "무슨 의미가 담긴 부적인지는 모르지만 어머니가 잘 갖고 다니라고 하셔서 지갑에 넣어 뒀다"고 말했다.

또 싱가포르에서 살다 교환학생으로 한국에 온 유학생 대릴 고준양(Darryll Goh Jun Yang, 26세)은 어머니가 "멀리 유학을 떠나는데 안전하게 다녀오라"며 손에 쥐여 준 불교 부적을 지갑에 간직하고 있다.

사랑

현금 · 카드 · 신분증 등 필수품을 제외하면 청춘들이 지갑 속에 가장 많이 들고 다니는 물건은 사진이었다. 50명 중 12명의 지갑 속에서 사진이 발견됐다. 사진에는 주로 친구 · 연인 등 사랑하는 사람과의 추억이 담겨 있었다.

3년 차 초등학교 교사인 김나래(27세, 여) 씨는 "담임을 맡았던 아이들과 함께 찍은 사진을 소중히 간직하고 있다"고 말했다. 또 3년 전부터 아프리카 어린이에게 후원금을 보내고 있다는 정창현 씨의 지갑 속엔 자신이 후원하는 어린이의 사진이 들어 있었다.

사진 외에도 주변 사람들에 대한 사랑이 담긴 물건이 많았다. 대학생 백낙영(24세) 씨는 "친구들과 운동을 하다 보면 다치는 애들이 많아 상처에 붙이는 밴드를 갖고 다닌다"고 말했다.

또 정지혜 씨는 "내 버킷리스트 중 하나가 헌혈을 30번 하는 것"이라며 헌혈증서 4장을 지갑 속에서 꺼내 보였다. 정 씨는 "나라 사랑하는 마음을 되새기기 위해 작은 태극기도 지갑에 늘 가지고 다닌다"고 덧붙였다.

부모님의 사랑은 '엄카(엄마 카드)'와 용돈의 모습으로 지갑 속에 담겼다. '엄카'란 부모님의 계좌에서 돈이 빠져나가는 신용카드를 뜻한다.

전예진 씨는 "꼭 필요한 물건이 있으면 부모님이 주신 카드를 이용한다"고 했고, 박수진(23세, 여) 씨도 "어머니 카드로 교통비를 내고 필요한 물건은 아버지 카드로 산다"고 했다. 또 대학생 김휘견(21세) 씨는 "얼마 전 친척 어른들이 용돈을 줘 지갑이 두둑하다"고 자랑했다.

생활

청춘들의 지갑은 전반적으로 가벼웠다. 큰 지갑보다는 작은 카드지갑이나 휴대전화 케이스를 선호했다. 모바일카드 애플리케이션(앱)을 이용해 아예 지갑을 가지고 다니지 않는 경우도 있었다.

전예슬(21세, 여) 씨는 "지갑을 사용하는 게 귀찮아 카드만 한 장 넣고 다닌다"며

"주머니가 지갑"이라고 말했다. 정세림 씨 역시 "지갑은 잘 안 들고 다니고 주로 쓰는 카드 몇 장만 넣은 카드지갑을 들고 다닌다"고 말했다.

지갑 속에 가지고 다니는 물건은 연령대에 따라 조금씩 차이가 났다. 대학생들은 USB 메모리와 군대 관련 물건을 지갑에 넣고 다녔다. 정슬지(22세, 여) 씨는 "학교 과제가 많아 지갑에 과제 제출용 USB 메모리를 달고 다닌다"고 했다.

군대에 갈 예정이거나 최근 전역한 학생들의 지갑에선 나라사랑 카드나 전역증, 군대 계급장 등이 발견됐다. 백낙영 씨는 "지난해 12월 전역을 하며 군복에 달아야 할 계급장을 들고 나왔는데 상징적 의미로 지갑에 넣고 다닌다"고 말했다.

취업준비생들의 지갑에선 매일 공부하러 가는 도서관의 출입카드, 도서관 내 인쇄기를 사용할 수 있는 프린트 카드, 도서관 사물함 열쇠, 증명사진 등이 나왔다.

사회초년생의 지갑에서는 대학생 · 취준생의 지갑에선 볼 수 없는 물건이 많았다. 사원증과 명함 등이다. 주차권이나 회사 업무일정표 등도 눈에 띄었다.

지난해 취업한 박진웅(28세) 씨는 "회사 취업 후 그전에는 없었던 신분증이 새로 생기고, 또 주고받는 명함들도 생기다 보니 그만큼 책임도 무거워지는 기분"이라고 말했다.

알뜰한 청춘

지갑이 말해 주는 요즘 청춘들의 소비 행태는 어떨까. 온라인 설문을 통해 20~30대 남녀 210명에게 물어봤다. 평소 지갑에 현금은 얼마나 있는지, 보유하고 있는 카드는 몇 개나 되는지….

조사 결과 청춘들의 가벼운 주머니 사정이 여실히 드러났다. 청춘들은 평균 현금 4만 원을 지갑에 넣어 다녔다. 특히 신용카드가 한 장도 없다는 응답이 약 절반(45%)에 달했다.

대부분은 자신이 가진 한도 내에서 계획적으로 소비하기 위해 체크카드를 선호한다고 답했다. 2000년대 이후 20~30대에게 신용카드 사용 문화가 급속도로 퍼져 나가며 다수의 신용불량자가 양산된 것을 지켜본 세대인 만큼 '계획적 소비'에 대한 인식이 뚜렷하다는 의미다. 설문에 참여한 김명원(30세) 씨는 "한창 사고 싶은 게 많을 나이인데 신용카드를 쓰게 되면 스스로 절제하지 못할 것 같아 피하고 있다"고 말했다. 대신 청춘들은 각종 할인을 받을 수 있는 포인트 카드는 개인당 평균 1.7장씩 들고 다녔다. 알뜰 소비를 선호하는 요즘 청춘들의 소비 행태가 지갑 속에 고스란히 담겨 있었다.

윤정민 기자의 취재 수첩

지금은 의심도 많아지고 생각도 삐딱해졌지만, 한참 더 어렸을 때는 '오글거리는' 명언들에 쉽게 매료되던 시절이 있었다. 주로 "A는 B다", "C해야 D가 된다"와 같은 확신에 가득찬 말들이었다. 아예 '하면 된다'와 같이 뭘 하면 뭐가 되는 건지 알 수 없는 말도 책상에 끼적였던 것 같다(지금은 해도 안 되는 게 있고, 할 필요가 없는 일도 많지 않을까 생각한다).

명언 얘기를 꺼낸 건, 청춘들의 지갑을 취재하는 동안 지갑과 관련해 굳게 믿었던 명언이 떠올라서다. 바로 "남자의 자존심은 지갑, 시계, 벨트다"라는 말이다. 누가 한 말인지, 실제 그런 말을 한 사람이 있는지조차 모르지만 어릴 땐 꽤나 멋있게 들렸다. 때문에 항상 '커서 돈을 벌면 비싼 지갑을 사야겠다'고 다짐하곤 했었다.

하지만 막상 돈을 벌기 시작하니 지갑이 아니라도 자존심이 상할 이유는 수도 없이 많았고, 직업이 생겼다고 명품 지갑을 사거나 지갑을 두둑이 채울 만큼 여유가 생기는 것도 아니었다. 게다가 어느새 카드 한 장과 휴대폰이 지갑을 대신해 지갑을 꺼낼 일도 많지 않았다. 그렇게 '자존심'이라 믿었던 지갑은 자리만 차지하고 쓸 일은 별로 없는 물건이 된 것 같았다.

청춘들의 지갑도 이와 비슷한 처지겠거니 생각하며 이 취재를 시작했다. 또한 초라한 지갑과 내용물을 통해 팍팍한 삶을 견디는 우리나라 청춘들의 고통을 보여주리란 생각도 했다. 그러나 실제 50명의 지갑을 마주하고 보니 생각과는 조금 달랐다. 50개의 지갑들은 고통도 담고 있었지만, 그보다는 사랑이나 희망을 더 많이 품고 있었기 때문이다. 특히 많았던 물건은 사랑하는 사람과의 추억이 담긴 사진과 네잎클로버 같은 행운의 징표들이었다. 옛 명언들만큼이나 오글거릴지 몰라도, 우리는 청춘의 지갑 속에서 사랑과 희망을 본 것이다! 그래서 기사에 담긴 키워드도 고통 · 좌절 대신 취미 · 희망 · 사랑 · 생활로 바뀌게 됐다.

기사를 쓰며 자연스레 나도 다시 내 지갑을 꺼내보게 됐다. 누군지 밝히기엔 부끄럽지만 내 지갑에도 소중한 사람의 사진이 담겨 있었다. 지갑으로 '남자의 자존심'을 세울 일은 앞으로도 없을 것 같지만, 지갑을 꺼내보며 가끔 따뜻해질 수는 있을 것 같다. 청춘들의 지갑 덕분에 내 초라한 지갑은 이렇게 새로운 의미를 담게 됐다.

청춘은 악필… 그래도 남친 앞에선 창피해요

하루에 손글씨를 얼마나 쓰십니까?

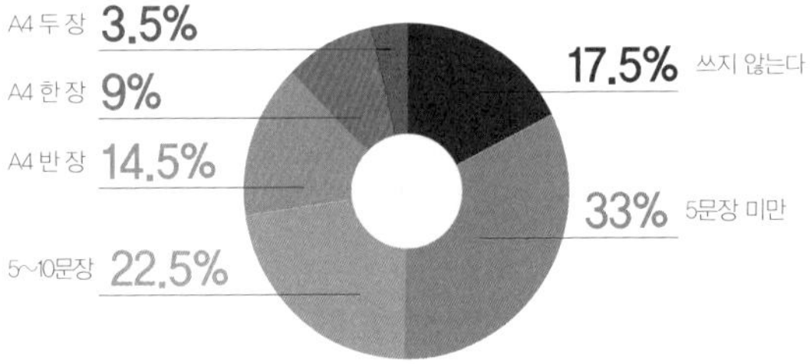

본인이 악필이라고 생각하십니까?

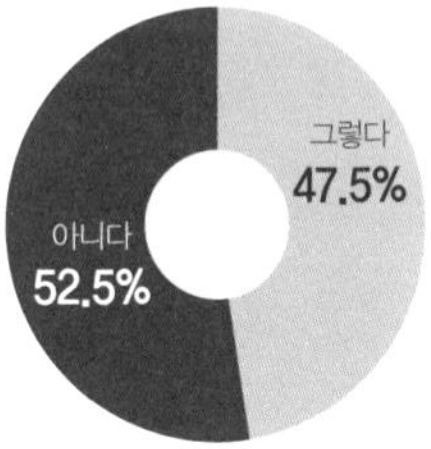

글씨체로 인해 불이익을 당한 적 있습니까?

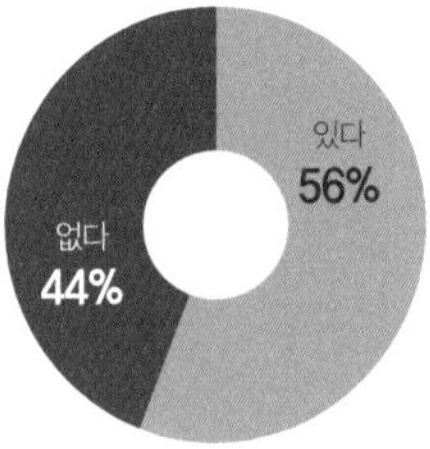

무슨 불이익이 있었습니까?

- 중요한 내용을 메모해놓고 못 알아봄
- 친구들에게 놀림 당함
- 여자친구에게 생일 축하편지 써줬는데 성의 없다고 함
- 서술형 과목의 학점이 매우 낮음
- 은행 업무 볼 때 정보가 잘못 입력됨
- 글씨 보고 공부를 못할 것 같다고 함
- 상사한테 못 알아보겠다고 욕먹음

어떤 필기도구를 사용하십니까?

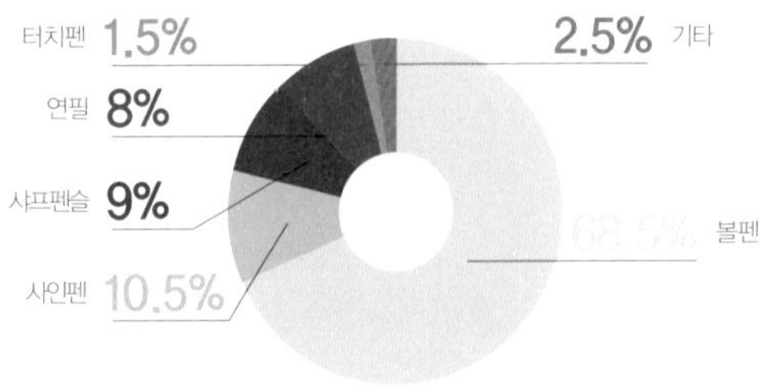

꼭 손글씨로 써야 하는 것은 무엇입니까?

1위 연애편지
2위 부모님께 드리는 편지
3위 일기
4위 스케줄러 등 일정 정리
5위 물건에 붙이는 이름표

조사 : 청춘리포트 팀, 2월 1일~3일 20~30대 남녀 200명 응답

손글씨가 희귀해진 시대입니다. 특히 스마트폰 · PC에 익숙한 청춘 세대에겐 펜을 잡고 글씨를 적어 내려가는 일이 어색하기만 합니다. 옛 동네가 철거되듯 손글씨가 영영 사라질지도 모른다는 위기감마저 듭니다. 손글씨에는 디지털 활자가 전해주지 못하는 사람의 온기가 있습니다. 이 온기는 진심을 실어 나르는 것이어서 우리의 마음을 움직입니다. 청춘리포트는 2030 세대의 손글씨 이야기를 취재했습니다. 악필과 명필 사이. 당신의 손글씨는 어디쯤에 있나요?

"당신의 손글씨는 어떻게 생겼나요? 좋아하는 구절을 써서 예쁜 손글씨를 보여주세요." 최근 트위터 · 페이스북 등 SNS에서 '손글씨 인증'이 유행이다. 짧은 시구나 명언 · 노랫말 등을 직접 종이에 쓴 뒤 사진을 찍어 올리는 것이다. 컴퓨터 자판을 두드리거나 스마트폰을 터치하는 데 익숙한 청춘 세대에 손글씨는 이미 생경해져 '인증' 대상이 된 지 오래다. 대학 강의실 풍경도 많이 달라졌다. 요즘 대학생들에게 손으로 필기하는 속도가 2G라면 노트북 자판을 두드리는 속도는 5G급이다. 학생들은 노트북으로 강의 내용을 받아 치거나 심지어 스마트폰으로 수업 내용을 촬영하기도 한다. 고려대 3학년 임유리(22세) 씨는 "손으로 필기하면 교수님 말씀을 놓치는 경우가 많은데 노트북으로 받아 치면 토씨 하나 놓치지 않고 적을 수 있다"며 "수강생의 80~90%는 볼펜이나 샤프 대신 노트북 자판으로 필기를 한다고 보면 된다"고 말했다.

실제로 청춘리포트가 20~30대 200명을 대상으로 '하루에 손글씨를 얼마나 쓰는지'를 온라인 설문조사한 결과 '다섯 문장 미만'이라고 응답한 사람이 66명(33%)으로 가장 많았다. '손글씨를 아예 쓰지 않는다'는 응답도 17.5%나 됐다.

디지털 환경에 익숙한 청춘 세대가 손글씨와 멀어지면서 악필로 고민하는

20~30대도 늘고 있다. 같은 설문조사에서 '본인의 글씨체 때문에 불편을 겪거나 불이익을 당한 적이 있느냐'는 질문에 절반 이상(56%)이 '그렇다'고 답했다. 지난해 10월 한국교원단체총연합회가 교원 1,443명을 대상으로 시행한 설문조사 결과에서도 교원의 93.5%가 '글씨를 못 쓰는 학생이 늘었다'고 응답했다.

손글씨에 익숙지 않은 2030세대에 악필은 스트레스로 받아들여진다. 대학 시험, 취직, 국가고시 등 손글씨로 치르는 과제가 여전히 많기 때문이다. 대학생 박경연(25세) 씨는 "중간고사 채점을 할 때 혹시 교수님이 못 알아보고 감점처리 할까봐 신경 써 썼더니 A3 용지 한 장 채우는 데 두 시간이 걸렸다"며 "수정 테이프로 답안지를 뒤덮을 정도로 공들였지만 글씨체에 신경 쓰느라 공부한 내용을 다 담지 못해 결국 낮은 점수를 받았다"고 털어놨다.

주로 주관식으로 답안지를 작성해야 하는 고시생들은 악필을 극복하기 위해 각종 '고시체'를 연습하기도 한다. '짧은 시간에 많은 글자를 쓸 수 있고 오래 써도 손이 아프지 않으며 지적이게 보이는 글씨체'로 유명한 '백강 고시체'는 고시생이라면 한 번쯤 시도해 본 글씨체다. 행정고시를 준비 중인 김규호(24세) 씨는 "신림동 고시촌 헌책방에 글씨 교정책이 굉장히 많다"며 "1점이라도 더 맞아야 하는 상황에서 글씨는 첫인상만큼 중요하다"고 말했다.

심지어 글씨체는 연애에도 영향을 미친다. 학원 강사 장윤희(27세) 씨는 "남자친구에게 생일 축하카드를 써줬는데 성의가 없다고 핀잔을 들었다"며 "이후 '글씨는 곧 인성'이라며 계속 글씨체를 지적하는 바람에 오랫동안 사이가 좋지 않았다"고 토로했다. 직장인 장용진(32세) 씨도 "군 복무 당시 여자친구에게 심혈을 기울여 쓴 편지를 보냈는데 주소를 알아볼 수 없어 우편물이 반송된 적이 있다"고 말했다.

사정이 이렇다 보니 최근 글씨 교정 전문 학원엔 20~30대 수강생으로 북적인다. '글씨 완성' 코스를 등록하면 약 50여 종의 글씨체 중 원하는 글씨를 골라 배울 수 있다. 하지만 명필이 되는 길은 결코 쉽지 않다. 첫 한 달은 펜을 바르게 쥐는 법과 올바른 자세 등을 연습한다. 펜을 제대로 쥐지 않으면 일시적으로 글씨체가 개선되더라도 다시 원래 글씨로 돌아가기 때문이다. 이후엔 자음 · 모음 쓰기만 두 달 가까이 반복한다. 글씨체 완성까지 걸리는 시간은 평균 열 달이다. 글씨교정전문학원 참바른글씨의 유성훈 원장은 "글씨를 제법 잘 쓰던 사람도 몇 년 안 쓰면 감을 잃는다"며 "최근에는 중 · 고등학교 졸업 후 오랫동안 손글씨를 안 쓴 20~30대가 많이 찾는다"고 말했다.

'천재는 악필'이란 속설처럼 악필을 개의치 않는 2030세대도 많다. 특히 IT · 디자인 등 컴퓨터나 전자기기를 많이 사용하는 직종에선 글씨 교정의 필요성이 크지 않다. 컴퓨터 글꼴을 디자인하는 타이포디자이너 손지희(30세) 씨는 "컴퓨터 글꼴도 과학적 · 미학적 요소가 중요하다"며 "손글씨체보다 컴퓨터 글꼴이 더 중요한 시대가 올 것"이라고 말했다.

최근엔 '손으로 그린 그림문자'라는 뜻의 캘리그래피(calligraphy)도 큰 인기를 끌고 있다. 캘리그래피는 붓을 사용하는 서예기법을 활용해 아름답고 독특하게 표현한 글씨체를 말한다. 책으로 캘리그래피를 독학하는 박문정(31세) 씨는 "자음과 모음의 균형이 중요하다"며 "주변에 글씨 선물하는 재미에 빠졌다"고 말했다.

김선미 기자의 취재 수첩

인공지능 알파고가 준 충격에서 채 벗어나기도 전에 사람처럼 손글씨를 써주는 로봇이 있다는 이야기를 들었다. 미국의 한 과학업체가 개발한 예술 로봇 ' '는 원하는 글자를 입력하면 정교하게 글씨를 써준다고 한다. 사람의 손에 해당하는 로봇의 한 귀퉁이에 필기구를 끼워 넣으면 한 치의 오차도 없이 입력한 글자를 그대로 기록한다. 개인의 필체부터 컴퓨터에 있는 각종 글꼴까지 완벽하게 재현해낼 수 있다. 심지어 이 로봇은 그림이나 기하학적인 무늬를 그리는 것도 가능하다.

이 이야기를 듣고 가장 먼저 이 기사를 떠올렸다. 그리고 생각했다. 이 로봇이 상용화되면(현재 ' '의 가격은 한화로 약 54만 원 정도라고 한다) 청춘들은 악필의 고민에서 벗어날 수 있을까? 아니, 명필과 악필을 구분할 필요조차 없어지는 것은 아닐까? 세상의 모든 글씨가 다 정교하게 쓰일 수 있다면 인간에겐 편리하고 좋은 일이 아닐까?

악필과 관련된 취재를 하면서 자신의 악필 때문에 고민하는 청춘을 많이 만났다. 이들은 취업 때문에, 고시 때문에, 심지어 연애 때문에 자신의 악필에 대해 불평을 했다. 쑥스러운 듯 머리를 긁적이며 써내려간 그들의 글씨체를 보고 있자니 사실 그들의 고민이 십분 이해되기도 했다.

하지만 많은 청춘들은 동시에 손글씨에 대한 아련한 추억도 함께 털어놨다. 초등학교 시절 깍두기공책을 빼곡하게 채우며 글을 썼던 글씨 연습 시간, 직접 만든 카네이션에 쓴 '엄마, 아빠 사랑해요' 문구, 사춘기 때 남몰래 썼던 일기장과 러브장, 소지품에 붙여뒀던 견출지 이름표, 설레는 마음으로 첫사랑에게 썼던 연애편지 등. 사연을 듣고 있자니 따뜻한 손의 온기가 그대로 전해지는 듯했다.

아무리 손글씨를 써주는 로봇이 나온다한들 이 따뜻한 마음까지 전달할 수 있을까? 아마 그럴 수 없을 것이다. 키보드나 스마트폰이 그렇지 못했던 것처럼 말이다. 악필이어도 좋다. 꾹꾹 눌러 쓴 손글씨로 마음을 전하는 일이 많아졌으면 좋겠다. 엄지와 검지는 키보드나 화면을 치기 전에 연필을 잡는 데 먼저 쓰였다는 사실을 잊지 말자.

매일 새벽 4km 구보…
'진짜 사나이' 외치는 여대생들

늘어나는 대한민국 여군

(자료 : 국방부)

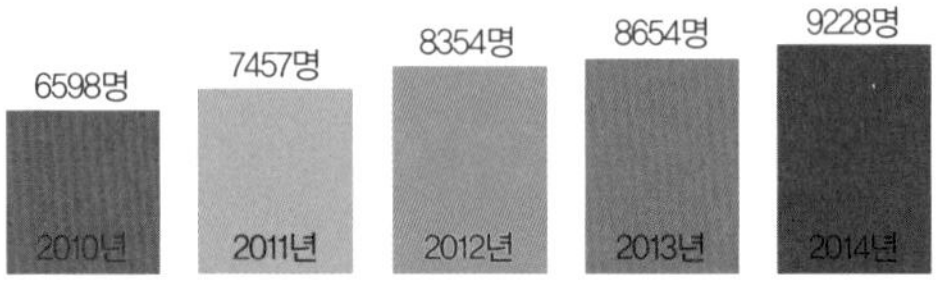

대한민국 군에서 각종 사고가 끊이지 않고 있습니다. 육군 22사단 임모 병장의 총기난사 사건, 육군 28사단 윤모 일병의 폭행 사망 사건 등등. 일각에선 남성 일변도의 경직된 군대 문화가 이런 끔찍한 사고들을 키웠다는 진단이 나옵니다. 청춘리포트는 각종 사고로 얼룩진 군대에서 꽃처럼 피어나는 새로운 흐름에 주목했습니다. 청춘 세대의 여성들 가운데 군대에 지원하는 이들이 해마다 늘고 있습니다. 이 젊은 여성들의 소프트파워가 군대의 각종 악습을 씻어낼 수 있을 거란 기대를 품게 합니다.

숙명여대 제217학군단 장교 후보생들이 거수경례를 하고 있다. 올해로 창설 3년째를 맞은 숙명여대 학군단은 그동안 55명의 여군 장교를 배출했다. 2012년 남성 후보생들이 속한 타 대학 학군단을 모두 제치고 군사 훈련 성적 종합 1위를 차지해 화제를 모았다.

청춘리포트는 '금남(禁男) 구역' 숙명여대 제217학군단을 찾았다. 5년차 예비역 병장인 기자가 여군 장교 후보생 일일체험을 하면서 대한민국 여군의 미래에 대해 물었다.

"충성! 아침 점호 인원보고!"

오전 6시20분 서울 숙명여대 ROTC 기숙사. 카랑카랑하면서도 앳된 여성의 목소리가 새벽을 깨웠다. 대다수 여대생이 한창 '꿈나라'를 헤매고 있을 그 시각. 숙명여대 ROTC(학생군사교육단) 장교 후보생들의 하루가 아침 점호로 시작됐다.

숙명여대 학군단은 다른 대학 ROTC와 달리 전 후보생들이 기숙사에서 합숙 생활을 한다. 단체 생활을 통해 협동심과 리더십을 기르고 부대 생활을 미리 경험하기 위해서다. 아침 점호는 여느 부대와 마찬가지로 긴장감으로 팽팽했다. 얼굴은 분명 여대생인데 눈빛과 목소리는 '진짜 사나이'였다. 조국기도문 낭독과 애국가 제창이 이어지면서 가벼운 마음으로 체험에 나선 기자 역시 조금씩 군기가 들기 시작했다. 7년 전 입소했던 육군훈련소 풍경이 아른거렸다.

점호가 끝난 뒤 인근 효창운동장으로 이동했다. 아침 체력 단련을 위해서다. 국군 도수체조로 몸을 풀고 곧바로 4km 달리기가 시작됐다. 운동장 트랙을 10바퀴나 돌아야 한다. 스물아홉의 건장한 남성인 기자는 젊은 여대생들도 거뜬히 뛰는 걸 못할 이유가 없다는 자신감으로 달리기를 시작했다.

"사나이로 태어나서 할 일도 많다만…."

운동장 세 바퀴째. 여성 후보생들이 부르는 군가 〈진짜 사나이〉가 소리를 키우는 사이 다리가 후들거리기 시작했다. 전날의 음주 때문일 거라고 스스로를 다독였지만 꼭 그런 이유만은 아닌 것 같았다. 숨이 턱턱 막혀와 제대로 발을 내딛기도 힘든데 여성 후보생들은 기자 곁을 쌩쌩 지나쳤다. 결국 두 바퀴를 남기고 기자는 대열을 빠져나왔다. 달리기를 다 마친 후보생들이 운동장 구석에 주저앉은 기자를 안쓰럽게 쳐다봤다. 후보생들을 관리하는 훈육관 박진아 중위가 기자에게 질책인지 격려인지 모를 말을 했다.

"후보생들은 매일 아침 이렇게 체력 단련을 합니다. 처음엔 한 바퀴도 버거워 했었는데 매일 뛰니까 익숙해진 겁니다. 매일 운동하면 금세 좋아질 거예요."

체력 단련을 마친 후 후보생들은 교내 기숙사 식당에서 아침 식사를 했다. 기자도 끼어보려 했으나 숙명여대 기숙사 식당은 지금껏 한 번도 남성에게 개방된 적이 없다고 했다. 결국 기숙사 인근에서 홀로 끼니를 때워야 했다.

오전 9시부터는 군사학 수업이 이어졌다. 후보생들이 단복을 갖춰 입고 강의실로 들어섰다. 이날 3학년 후보생들은 학군단장으로부터 군인의 자세 등 정신교육을 받았다. 토론 중심의 수업으로 일반 대학 강의보다 참여 열기가 더 뜨거웠다.

젊은 여대생들이 군인이 되기로 결심한 이유가 궁금했다. 남성처럼 의무 복무를 해야 하는 것도 아닌데 왜 굳이 힘든 길을 걷겠다고 자청했을까. 곧 '부녀(父女) 장교'가 될 이정은(정치외교학과 3학년) 후보생은 "아버지가 군인이라 어릴 때부터 군복이나 군가 등에 익숙했다"며 "나라를 지키는 명예는 아무나 가질 수 없기 때문에 일찌감치 군인이 되기로 마음먹었다"고 말했다. 이 후보생의 아버지는 육군

훈련소 30교육연대장 이정수 대령이다. 성문영(체육교육과 4학년) 후보생도 비슷한 경우다. 성 후보생은 "ROTC 후보생을 모집할 때쯤 군인이셨던 할아버지가 돌아가셨다"며 "현충원에서 할아버지 장례를 치르면서 할아버지와 같은 길을 걷기로 마음먹었다"고 말했다.

전국에서 학군단이 설치된 여대는 숙명여대와 성신여대 두 곳뿐이다. 두 학교의 자체 선발 인원 60명을 포함해 한 해 250명의 여군 ROTC 장교 후보생이 새로 탄생한다. 경쟁률이 매년 5대 1을 웃돌 정도로 반응이 좋다.

최근에는 ROTC뿐만 아니라 각종 여군 모집의 경쟁률이 치솟고 있다. 올해 처음으로 여생도 20명을 뽑는 육군3사관학교 2015년도 모집에는 모두 961명이 지원해 48대 1의 경쟁률을 보였다. 여군 부사관 경쟁률도 해마다 10대 1을 훌쩍 넘어서고 있다.

남성들의 전유물로 여겨졌던 군대에 20대 여성들이 몰리는 데는 양성 평등 문화가 보편화된 것과 더불어 취업난 영향이 크다. 서울부사관장교학원 박경진 운영실장은 "요즘은 학원 수강생 중 절반이 여학생"이라며 "안정적인 직장 생활을 할 수 있다는 점에서 여군이 인기를 끌고 있다"고 말했다. 공군 부사관 시험을 준비 중인 정미영(24세, 여) 씨는 "남성과 똑같이 국방의 의무를 다할 수 있다는 게 여군의 매력"이라며 "자신의 능력을 마음껏 펼칠 수 있는 안정적인 직업이란 측면에서도 군인만 한 게 없다"고 말했다.

국방부 관계자는 "현재 전체 장교 · 부사관 중 5.3%인 여군 비율을 2020년까지

7%로 늘릴 방침"이라며 "올해 포병 · 기갑 병과를 개방하는 등 순차적으로 여군 병과를 확대하고 있다"고 말했다.

대한민국 여군이 되려면?

※ 각 군별로 매년 선발 과정 변동

- 각 군(육·해·공군) 사관학교 - 1차 : 학과(국어, 수학, 영어) 시험 / 2차 : 면접, 체력검정 등
- 국군간호사관학교 - 1차 : 학과(국어, 수학, 영어) 시험 / 2차 : 면접, 체력검정 등
- 육군3사관학교 - 1차 : 대학 성적, 고교 성적 / 2차 : 영어, 지적 능력 시험 / 3차 : 면접, 체력검정 등
- 학군사관(ROTC) - 1차 : 필기(지적 능력, 자질 · 상황판단, 국사) 시험 / 2차 : 체력검정, 면접 등(대학 성적 합산)
- 각 군 학사사관 - 1차 : 필기(지적 능력, 자질 · 상황판단, 국사) 시험 / 2차 : 체력검정, 면접 등(대학 성적 합산)
- 각 군 부사관 - 1차 : 필기(영어, 국사, 인지능력평가 등) 시험 / 2차 : 인성검사, 체력검정 등

고석승 기자의 취재 수첩

국군의 날을 앞두고 군 관련 아이템을 찾고 있었다. 국군의 날이 아니더라도 많은 젊은이들이 청춘의 상당 기간을 군에서 보내는 만큼 군은 우리가 항상 주목하는 곳이었다. 이런저런 아이디어를 놓고 회의를 하던 중 '여대 ROTC 24시'를 취재해보면 어떻겠냐는 의견이 나왔다. 하고 싶었다. 그래서 곧바로 자원했다. 1년 남짓 담당 출입처였던 숙명여대에 마침 학군단이 있어 학교 홍보팀에 협조를 구했다. 취재 협조가 순조로울 것이라는 예상과 달리 난관이 많았다. 학군단은 학교 안에 있지만 엄연히 군 조직의 일부인 만큼 협조를 받아야 할 곳이 한두 곳이 아니었다.

우여곡절 끝에 취재가 확정되고 '디데이'도 정해졌다. 취재 전날, 늦게까지 술을 마셨지만 크게 걱정하지는 않았다. '그래봤자 여대생인데 체력훈련이 힘들어봤자 얼마나 힘들겠냐'는 생각이 앞섰기 때문이다. 술이 깨지도 않은 상태로 새벽 6시 숙명여대에 도착했다. 20분쯤 지났을까. 기숙사에서 후보생들이 우르르 몰려나왔다. 모두 잠에서 채 깨지 않은 여대생의 얼굴이었다. 훈육관의 지시에 따라 아침 점호가 시작되고 여대생들의 얼굴은 어느새 여군의 표정으로 바뀌어 있었다. 점점 긴장감이 몰려왔다. 육군훈련소 입소 다음 날, 처음 맞이하던 아침 점호의 그 생경함이 다시 느껴졌다.

아침 체력훈련이 이루어지는 학교 인근 효창운동장에서 생경함은 금세 두려움으로 바뀌었다. 400미터 운동장 트랙 10바퀴를 돌아야 하는데 세 바퀴를 돌자 숨이 턱까지 차올라서다. 그렇게 체력훈련을 끝내고 후보생들의 일과를 하루 종일 쫓아다녔다. 그들은 당당했고 또 동시에 부드러웠다. 여군이 일선 현장에서 환영을 받는 이유를 알 것 같았다. 평범한 여대생 같았다가도 훈련이 시작되면 곧바로 강인한 군인의 모습을 보여줬다.

군을 지원하는 여성이 점점 늘고 있다. 취업난의 영향 탓도 있겠지만 무엇보다 군 자체가 주는 매력이 크기 때문일 게다. 이유가 어찌됐건 분명 반가운 소식이다. 군에서 발생하는 각종 사건 · 사고를 보면 대부분 오랜 기간 뿌리박힌 경직된 군 문화가 원인인 경우가 많다. 군 곳곳에 자리 잡기 시작한 여군이 특유의 '부드러운 리더십'을 꽃피워줬으면 좋겠다. 그래서 '그녀들'이 '그들'만의 군대 문화를 바꿔주기를, 간절히 기대해본다.

청춘에게 책상은 전투장, 뇌세포 바치는 곳, 애인이다

여경의 책상

"치안 활동 첫 걸음 떼는 장소"

손남정(27세, 여, 동대문서 청회파출소 순경)

동네 치안을 책임지고 있는 순경입니다. 저에게 책상은 주민과 소통하고 가깝게 다가가기 위해 끊임없는 질문을 던져주는 공간입니다. 민원인 상담을 하고 주민들을 위한 치안 행정 업무를 하기 위해 하루 평균 5~6시간씩 꼼짝하지 않고 앉아 있는 곳이죠. 이 좁은 책상에서 치안 활동의 첫걸음이 시작된다고 보시면 됩니다. 책상 오른쪽에 마스크 보이시죠? 요즘 메르스 때문에 걱정이 많으신데 대민 활동을 하려면 꼭 마스크를 껴야 해요. 손만 내밀면 닿을 곳에 딱 비치해뒀습니다.

대부분의 20~30대 청춘들은 책상 앞에 항상 머무릅니다. 취업 혹은 승진을 하기 위해…. 학교에서도 사무실에서도 집에서도 늘 책상 앞에 앉아 있습니다. 자세히 보면 모든 책상은 다른 모습입니다. 우리의 얼굴이 다 다른 것처럼 책상 위에 놓인 물건들은 저마다 다릅니다. 어쩌면 책상은 청춘의 또 다른 얼굴일지도 모르겠습니다. 청춘리포트는 각기 다른 분야에서 공부하고 일하는 20~30대 남녀 8명의 책상을 엿보았습니다. 저 여덟 책상에서 요즘 청춘들의 다양한 꿈 빛깔을 확인할 수 있었습니다.

닥터의 책상

"성공 시술을 위한 베이스 캠프"

임우현(35세, 심장내과 전문의)

심장내과 의사에게 책상은 치열한 전투장과 같습니다. 성공적인 부정맥 시술을 하기 위한 베이스캠프라고 할 수 있죠. 저는 매일 시술하기에 앞서 이 책상에 앉습니다. 긴장된 마음으로 시술 시 주의사항을 확인해야 하거든요. 환자의 의무기록도 이 책상에서 체크합니다. 창문 너머 보이는 시술실에 한번 들어가면 새벽 2시가 넘어 끝나는 날도 비일비재합니다. 언제 끝날지 모르는 시술 때문에 제 밥은 종종 주스와 피로회복제로 대체됩니다. 참, 의사의 책상에서 빠질 수 없는 건 바로 저 손 소독제입니다. 첫째도 위생, 둘째도 위생!

변호사의 책상
"바쁜 삶 증명해주는 곳"

손수호(37세, 법무법인 현재)

의뢰인을 위해 나의 뇌세포를 아낌없이 바치는 곳이 바로 이 책상입니다. 사실 변호사 일을 하다 보면 숨 돌릴 틈도 없이 바빠 책상에 편히 앉아 있을 수 있는 날은 손에 꼽을 정도입니다. 던져둔 넥타이와 뜯어보지도 못한 서류 꾸러미가 제 바쁜 삶을 증명해주네요. 젊은 변호사 중에 본인의 책상이 깔끔한 사람은 별로 없을 거예요. 보통 저녁이 돼서야 본격적으로 책상 앞에 앉아 제 업무에 매진할 수 있는데요, 신기하게도 한번 앉아서 일하기 시작하면 배고픔도 잊고 새벽까지 일하게 됩니다.

고시생의 책상
"하루 12시간 지겨운 풍경"

신주용(26세, 연세대 법학과 4학년)

벅찬 꿈에 지칠 때 묵묵히 함께해주는 애인 같은 존재. 바로 제 책상입니다. 저는 올해로 사법고시 준비 4년차에 접어든 고시생입니다. 오늘도 이 책상에서 상법 책을 펼치고 정리노트를 복습하고 있네요. 고시생들에게는 공부 시간을 확인하기 위한 타이머가 필수품입니다. 저는 이 책상에서 매일 12시간, 하루의 절반을 보냅니다. 엎드리면 꿀잠이 쏟아지기 딱 좋은 각도죠? 하지만 요즘 저는 마지막 도전 앞에 눈에 불을 켜고 달리고 있습니다. 언젠가는 이 길고 긴 시간, 제 시야를 가득 채운 이 지겨운 풍경이 그리워질 날이 오겠죠?

선생님의 책상
"아이들과 소통하는 받침대"

정민정(24세, 여, 초등학교 교사)

교사에게 책상은 천진한 아이들과 100% 소통하는 선생님이 되기 위한 받침대라고 할 수 있어요. 1년 3개월 전 꿈에 그리던 초등학교 선생님이 됐습니다. 책상에서의 제 하루는 아이들이 등교하기 전에 시작돼 저녁때까지 계속됩니다. 이곳에 앉아 매일 아이들의 숙제와 학습장을 확인해야 하니까요. 고사리손으로 쓴 일기에 댓글을 달면서 뿌듯함을 느끼죠. 스승의 날 받은 카네이션 화분은 눈에 띄는 곳에 놓았습니다. 제 책상은 교과서와 교사용 지도서를 함께 펼쳐서 어떻게 더 즐거운 수업을 만들지 고민하는 곳이기도 합니다.

취준생의 책상

"하루 평균 14시간 책상에"

신지수(25세, 여, 성균관대 유교동양학과 4학년)

취업준비생에겐 책상 위에 올려둔 것을 다 공부하면 합격할 수 있다는 막연한 믿음이 있어요. PD 지망생인 저는 매일 이곳 도서관에 앉아 시사상식을 외우고 책을 읽습니다. 외우기 어려운 시사상식은 포스트잇에 써서 책상 벽에 붙입니다. 토익 시험이 있는 달에는 하루 대부분을 토익 공부에 투자하고요. 하루에만 평균 14시간 이상 책상에만 앉아 있는 것 같네요. 책상 위 인형은 제 친구입니다. 공부하다 지치면 책상 위 인형을 쓰다듬으면 은근히 위안이 되거든요. 우스꽝스러운 표정의 인형을 보면 절로 웃게 됩니다.

화가의 책상

"참신한 발상 여기서 나왔죠"

김현정(27세, 여, 한국화가)

저에게 책상이란 나만의 작품을 구상하고 기획하는 곳, 그리고 소통하는 곳이라고 할 수 있어요. 작품 구상을 위한 에스키스(esquisse, 밑그림)를 할 때

책상 앞에 앉습니다. 저는 용도에 따라 세 개의 책상을 사용하는데, 이 책상은 작품 구상용입니다. 제 작품 콘셉트인 '한복을 입은 21세기 현대 여성'이라는 참신한 발상도 이 책상에서 나왔습니다. 이 책상 외에 실제 제 작품을 그리는 책상, 컴퓨터로 업무를 보기 위한 책상도 따로 있습니다. 이렇게 나누어서 사용하면 일에 대한 집중도가 더욱 높아지거든요.

배우의 책상
"나에게만 집중하는 공간"

성륜모(27세, 영화배우, 한양대 경영학과 4학년)

데뷔 3년차에 접어든 신인배우입니다. 저에게 책상이란 온전히 나에게만 집중할 수 있는 공간이라고 할 수 있어요. 저는 매일 이 책상에서 좋은 연기자가 되기 위한 연습을 합니다. 언제 있을지 모르는 오디션에 대비해 틈틈이 시나리오나 대본을 한가득 쌓아두고 읽습니다. 영화 · 드라마를 보면서 상상력과 감성을 키우고요. 이 책상에 앉아 제 매력을 드러낼 수 있는 프로필과 포트폴리오를 만들며 영화배우에 대한 제 꿈을 키워갑니다.

하선영 기자의 취재 수첩

대학 시절, 학교 앞에서 자취를 하던 내게 책상은 밥 먹는 곳인 동시에 공부하는 공간이었다. 좁은 자취방에서 책상과 식탁이 따로 있을리 만무했다. 나는 작은 책상에 반찬 그릇을 나란히 펼쳐놓고 밥을 데워먹었고, 시험 기간에는 두툼한 전공 서적을 공부하다 엎드려 쪽잠을 청하기도 했다. 지나간 내 대학 시절 곳곳 어딘가에 낭만은 숨어 있었겠지만 적어도 내 책상은 사실 그저 그런 무미건조한 곳이었다.

우리 2030의 책상이라고 무엇이 다를까.

"학생이면 토익 책, 직장인이면 컴퓨터 모니터가 덩그러니 있겠지."

무심하고 단순한 내 상상력은 오산이었다. 우리가 훔쳐본 15명의 책상엔 그들의 얼굴과 꿈이 비쳤다. 책상 주인의 얼굴 사진을 지면에 따로 실을 필요가 없었던 것도 이 때문이었다(지면 사정상 취재한 15명 중 8명의 책상만이 실렸다).

한국화가 김현정 씨의 책상은 본인의 작품처럼 예쁘장스럽다. 『이상한 나라의 앨리스』 팝업북과 현대미술의 거장 쿠사마 야요이의 책 등이 켜켜이 쌓인 책상이라니. "예쁘다"를 연발할 수밖에 없는, 미적으로 가장 아름다운 책상이었다. 심장내과 전문의 임우현 씨의 책상은 훨씬 더 치열한 느낌이다. 그는 부정맥 시술실 앞 책상을 '전투장'이라고 표현했다. 대중없는 근무 시간 덕분에 단어 그대로 24시간 이곳에 머물 때도 있다고 한다.

2030의 책상 곳곳에는 낭만 한 스푼이 있었다. PD 지망생 신지수 씨의 도서관 책상 한 귀퉁이에는 힘들 때마다 어루만지는 귀여운 캐릭터 인형 세 개가 자리 잡고 있다. 신인배우이자 대학생인 성륜모 씨의 책상에서 눈여겨본 건 본인의 멋진 프로필 사진이 깔린 컴퓨터 배경화면이었다. 책상에 투영된 그들의 꿈과 열정을 어찌 응원하지 않을 수 있을까.

지면에 공개하지 않은 B컷도 많다. '너무 지저분해서 뭐가 뭔지 못 알아보겠다'는 이유로 빠진 한 방송작가의 책상에는 천장에 닿을 듯 높이 쌓인 책, 우편물, 포스트잇이 한데 뒤섞여 있었다. 한 정부부처 공무원의 책상은 정반대의 이유로 빠졌다. 무서우리만치 깔끔한, 먼지 하나 없는 책상이 다른 책상에 비해서는 다소 심심했다.

이 글을 마감하면서 앉아 있는 내 책상은 어째 대학생 때나 지금이나 한결같이 재미없다. 자취방에서 회사로 장소가 바뀌었다는 것 외에는 달라진 게 없다. 아, 왼쪽 구석에 쌓아둔 두통약, 소화제 더미는 인상적이다. 일하면서 얻은 스트레스와 질병을 상징하느니. '기자의 책상'을 궁금해하신 분도 계셨을 텐데 다소 병약해 보이는 내 책상을 넣지 않은 것은 잘한 일인 것 같다.

새벽 두 시 셀카 촬영, 안 자고 뭐하니?

동대문 의류상가
노희문(28세, 왼쪽), 정하진(30세)

새벽에도 동대문 의류상가에서 장사하고 있어요. 패션에 관심이 많아 2년 전 가게를 열었는데 요즘 손님이 너무 없네요. 옷 사러 오세요!

신촌 세브란스 암병원 진료실
이호규(28세), 종양내과 전공의 1년차

전공의 1년차다 보니 이틀에 한 번꼴로 밤샘 근무를 합니다. 패혈증으로 혈압이 떨어지는 환자가 있어 밤새 신경을 쓰고 있습니다.

광진소방서 차고
정용기(26세), 구급대원

2년차 막내 구급대원입니다. 안전한 대한민국을 위해서 새벽 2시에도 출동대기 중입니다. 막내라 배울 것도 많지만 여러분의 안전을 위해 최선을 다하겠습니다.

신촌의 24시 카페
김미경(23세, 왼쪽), 이다정(21세), 동덕여대 2학년, 1학년

교양과목 시험 하루 전날입니다. 학교 도서관은 자리가 꽉 차서 집 근처 24시 카페로 왔어요. 집에서 공부하면 잘 것 같아서요.

고려대 앞 당구장
이석진(25세, 왼쪽), 정재현(21세), 고려대 4학년, 1학년

중간고사 공부하느라 과부하 걸린 머리를 식히려고 당구장에 왔습니다. 부딪치는 당구공처럼 방황하는 제 청춘도 언젠가 '딱' 하고 맞아떨어지는 날이 오겠죠.

편의점 CU 신촌아이
김민정(25세), 아르바이트생

오늘은 제 생일인데 편의점에서 새벽 일을 하고 있네요. 패션 디자인을 배우고자 부산에서 올라온 지 6개월째입니다. 타지에서 올라와 공부와 아르바이트를 병행하는 분들 모두 목표를 달성하길 기원합니다.

청춘리포트는 새벽을 밝히고 있는 청춘의 현장을 취재했습니다. 오전 2시를 기점으로 서울 시내 20개의 장소에서 청춘들이 동시에 카메라 셔터를 눌렀습니다. 이들이 '셀카봉'을 들고 찍어 보내온 사진에는 꿈을 위해 잠을 반납한 청춘의 스무 가지 표정이 담겼습니다. 어둑새벽에 청춘들은 도서관이나 24시간 커피전문점에서 공부를 하고 있었습니다. 갓 일자리를 잡은 청춘들은 야근하면서도 지친 기색이 없습니다. 공부와 일에 지친 탓에 클럽이나 당구장 등에서 스트레스를 날려버리는 청춘들도 있었습니다.

JTBC 예능국 편집실
김학민(31세), 〈히든싱어〉 조연출

금요일에 있는 프로그램 시사를 위해 목요일 밤은 새울 때가 많습니다. 신혼 3개월차인데 독수공방을 묵묵히 견디는 아내가 가장 큰 힘입니다. 여보, 오늘은 일찍 들어갈게요!

여객기 OZ746편 홍콩~인천편
두나영(26세), 아시아나항공 승무원

홍콩에서 인천으로 돌아오는 하늘 위에 있습니다. 하고 싶었던 일이라 힘든 줄 모르고 일합니다. 피곤하지만 손님들의 편안한 표정을 보면 기분이 좋아요.

국회 박민수 의원실
장재석(23세), 인턴 비서

국정감사 기간이라 하루 1시간 정도 쪽잠을 자며 버팁니다. 국회가 이렇게 바쁜 곳인지 몰랐어요. 그래도 제가 검토한 질의 내용이 국감에 등장하면 뿌듯합니다.

신촌의 24시 카페
박지원(20세), 연세대 의과대학 예과 2년

전공 필수과목 시험을 앞두고 동기들끼리 공부하려고 모였어요. 필기도 공유하고 헷갈리는 내용은 서로 알려주니 혼자 공부할 때보다 효율적이에요.

서울 영등포 대림동 골목길
정금용(31세), 영등포 경찰서 강력3팀 형사

4년차 강력팀 막내 형사입니다. 대림동 일대 새벽 순찰을 돌고 있습니다. 지금까지 맡았던 보직 중 활동적인 강력팀 형사가 가장 체질에 맞네요.

24시 헬스장 오월파크짐
문지현(30세), 헬스 트레이너

요즘 우리 헬스장 트레이너들은 몸 만들기 삼매경입니다. 프로필 촬영을 앞두고 있어서죠. 거친 숨소리와 기합 소리가 새벽 헬스장을 가득 메우네요.

서른 살 동갑내기 여성 듀오 '옥상달빛'은 이렇게 노래합니다.

그냥 살아야지 저냥 살아야지/죽지 못해 사는 오늘/(…)/어차피 인생은/굴러먹다 가는 뜬구름 같은/질퍽대는 땅바닥 지렁이 같은 걸.

이 노래의 제목은 〈하드코어 인생아〉입니다. 이 노래를 들으며 울컥하지 않을 청춘이 있을까요. 정말이지 이 나라의 청춘들은 '바닥 지렁이'처럼 짓밟히며 살아가는 처지입니다. 밤을 새워 취직 공부를 해도 밥벌이의 기회는 좀체 주어지지 않습니다. 어렵사리 취직한다 해도 정글과도 같은 직장에서 살아남기 위해선 야근을 밥 먹듯 해야 합니다.

이처럼 '하드코어 인생'을 살아가는 청춘들은 새벽 시간을 쪼개가며 더 나은 미래를 위해 분투하고 있습니다. 올 초 한국갤럽의 '한국인의 생활시간' 조사에 따르면 우리나라 20~30대의 평균 수면 시간은 6시간 59분이었습니다. 이는 경제협력개발기구(OECD) 국가 평균 수면 시간(8시간 22분)보다 1시간 23분이나 적은 양입니다. 잠을 줄이지 않고선 살아남기 힘겨운 우리 시대 청춘들의 팍팍한 삶이 그대로 드러나는 결과라고 할 수 있겠습니다.

앞서 소개한 〈하드코어 인생아〉라는 노래의 마지막 대목은 이렇습니다.

그래도 인생은 반짝반짝하는/저기 저 별님 같은/두근대는 내 심장/초인종 같은 걸, 인생아.

새벽에도 치열하게 살아야 할 만큼 힘겹지만 아직 청춘에게 인생의 초인종은 눌러지지 않았습니다. 저 초인종을 누르면 어떤 미래가 청춘을 반길지 모릅니다. 반짝반짝하는 청춘의 새벽을 응원합니다.

신촌 주점 '꼼보포차'
노학준(22세, 왼쪽), 이은혜(24세)

군대 전역을 하고 해본 적 없는 일을 하려고 새벽 아르바이트를 시작했어요. 전역 직후라 체력도 좋아 피곤하지 않습니다.

새벽 4시 취재를 끝내며
장혁진, 이서준, 정강현 기자 (왼쪽부터)

청춘리포트 팀 기자들도 밤을 지새우는 청춘들을 찾아다니느라 철야 근무를 했습니다. 새벽을 밝히는 청춘들을 취재한 뒤 신촌의 한 주점에서 생맥주 한 잔으로 피로를 풀었습니다.

장혁진 기자의 취재 수첩

"아무것도 할 수 없다/새벽 두 시다/어중간한 시간/이 시대다."

– 김지하, 〈새벽 두 시〉

새벽 두 시는 어쩌면 2030세대와 닮아 있는 시간 아닐까. 철부지 아이도, 완숙한 어른도 아닌 어정쩡한 나이. 하루를 시작하기엔 이르고 지나간 날을 아쉬워하기엔 늦어버린 그 시간에 청춘들은 쉽게 잠을 이루지 못한다. 청춘리포트는 새벽 두 시의 2030들의 모습을 담아보기로 했다.

취재를 위해 셀카봉이 동원됐다. 지금이야 셀카렌즈니 셀카드론이니 하는 여러 최신 제품들이 나왔지만 취재를 할 때만 해도 '스틱형 셀카봉'은 최신 문물(?)에 가까웠다. 셀카봉을 공짜로 주는 조건으로 신촌 · 강남 등 이곳저곳을 돌아다니며 '새벽 두 시 셀카'를 부탁했다. 대부분 제안을 흔쾌히 받아들였다. "편집의 힘을 믿습니다"면서 수십 장의 사진을 보내준 이들도 있었다. 발품을 좀 들이긴 했지만 유쾌한 청춘들을 만나는 것이 즐거웠던 기억으로 남아 있다.

인상 깊었던 건 편의점에서 아르바이트를 하던 스물다섯 살 청년이었다. 패션 디자이너의 꿈을 이루기 위해 시골에서 올라온 지 6개월째라 말했다. 그는 자신의 생일에 묵묵히 일하고 있는 모습을 찍어 보내주었다. "타지에서 올라온 청년들이 모두 목표를 이루기를 기원합니다"라는 희망적인 메시지와 함께. 표정 없는 사람들이 모였다가 저마다 필요한 물건을 사고 흐트러지는 편의점이라는 공간. 그곳에서 그는 고독함이나 외로움에 기죽지 않고 카메라 렌즈에 미소를 담아 주었다.

기성세대들은 요즘 청춘들에게 "큰 뜻을 품지도 않고 나약하다"고 혼을 낸다. 그들이 정해놓은 기준과 틀에는 2030세대들이 한참 못 미치는지도 모르겠다. 하지만 나는 취재를 하면서 '작은'과 '좋아하는'이란 두 형용사의 힘을 믿는 청년들의 모습을 확인할 수 있었다. 화려한 세계나 거창한 꿈을 좇기보다는 소박하지만 내가 만족을 느끼는 일에 최선을 다하는 것. 금수저나 은수저는 물고 태어나지 못했어도, 우리 청년들이 '헬조선'의 터널에서 한걸음씩 나아가는 길이다. 어중간한 새벽 두 시에 내일을 밝혀 나가는 방법이다.

청춘리포트

지은이 | 중앙일보 청춘리포트 팀

초판 1쇄 발행 | 2016년 6월 28일
초판 2쇄 발행 | 2016년 11월 28일

펴낸이 | 신난향
편집위원 | 박영배
펴낸곳 | (주)맥스교육(맥스미디어)
출판등록 | 2011년 08월 17일(제321-2011-000157호)
주소 | 서울특별시 서초구 논현로 83 삼호물산빌딩 A동 4층
전화 | 02-589-5133(대표전화)　팩스 | 02-589-5088
홈페이지 | www.maksmedia.co.kr

기획 · 편집 | 송지현 조현주 허현정
디자인 | 서정민 김세은
영업 · 마케팅 | 홍승훈 강하니
경영지원팀 | 장주열
인쇄 | 삼보아트

ISBN 979-11-5571-415-7 03330
정가 15,000원

* 이 도서의 국립중앙도서관 출판예정도서목록(CIP)은 서지정보유통지원시스템 홈페이지(http://seoji.nl.go.kr)와 국가자료공동목록시스템(http://www.nl.go.kr/kolisnet)에서 이용하실 수 있습니다.(CIP제어번호: CIP2016014721)